孔子大讲堂
——孔子的忠恕之道

李世化◎著

中央编译出版社
Central Compilation & Translation Press

图书在版编目（CIP）数据

孔子大讲堂/李世化著. —北京：中央编译出版社，2015.2
（中华国学精读书系）
ISBN 978-7-5117-2347-5

Ⅰ.①孔… Ⅱ.①李… Ⅲ.①儒家 ②《论语》—通俗读物 Ⅳ.①B222.2-49

中国版本图书馆 CIP 数据核字（2014）第 228984 号

孔子大讲堂

出 版 人：	刘明清
出版统筹：	董　巍
责任编辑：	邓永标
责任印制：	尹　珺
出版发行：	中央编译出版社
地　　址：	北京西城区车公庄大街乙 5 号鸿儒大厦 B 座（100044）
电　　话：	（010）52612345（总编室）　　（010）52612371（编辑室）
	（010）52612316（发行部）　　（010）53622615（网络销售）
	（010）52612346（馆配部）　　（010）66509618（读者服务部）
传　　真：	（010）66515838
经　　销：	全国新华书店
印　　刷：	北京嘉业印刷厂
开　　本：	710 毫米×1000 毫米　1/16
字　　数：	280 千字
印　　张：	19
版　　次：	2015 年 2 月第 1 版第 1 次印刷
定　　价：	38.00 元
网　　址：	www.cctphome.com　　邮　箱：cctp@cctphome.com
新浪微博：	@中央编译出版社　　微　信：中央编译出版社（ID：cctphome）
淘宝店铺：	中央编译出版社直销店（http://shop108367160.taobao.com）

本社常年法律顾问：北京市吴栾赵阎律师事务所律师　闫军　梁勤
凡有印装质量问题，本社负责调换。电话：010-66509618

孔子大讲堂

　　孔子几乎是一个妇孺皆知的人物，《论语》也是大家耳熟能详的。《论语》，孔子及其弟子言论集结，是人类文化遗产中的一颗灿烂的明珠，是中国人2500年来的人生准则。但如果要问：多少人真正了解孔子？多少人真正读过《论语》？那么答案恐怕就不是那么多了。

　　《论语》究竟是一本什么样的书呢？这里我们不妨先看看这样一些评语："影响人类文化的100本书之一""中国人的圣经""构建中华文明的阶梯的重要典籍"。事实上，在中国传统社会，《论语》是读书人的必攻经典，不把这本书读懂、读透，就不能深刻理解和把握中国五千年的传统文化。

当今社会,国学热正在逐渐升温,人们越来越深入地发现古代经史典籍中所蕴涵的深刻智慧和博大精神。而这其中,孔子作为古往今来的大圣人自然而然地受到了人们加倍的重视。不仅是中国人就连外国人也对孔子及其学说产生了强烈的敬慕和热衷,在有些国家,这种敬慕和热衷甚至超过了中国。

那么,孔子及其学说为什么能产生这么大的吸引力和影响力呢?他的魅力到底在哪里?他的学说与我们现代人的生活又有着怎样的联系?面对这一系列问题,历来就有人给出过许多不同的答案,仁者见仁,智者见智,各有不同。但事实上,这些答案有的堪称真知灼见但并不系统,有的系统完备却又缺乏可读性,有的可读性高却是以误读为基础。当然,好的解读也有很多,却往往没能与现代人的现实生活挂钩,让人难以产生亲近感。有鉴于此,本书编者通过对孔子及其学说的深入研究,在经过多方的请教学习后,以《论语》中孔子的言论为根本架构,以现实生活为原料,为现代人归纳出了十道"大餐",并以对孔子的其人其书介绍为开盘,围绕孔子思想对现代人的积极作用进行了深入细致的描写和论述。

本书涵盖面广,从各方面讨论了孔子及其学说对现代人的积极作用。

孔子几乎是一个妇孺皆知的人物,《论语》也是大家耳熟能详的。但如果要问:多少人真正了解孔子?多少人真正读过《论语》?那么答案恐怕就不是那么多了。

QIANYAN

《论语》究竟是一本什么样的书呢？这里我们不妨先看看这样一些评语："影响人类文化的100本书之一""中国人的圣经""构建中华文明的阶梯的重要典籍"。事实上，在中国传统社会，《论语》是读书人的必攻经典，不把这本书读懂、读透，就不能深刻理解和把握中国五千年的传统文化。

由于历史和现实的差异性，我们对孔子的解读有必要用新的方式，有必要以现实生活为重心，重视其对现代人的教导意义。因此，本书对孔子言论的引用，完全是为现代人服务的，所以，有些解读可能只是大意，这一点还希望广大读者朋友们能够体谅。

总的说来，本书以孔子及其《论语》为基本出发点，融会古今，多方位地阐释了孔子学说和现代人的紧密联系，既不乏理论上的严谨性，又有着优美的文笔，是一部可读性极强的好书，对读者朋友来说益处甚大，故不可不读。

第一章　两千年来知识分子的楷模——孔子和他的《论语》

　　《论语》是儒家的经典,是中国人的圣经。自问世以来,便被古代的读书人视为必读的经典书籍,它在很大程度上影响了中国古代文明的发展方向和进程。

　　那么这部《论语》的魅力何在？它的作者孔子是怎样的一个人？它的影响又体现在哪？让我们带着这个问题,穿越千年时光去寻找答案。

孔子其人其书 …………………………………………………… (2)
《论语》中的"仁"和"礼" ……………………………………… (4)
孔子的教育思想 ………………………………………………… (7)
孔子与世界同在 ………………………………………………… (9)
赵普半部论语治天下 …………………………………………… (11)

第二章　内智外愚——孔子的做人绝学

　　做人是一门大学问,现在社会上教人做人的书籍很多,然而,真正的做人之道,早在两千多年以前,就被孔老夫子总结得差不多了。

　　孔子既被称为圣人,在当时几乎是受每个人尊敬和爱戴的,而这无疑也是做人的最高境界。

　　孔子的做人绝学可以用四个字概括,那就是:内智外愚。

做人需要技巧,内智不妨外愚 …………………………………… (14)
利而不露能自保 ………………………………………………… (16)
凡事无可无不可 ………………………………………………… (21)
施展才能要看时机和环境 ……………………………………… (24)

不要卖弄你的小聪明 ………………………………………… (26)
做人诚信第一 …………………………………………………… (30)
做人不可无志气 ………………………………………………… (33)
要知道自己能吃几两干饭 ……………………………………… (36)
听取别人意见,能很好地保护自己 …………………………… (38)
做人要知进退,但进退的主动权要握在自己手中 …………… (42)
做人的原则不能丢 ……………………………………………… (44)

第三章 一以贯之的忠恕之道——孔子在人际交往中的智慧

"夫子之道,忠恕而已矣。"用这样一句话虽然不能完全涵盖孔子的所有智慧,但它确实体现了人际交往的精髓,即使现在看来仍具很强的指导意义。解读、领悟并将其运用于实践,对于我们现代人建立良好的人际关系有着极其重要的作用。

学会宽恕,才能懂得交往 ……………………………………… (48)
君子当成人之美 ………………………………………………… (51)
别把他人不当回事 ……………………………………………… (53)
不要割断与别人的联系 ………………………………………… (55)
交往要保持一定的距离 ………………………………………… (57)
己所不欲,勿施于人 …………………………………………… (59)
不能雪中送炭,就不要雪上加霜 ……………………………… (63)
不念旧恶,退后一步天地宽 …………………………………… (65)
多批评自己,少责怪他人 ……………………………………… (68)
有美德才会有朋友 ……………………………………………… (72)
信任是可以融化万物的阳光 …………………………………… (78)

第四章　成大事也有捷径——孔子做学问与做事的诀窍

做事有无诀窍？成事有无捷径？

这是很多人都很有兴趣的问题。对此，孔夫子给出的答案是：有。

但是孔子所谓的"有"并不是一步登天，并不是一夜暴富。他所说的"有"只是我们要知道做事、成事的关键点，懂了这些，就是走了捷径，就是有了诀窍。

牛皮不要乱吹，在行动上见功夫 …………………… (82)
三思而后行不见得对 …………………………………… (85)
切莫画地为牢、故步自封 ……………………………… (87)
有耕耘才会有收获 ……………………………………… (89)
具备博而又专的才能 …………………………………… (92)
磨刀也可不误砍柴 ……………………………………… (94)
不要在一时的过错中纠缠不清 ………………………… (96)
做事，抓住时机最重要 ………………………………… (99)
患得患失，取舍皆失 …………………………………… (103)
拒绝拖延和抱怨 ………………………………………… (106)
做大事者，以"勤"经营天下 …………………………… (109)
人靠衣装佛靠金装，做事要懂"包"字诀 ……………… (113)

第五章　练就火眼金睛——孔子如何看待小人

关于小人，孔子谈论得非常之多。诸如"小人喻于利""小人常戚戚""小人之过也必文"，等等。据学者统计，《论语》一书中前后有 24 处都是对小人劣德劣行的揭露和批评。由此可见，对待小人连圣人都是非常之烦恼。

小人之五骨，刀枪不入，软硬不侵，小小的皮囊，不仅耐磨耐压，而且抗高温，不生锈，狂风吹不倒，洪水淹不没，严寒冻不死，甚至有时连正义也治不了他们，所以对待小人我们还是远离为妙。

关于这一点,孔圣人还是给我们总结出了不少可以效仿的经验。

巧言令色——伪君子的形象 ……………………………… (116)
君子重的是义,小人重的是利 …………………………… (118)
见义不为者,非君子也 …………………………………… (120)
德行比才能更重要 ………………………………………… (123)
真金要靠火来炼,在关键时刻去认识一个人 …………… (126)
道不同,不相为谋 ………………………………………… (128)
小人是地雷,踩上就会爆炸 ……………………………… (131)
和小人保持距离 …………………………………………… (133)

第六章 中庸之道,过犹不及
——孔子的思想与现代人追求成功的心态

中庸是孔子立身行事的最高标准,也是《论语》一书的主要思想。在《雍也》篇中,孔子说道:"中庸之为德也,其至乎矣!"这更是将中庸推崇为至高无上之德。

对于现代人来说,生存的竞争愈来愈激烈,成功对于每个人都变得"异常困难"。这时我们显然需要一种正确的心态来支持我们追求成功、面对成功。而孔子的中庸之道在这一方面对我们很有指导意义。

成功需要积极的自我反省 ………………………………… (136)
态度决定一切 ……………………………………………… (139)
不要有过多的贪欲 ………………………………………… (141)
信自己莫信鬼神 …………………………………………… (143)
失意在所难免,且把心放宽 ……………………………… (145)
急功近利要不得 …………………………………………… (147)
勇于探索,为了理想奋斗不息 …………………………… (149)
成功离不开坚持 …………………………………………… (151)
成功时得意可以,但万莫傲而忘形 ……………………… (153)

成功在于勇敢争取 …………………………………………（155）

第七章 口才决定成败——孔子关于说与不说的学问

"一言可以兴邦,一言可以丧邦",孔子这句话的正确性我们且不去讨论,但将其用到我们每个人自身的成功上,其正确性却是不容置疑。

现在不是流行这样一句话吗?"细节决定成败",而说话就正是一个很重要的细节,有时甚至还是主体。一句话有时就可能影响你一生的成败,这一点我们不得不察!

好的口才可以避免祸端 ……………………………………（158）
不必强争,万事"理"为先 ………………………………（161）
见什么人说什么话 …………………………………………（163）
不该说的千万别乱说 ………………………………………（170）
说三分话,词能达意即可 …………………………………（172）
不能口无遮拦,胡乱说话 …………………………………（174）
口才决定成败 ………………………………………………（177）
说话不要太直接,曲径方可通幽 …………………………（180）

第八章 开开心心地生活——孔子的思想与现代人生活的态度

现代人的生活,整日忙忙碌碌,很多人都是在为别人而忙,很多人都没有自己的快乐,原因何在?就在于过的不是自己想要的生活,说到这一点有的人或许会问:"说得倒容易,谁不想过自己想要的生活,但办得到吗?"

办不到吗?看看人家孔夫子:"子之燕居,申申如也,夭夭如也。"活得多么自在,人家不也照样很忙碌吗?所以说,忙不是问题,关键是不能瞎忙,不能因为忙而忘了开心地生活。

开心常伴,自在生活 …………………………………………（184）
管好自己的生命时间 ……………………………………（187）
富贵如浮云,美名传千世 …………………………………（189）
君子爱财,取之有道 ………………………………………（191）
生活优越时更须宁俭勿奢 …………………………………（193）
好色不见得就是错 …………………………………………（195）
珍惜生命,热爱生活 ………………………………………（197）
弃权力如弃敝屣 ……………………………………………（200）
能知足,方能常乐 …………………………………………（202）
该放弃时不要斤斤计较 ……………………………………（205）
什么是真正的爱 ……………………………………………（208）
人无远虑,必有近忧 ………………………………………（211）

第九章 以德服人,以礼待人——孔子谈做官的学问

　　孔子一生仕途不是很如意,那么这是不是表示孔子不懂当官的学问呢？显然不是。孔子之所以仕途不畅主要是由于他的政治观点得不到认同,并不是因为他不懂得为官之道,相反,孔子懂得很,没看当时很多"跑官"的都去向孔子请教吗？

　　不仅如此,在《论语》中孔子对如何做官的学问也阐释颇多,这些做官的学问在现代人看来应该更有启迪意义。

能打江山,更要能坐江山 …………………………………（216）
敢于纳谏,兼听则明 ………………………………………（219）
危机之时要沉得住气 ………………………………………（222）
以德服人,天下归顺 ………………………………………（225）
"撕掉"一纸文凭,让有能力者居上 ………………………（227）

不要错失机遇,敢于表现自我 …………………………… (230)
和谐是一种境界 ……………………………………………… (233)
适度宽容你的下属 …………………………………………… (235)
与属下患难与共,同甘共苦 ………………………………… (238)
尊五美,摒四恶 ……………………………………………… (240)

第十章 读书要掌握方法——孔子的教育思想与学习的法门

  学海无涯苦作舟。难道学习就只有与苦做伴,才能学有所成?

  对于这一点,大教育家、最能也是最善于学习的孔子显然是不大认同的。否则,他就不会在《论语》中苦口婆心地大量阐述学习的方法了,直接说个"苦学"不就完了吗?

  孔子的教育思想是提倡"乐之者"的,他建议人们把学习当成爱好,深入其中,并为此提出了许多方法,通过学习这些方法,我们或许就能摆脱人为的"苦海"。

温故而知新,可以为师矣 …………………………………… (244)
勤于思考,学而不思则罔 …………………………………… (246)
不知为不知,敢于说不知道 ………………………………… (248)
好学者,恒心最重要 ………………………………………… (251)
兴趣和快乐是最好的老师 …………………………………… (255)
三人行,必有我师 …………………………………………… (259)
学习宜早不宜迟 ……………………………………………… (261)
学以致用,将知识运用于实践 ……………………………… (263)

第十一章 管好你的家庭——孔子的智慧与现代家庭的和谐

  家庭不只是舒适的住处,还是我们精神生活的场所。一个美好的家庭乃是一切幸福和力量的根源。

MU LU

在孔子的学说中,占据很重要地位的一个就是"孝",这直接决定了中国传统社会的伦理观。而"孝"又是家庭中最重要的一个方面,人若无孝心,与禽兽何异?

以孝道为根本,管好你的家庭,你的人生才可能有真正的幸福。看看孔子是如何教导我们的吧。

现代人更应谨守孝道 …………………………………… (266)
父母在世时"游"要有方 ………………………………… (269)
选择一个好的住宅 ……………………………………… (271)
教子有方,万不可拔苗助长 ……………………………… (275)
形成良好的家风 ………………………………………… (278)
要正确处理家庭矛盾 …………………………………… (281)
建立一温馨和谐的家庭 ………………………………… (288)

第一章 两千年来知识分子的楷模——孔子和他的《论语》

《论语》是儒家的经典,是中国人的圣经。自问世以来,便被古代的读书人视为必读的经典书籍,它在很大程度上影响了中国古代文明的发展方向和进程。

那么这部《论语》的魅力何在?它的作者孔子是怎样的一个人?它的影响又体现在哪?让我们带着这个问题,穿越千年时光去寻找答案。

孔子其人其书

孔子(前551年—前479年),名丘,字仲尼,鲁国陬邑(今山东曲阜)人。先世为宋国贵族,后因避乱迁居鲁国。孔子幼年丧父,家境中落,自言"吾少也贱,故多能鄙事"(《子罕》)。而立之年开始授徒讲学,打破"学在官府"的传统。鲁昭公二十六年(前516)鲁国内乱,孔子离鲁至齐,不为景公所用,不久即归。晋定公时期,曾为司寇。后去鲁,周游卫、陈、宋、蔡、楚等国,宣扬自己的主张,终不见用。晚年归鲁,从事著述和讲学,整理《诗》《书》等古代典籍,并根据鲁史删修《春秋》。相传孔子有弟子3000人,著名的有70余人。

在中国五千年的历史上,对华夏民族的性格、气质产生最大影响的人,就算是孔子了。孔子是一个教育家、思想家,也可算半个政治家,但他首先是一个品德高尚的知识分子。他正直、乐观向上、积极进取,一生都在追求真、善、美,一生都在追求理想的社会。他的成功与失败,无不与他的品格相关。他品格中的优点与缺点,几千年来影响着中国人,特别是影响着中国的知识分子:

发愤忘食,乐以忘忧

孔子63岁时,曾这样形容自己:"发愤忘食,乐以忘忧,不知老之将至。"当时孔子已带领众弟子周游列国近十个年头,历尽艰辛,不仅未得到诸侯的任用,还险些丧命,但孔子并未就此灰心丧气,仍然乐观向上,坚持自己的理想,甚至是明知其不可为而为之。

安贫乐道,视富贵如浮云

孔子说过这样的话:"不义而富且贵,于我如浮云",在孔子心目中,行义是人生的最高价值,在贫富与道义发生冲突时,他宁可受穷也不会放弃道义。当然,我们不能单纯地把孔子的安贫乐道看作是不求富贵,只求维护道义,这并不符合历史事实。因为孔子也曾说过:"富与贵,人之所欲也；不以其道，得之不处也。贫与贱，人之所恶也；不以其道，得之不去也。""富而可求也，虽执鞭之士，吾亦为之。如不可求，从吾所好。"

学而不厌，诲人不倦

孔子以谦虚好学闻名，对于各种知识都曾表现出浓厚的兴趣，他多才多艺，知识渊博，在当时是出了名的，几乎被当成无所不知的圣人，但孔子自己却不这样看，孔子说："圣则吾不能，我学不厌，而教不倦也。"孔子学无常师，谁有知识，谁那里有他所不知道的东西，他就拜谁为师，因此说"三人行，必有我师焉"。

率性而为，直道而行

孔子生性正直，又主张直道而行，他曾说："吾之于人也，谁毁谁誉？如有所誉者，其有所试矣。斯民也，三代之所以直道而行也。"《史记》载孔子30多岁时曾问礼于老子，临别时老子赠言说："聪明深察而近于死者，好议人者也。博辩广大危其身者，发人之恶者也。为人子者毋以有己，为人臣者毋以有己。"这是老子对孔子善意的提醒，也指出了孔子的一些毛病，就是看问题太深刻，讲话太尖锐，伤害了一些有地位的人，会给自己带来很大的危险。

与人为善，以仁待人

孔子创立了以仁为核心的儒家学说，他自己本身也是一个非常善良的人，富有同情心，乐于助人，待人真诚、宽厚。"己所不欲，勿施于人""君子成人之美，不成人之恶""躬自厚而薄责于人"，等等，都是他的做人准则。子曰："吾十有五而志于学，三十而立，四十而不惑，五十而知天命，六十而耳顺，七十而从心所欲，不逾矩。"这是孔子对自己一生各阶段的总结。

孔子的思想主要汇集在《论语》中，《论语》是儒家最重要的经典著作之一，由孔子的弟子和后学根据孔子的言行记录整理而成，约成书于战国初期。关于此书最初的编者，学术界向有争议，难以定论，但基本集中在冉雍、卜商、言偃、曾参等数人之内。作为儒家思想的脉源，作为两千年来士人必读的文化典籍和初学教育的启蒙读物，《论语》在中国古代思想文化领域具有不可动摇的地位，对中国文化的各个层面乃至域外文化都有着深远的影响。

《论语》中的"仁"和"礼"

《论语》一书以语录体写成,文字简约,内容广泛,蕴涵了孔子丰富而深刻的思想,概括起来主要有"仁"和"礼"这两个方面:

一、仁

"仁"是中国哲学史上最重要的范畴之一,也是孔子思想的核心。

《论语》中的"仁"字,因立论角度而各有不同,其内涵也颇为丰富。关于"仁"的基本含义和具体内容,孔子针对不同的对象,进行了多个层面的阐述,择其要者如下:

其一,他在答复颜渊问仁时说:"克己复礼为仁。一日克己复礼,天下归仁焉。"(《颜渊》)认为约束自身,使自己符合礼的原则,就是仁。颜渊问克己复礼的内容,孔子说:"非礼勿视,非礼勿听,非礼勿言,非礼勿动。"(同上)认为要达到仁的境界,就要在视、听、言、动各方面都符合礼的要求。

其二,"樊迟问仁。子曰:'爱人'。"(同上)提出"仁者爱人"的基本精神,认为"仁者莫大于爱人"。(《大戴礼·王言篇》)

其三,孔子对子贡说:"夫仁者,己欲立而立人,己欲达而达人,能近取譬,可谓仁之方也。"(《雍也》)又说:"己所不欲,勿施于人。"(《颜渊》)认为仁就是推己及人的忠恕之道,指出仁者的标准和行仁的方法。所以他的学生曾子概括说:"夫子之道,忠恕而已矣。"(《里仁》)

其四,"孝悌也者,其为仁之本与。"(《学而》)认为孝悌是仁的基础和做人的根本。

其五,孔子把"仁"视为人生价值中的最高原则,把求仁看作是一个思想修养和道德修养问题,他说:"为仁由己,而由人乎哉严。"(《颜渊》)"仁远乎哉?我欲仁,斯仁至矣。"(《述而》)认为求仁不在外求,全靠个人自觉,只要净化我心,循礼而行,就可崇德、修慝、辨惑,达于仁的境界。

孔子根据"仁"提出了为政以德的仁政学说。他说:"为政以德,譬如北辰,居其所而众星共之。"(《为政》)指出以教化和道德感化来治国的重要性。又说:"民之于仁也,甚于水火。水火吾见蹈而死者矣,未见蹈仁而死者也。"(《卫灵公》)形象地说明了民众对仁政的迫切需要。孔子主张实行惠民政策,"节用而爱人,使民以食"(《学而》),为政者要重视的是"民、食、丧、祭"(《尧曰》);同时还要宽刑罚而重教化,对民要"道之以德,齐之以礼"(《为政》),反对"道之以政,齐之以刑"(同上)。孔子还提出"举贤才"的主张,"举直错诸枉,则民服;举枉错诸直,则民不服"(《为政》),认为任用贤能才能服得民心。而为政者则要首先端正自己,"其身正,不令而行;其身不正,虽令不从"(《子路》)。

二、礼

"礼"是孔子思想中的另一个重要范畴。礼原为夏、商、周三代的典章制度,内容涉及礼节仪式、政治制度和道德规范等。孔子认为周礼因革于夏商,最为完备,是古代礼的最完美阶段。他说:"殷因于夏礼,所损益可知也;周因于殷礼,所损益可知也;其或继周者,虽百世可知心也。"(《学而》)并赞叹说:"周监于二代,郁郁乎文哉,吾从周。"(《八佾》)

孔子于礼崩乐坏、动荡不安的社会中,把文明社会的制度理想和伦理道德的规范理想寄寓"礼"中,因此他所提出的"礼"并不是简单的复古,而是以此来阐发自己的思想。他认为国家必须施行礼治,社会和个体都必须以礼为纲常,强调"立于礼"(《泰伯》)、"礼以行之"(《卫灵公》)、"约之以礼"(《雍也》)、"齐之以礼"(《为政》)、"为国以礼"(《先进》),主张建立"君君,臣臣,父父,子子"(《颜渊》)的社会伦理秩序,推崇"圣人""仁人"的理想人格,认为要在社会制度和日常生活的各个方面都体现出礼的规范。在礼的内涵和外在的关系问题上,孔子主张宁从质不从文,说"礼,与其奢也,宁俭;丧,与其易也,宁戚"(《八佾》),并对子夏"礼后乎"(同上)的理解予以赞赏,认为礼的仁义之质在先,其内涵比表象更重要。孔子在礼的变革上认为要坚持原则和大节,对有违原则的诸般行为给予了严厉的批评,极言"是可忍,孰不可忍也"(《八佾》),同时又认为在无关宏旨的小事上可以顺时从俗,所以说:"麻冕,礼也;今也纯,俭,吾从众。拜下,礼也;今拜乎上,泰也。虽

违众,吾从下。"(《子罕》)程颐对此解释说:"君子处世,事之无害于义者,从俗可也,害于义则不可从。"(《二程集·河南程氏经说卷第六》)

针对春秋时期礼崩乐坏、名分混乱的社会现实,孔子又提出了"正名"的治乱原则,认为"名失则愆"(《左传·哀公十六年》),社会的混乱因于名实之乱,要用周礼之"名"来纠正混乱之"实"。因此孔子说:"名不正,则言不顺;言不顺,则事不成;事不成,则礼乐不兴;礼乐不兴,则刑罚不中;刑罚不中,则民无所措手足。"(《子路》)并在齐景公问政时提出了"君君,臣臣,父父,子子"的正名原则,主张名实相符,循名责实。从逻辑思想的角度来看,孔子对名言关系和名实关系的认识,可以视为中国古代逻辑思想的启蒙。

在仁与礼的关系上,孔子说:"克己复礼为仁。"又说:"人而不仁,如礼何?"(《八佾》),认为返于礼中便是仁,仁又是礼的根本,礼是仁的精神具体化和外在化,是贯彻仁的具体措施和目的。

孔子的教育思想

孔子十分强调学习的重要性。他说："我非生而知之者，好古，敏以求之者也。"（《述而》）言称自己不是生而知之，而是学而知之的。又说："好仁不好学，其蔽也愚；好知不好学，其蔽也荡；好信不好学，其蔽也贼；好直不好学，其蔽也绞；好勇不好学，其蔽也乱；好刚不好学，其蔽也狂。"（《阳货》）认为如果不能好学深思，仁、智、信、直、勇、刚等品质就会流于"六蔽"，告诫子路学习的重要性。孔子一生更是好学不倦，自言："十室之邑，必有忠信如丘者焉，不如丘之好学也。"（《公冶长》）

孔子强调"多闻、多见"，他说："盖有不知而作之者，我无是也。多闻，择其善者而从之。多见而识之，知之次也。"（《述而》）多学而知，还要注意思考，否则"学而不思则罔，思而不学则殆（《为政》）"。孔子强调说："子绝四，毋意，毋必，毋固，毋我。"（《子罕》）主张行事不凭主观臆测，不墨守成规，不片面武断，不自以为是。这些道德修养的方法也包含了认识论的意义。

孔子在教育上坚持"诲人不倦"（《述而》），主张"有教无类"（《卫灵公》），他兴办私学，使得教育的范围突破了"学在官府"的限制。

孔子的教育内容主要有四方面，"子以四教：文、行、忠、信"（《述而》）。其中道德品质教育是首要的，其次才是学习文化知识，治学要首先立人，所以他要求学生"弟子入则孝，出则弟，谨而信，泛爱众，而亲仁，行有余力，则以学文"（《学而》），并教导学生修业进德要"志于道，据于德，依于仁，游于艺"（《述而》）。

孔子的教育方法对后世影响极为深远。他教导学生要端正学习态度，"知之为知之，不知为不知，是知也"（《为政》），并提倡"敏而好学，不耻下问"（《公冶长》）的精神，指出学习的规律，重视温习的作用，主张

"学而时习之"(《学而》)、"温故而知新"(《为政》)。在教育中注重启发的作用,主张"不愤不启,不悱不发。举一隅不以三隅反,则不复也"(《述而》)。根据不同的对象而因材施教,并在"学"和"思"的关系上主张"学而不思则罔,思而不学则殆"(《为政》),反对只思不学和学而不思。这些思想即使现在看来,仍有着非凡的教育意义。

孔子与世界同在

孔子的学说很早就传入了日本、朝鲜半岛、新加坡以及马来西亚等东南亚国家，并产生了非常大的影响。如今，在韩国，对孔子的热衷甚至已超过了中国本土。

根据英国著名学者李约瑟的记载，儒家思想在公元2世纪即已传到欧洲。虽然欧洲人当时并没有看到真正的儒家著述，但西汉人张骞出使西域时所表现出的不畏艰险、永不放弃、效忠国家的精神，令欧洲人震撼和敬佩，他们从张骞身上看到了一个民族的文化教化力和穿透力。后来，欧洲人马可波罗游历到中国，他被眼前富庶文明的国度深深吸引，开始在中国一边经商，一边游历名山大川，并写了《马可波罗游记》，介绍这个被孔子思想浸润的富裕国家，让整个欧洲为之疯狂。

孔子思想对18、19世纪的法国影响尤为巨大。法国哲学家从孔子思想中悟到：征服者可以毁坏有形的物质，但毁坏不了无形的道德。法国作家伏尔泰对中国文化推崇备至，在读了《赵氏孤儿》后，将它改为"五幕孔子伦理观"，并说，假如世人都能像孔子那样仁义，就不会发生战争了。他还把孔子的塑像放在自己的书房里，朝夕膜拜。同样，在法国大革命时期的《人权宣言》中就曾写道，"自由是属于所有人的，做一切不损害他人权利之事，其原则为自然，其规则为正义，其保障为法律，其道德界限则在下述格言中——己所不欲，勿施于人。"今天，旅居法国的华侨华人依然遵循着祖宗的教诲，在待人处事中恪守这一规则。

在近代史上，山东一度是德国的殖民地，德国人卫礼贤跟随军队到中国学习儒家文化。学成回国后，担任法兰克福大学教授。在教授学生时，他的这样一句名言传遍了整个德国："所谓经济学说、社会学说，皆不如孔教。西方哲学家兴推倒前人学说而代之，中国则以孔教通贯数千年。"在他看来，孔子思想比西方哲学思想好很多，所以能统治中国几千年。

　　1772年，英国出版了世界历史名人录，孔子列榜首。从此，英国人在各地建起了许多孔子研究机构，对孔子思想进行深入研究。英国传教士庄士敦还做起了清朝皇帝的洋文"太傅"，他在教授末代皇帝溥仪时悟出了儒家思想的价值。他说："四书五经之于中国，犹如希腊拉丁文之于英国的教育，须臾不可离。"后来，在《新大不列颠百科全书》中，有关"孔子"的词条多达400余则。

　　美国人对儒家学说的认识比欧洲各国要晚一些，大约是从19世纪开始的。美国传教士来到中国后，先读儒学著述，后办教会学校。在两种思想结合过程中，儒家思想不胫而走，传到了美国。1844年，美国学者爱默生说："孔子是中华文化教育的中心，是哲学上的华盛顿。"这句话点燃了美国人对孔子的热望，从此，美国各地相继成立了各种形式的研究机构，开始致力于孔子思想与东方哲学的挖掘。1974年，美国成立孔子文教基金会，其成员皆为各国政要，开始推动世界尊孔运动（而此时的中国却正在批林批孔）。后来，他们还在各国成立孔子学院、孔子博物馆等，对孔子思想进行世界范围"布道"。在美国的华人华侨也继承了中华民族的优良传统，吃苦耐劳、聪明能干、勇于创造，科技人才辈出，出现了许多名人巨匠。华人华侨的卓越表现，又反过来印证了孔子儒家思想的教育价值，使孔子思想愈发魅力四射，大放异彩。

　　今天，在美国旧金山公园里人流最多的地方，伫立着一尊孔子塑像，他面容和善，智慧满腹，备受尊崇。如今，西方物质文明日益发达，人们遇到了许多解不开的现代难题，大家期盼着从这位和善的老者的思想中找到答案。当代新儒学代表、美国哈佛大学教授杜维明说："对西方文明提出的诸多课题，孔子思想是应该有回应的。从这个意义上说，孔子已经不仅是中国的了，他是世界的。"

赵普半部论语治天下

《论语》大约在春秋末期完成，汉朝董仲舒"罢黜百家，独尊儒术"时，《论语》也随之被称为传，宋朝后更是被列为读书人必读的经。在儒家学说成为封建地主阶级的正统学说之后，《论语》就成为儒家学说的首要经典。到南宋时，理学家朱熹把《论语》《孟子》《大学》《中庸》合在一起，称为四书。明清两朝的科举考试中，规定八股文的题目都要从四书中选取，而且要求考生必须"代圣人立言"。因此，当时的读书人都把《论语》奉为"圣典"，恨不能倒背如流。

《论语》问世以来的两千多年间，一方面备受推崇，一方面又屡遭非议。这与它当时所处的历史时期及社会环境是有很大关系的。但这些并未影响它在历史和思想上的价值，一直被儒家奉为最高经典，两千多年来流传不息，影响深远。

关于《论语》，还有一个有名的典故：宋太祖赵匡胤没做皇帝的时候，担任后周的殿前都点检，也就是禁军的统帅。他的手下有一位足智多谋的幕僚，名叫赵普。而这位赵普就是辅佐赵匡胤日后登上龙座的关键人物。在赵匡胤夺取后周政权的过程中，赵普参与策划了公元960年的陈桥驿兵变，帮助赵匡胤黄袍加身并协助其建立了北宋王朝。此后北宋的统一战争、"削藩"以及历史上著名的"杯酒释兵权"事件中，都显示了赵普卓越的才干。

北宋的统治稳定以后，国家需要的是建设和治理，虽然赵匡胤仍然对赵普很器重，但却也不放心让一个读书太少的人担任丞相的要职，所以常常劝告赵普，甚至于很严厉地批评过他。据说有一天，宋太祖登明德门，指其榜问赵普曰："明德之门，安用之字？"普曰："语助。"帝曰："之乎者也，助得甚事！"普无言。类似这样的故事，在宋人的笔记中还能找到一些。可见赵普的文化水平确实不高，连拟定一个门楼的榜额都不会，啰

里啰唆地叫作什么"明德之门"。宋太祖看了很不高兴，所以责问他为什么要加个"之"字。

赵普听了皇帝的严厉批评，心中自然忐忑不安，惶恐至极，每天下朝之后就闭门读书。特别是对于《论语》这一部书，赵普读得烂熟。所以，后来在宋太宗赵光义的面前，赵普就敢于说："臣有论语一部，以半部佐太祖定天下，以半部佐陛下致太平。"

第二章 ——孔子的做人绝学

做人是一门大学问,现在社会上教人做人的书籍很多,然而,真正的做人之道,早在两千多年以前,就被孔老夫子总结得差不多了。

孔子既被称为圣人,在当时几乎是受每个人尊敬和爱戴的,而这无疑也是做人的最高境界。

孔子的做人绝学可以用四个字概括,那就是:内智外愚。

做人需要技巧，内智不妨外愚

【原文】 子曰："吾与回言终日，不违如愚。退而省其私，亦足以发。回也不愚！"

【大意】 孔子说："我和颜回谈论一整天，他从不提反对意见和疑问，就像一个愚笨的人。可是，我注意观察他课后的情况，却发现他很能发挥我所讲的内容，颜回并不愚笨！"

有大智慧的人，不显山露水，不卖弄聪明，表面上看起来很愚笨，其实却很聪明。有句俚语说得生动："面带猪相，心头嘹亮。"可惜颜回没有照片留下来，我们不知道他长得怎么样。

《小儿语》告诉我们："洪钟无声，满瓶不响。"俗话说："满罐水不响，半罐水响叮当。"如果你留意观察，生活中这种现象真是不少。有经验的教师都知道，课堂上发言最踊跃的往往是所谓的"小聪明"，不一定是成绩最好的。

《老子》有句名言："大直若屈，大巧若拙，大辩若讷。"苏东坡补充说："大勇若怯，大智若愚。"（《贺欧阳少师致仕启》）

颜回不正是这样一个外愚内智的生动案例吗？

外愚内智并非一种处世的技巧，也不是基督的那种泛爱与宽容，它是中国特有的做人的大学问、大智慧，也是中国人特有的一种人生大境界。

外愚内智是大智若愚、宽怀忍让；是大勇若怯，以柔克刚；是处事不惊，达观权变；是外乱内整，内精外纯；是无所为，而后无所不为；是宠辱不惊，是非心外；是得意淡然，失意泰然；是一笑置之，不计前嫌；是不以物喜，不以己悲；是藏锋露拙，明哲保身；是匿壮显弱，明知故昧；是乐天知命，顺应自然；是淡泊名利，知足常乐；是与世无争，宁静致远；是吃亏是福，财去人安；是居安思危，未雨绸缪；是静心养神，清心寡欲；是沉默是金，寡言鲜过；是谤我容之，侮我化之。

拥有了外愚内智这种大智慧，人才会清醒，才会冷静，才会有大气度，才会有宽容之心，才能平静地看待世间这纷纷乱乱的"厮杀"、尔虞我诈的"争斗"；才能超越功利，超越世俗，善待世间的一切，才能居闹市而有一颗宁静之心，也才能做到待人宽容为上，处世从容自如。

拥有了外愚内智这种大智慧，你就会感到"天在内，人在外"，天人合一，心灵自由，获得一种从未有过的解放。

凭着这颗自由的心，你再不会为物所累，为名所诱，为官所动，为色所惑。

拥有了这种做人的大智慧，你才能从容自若地面对一切，才能在成功时不骄不躁，百尺竿头，更进一步；才能在失败时不畏流言，不惧攻击，不失去奋斗的力量，不自暴自弃。拥有了这种智慧，做人绝不可能失败！

第二章 内智外愚——孔子的做人绝学

利而不露能自保

【原文】曾子曰:"以能问于不能,以多问于寡,有若无,实若虚,犯而不校。昔者吾友尝从事于斯也。"

【大意】曾子说:"能力强却向能力弱的人请教,知识丰富却向知识少的人请教,有学问却像没学问一样,满腹经纶却像一无所知一样,别人冒犯自己也不计较,我曾经有一位朋友就是这样的。"

据说曾子的这位朋友就是那"大智若愚"的颜回。

古语说得好:"满招损,谦受益。"

一个人即使并不自满,而只是才华横溢、锋芒毕露,也容易受到别人的攻击,受到损伤。因为你的流光溢彩使周围的人相形见绌、黯然失色,所以,你越能干,事情做得越完美,就越得罪人。也许你完全没有意识到这一点,甚至百思不得其解。可事实就是如此,人们完全可以这样想:"都是爹妈生的,你凭什么?!……"

所以,凡事当留有余地,不要那么锋芒毕露、咄咄逼人,要使人家感到需要你却不受到你的威慑。

没有谁的一生会一帆风顺,永远成功。有些才华横溢的人会把微小的才干显露出来而隐藏更大的才能,使它成为自己身上的发光点,而他们的真实才能一旦显示出来时足以令人震惊。当你既有才华又知展才之道时,结果一定惊人。

当然,我们也不应矫揉造作,因为炫耀易流于自大,自大则不免招致轻视。展示应以谦虚的态度流露,以免流于粗俗。露才过甚,为智者所不屑，恰到好处地展示是无言胜有言，以漫不经心的态度出之。巧妙地掩饰是赢得赞扬的最好途径，因为人们对不了解的东西抱有好奇心。不要一下子展露你所有的本领，慢慢来，逐次增多。赢得一次辉煌的成功后再进行下一次，获得热烈的掌声后再期待更大的成功。

作为一个人，尤其是作为一个有才华的人，要做到不露锋芒，既有效地保护自我，又能充分展现自己的才华，不仅要说服、战胜盲目骄傲自大的病态心理，凡事不要太张狂，太咄咄逼人，更要养成谦虚让人的美德。所谓"花要半开，酒要半醉"，凡是鲜花盛开娇艳的时候，不是立即被人采摘而去，就是走向衰败的开始。人生也是如此。当你志得意满时，切不可趾高气扬、目空一切、不可一世，这样你不被别人当靶子打才怪呢！所以，无论你有怎样出众的才智，也一定要谨记：不要把自己看得太了不起，不要把自己看得太重要，不要把自己看成是救国济民的圣人君子似的，还是收敛起你的锋芒，夹起你的尾巴，掩饰起你的才华吧。

春秋时期，郑庄公准备伐许。战前，他先在国都组织比赛，挑选先行官。众将一听露脸立功的机会来了，都跃跃欲试，准备一显身手。

第一个项目是击剑格斗。众将都使出浑身解数，只见短剑飞舞，盾牌晃动，斗来冲去。经过轮番比试，选出了六个人，参加下一轮比赛。

第二个项目是比箭，取胜的六名将领各射三箭，以射中靶心者为胜。第五位上来射箭的是公孙子都。他武艺高强、年轻气盛，向来不把别人放在眼里。只见他搭弓上箭，三箭连中靶心。他昂着头，瞟了最后那位射手一眼便退了下去。

最后那位射手是个老人，胡子有点花白，他叫颍考叔，曾劝庄公与母亲和解，庄公很看重他。颍考叔上前，不慌不忙，"嗖嗖嗖"三箭射出，也连中靶心，与公孙子都射了个平手。

只剩下两个人了，庄公派人拉出一辆战车，说："你们二人站在百步开外，同时来抢这部战车。谁抢到手，谁就是先行官。"结果公孙子都跑了一半时，脚下一滑，跌了个跟头。等爬起来时，颍考叔已抢车在手。公

孙子都哪里服气，提腿就来夺车。颍考叔一看，将车拉起，飞步跑开。庄公忙派人阻止，宣布颍考叔为先行官。公孙子都怀恨在心。

颍考叔果然不负庄公所望，在进攻许国都城时，手举大旗率先从云梯冲上许都城头。眼见颍考叔大功告成，公孙子都嫉妒得心里发疼，竟抽出箭来，搭弓瞄准城头上的颍考叔射去，一下子把颍考叔射了个"透心凉"，从城头上栽了下来。

如果说这个例子还不能说明锋芒太露易惹祸上身的话，那么旧时为人臣者功高震主，为主所杀的例子就应该更具说服力了。打江山时，各路英雄汇聚主子麾下，锋芒毕露，一个比一个有能耐。主子当然需要借这些人的才能实现自己图霸天下的野心。但天下已定，这些虎将功臣的才华不会随之消失，这时他们的才能就成了皇帝的心病，让他感到威胁，所以屡屡有开国初期滥杀功臣之事，所谓"卸磨杀驴"是也。韩信被杀，明太祖火烧庆功楼，无不如此。大家读过《三国演义》可能会注意到，刘备死后，诸葛亮好像没有大的作为了，不像刘备在世时那样运筹帷幄、满腹经纶、锋芒毕露了。为什么？原因就是在刘备这样的明君手下，诸葛亮是不用担心受猜忌的，并且刘备也离不开他，因此他可以尽力发挥自己的才能，辅助刘备，打下一份江山，三分天下而有其一。刘备死后，阿斗即位。刘备当着群臣的面说："如果这小子可以辅助，就好好扶助他；如果他不是当君主的材料，你就自立为君算了。"诸葛亮顿时冒了虚汗，手足无措，哭着跪拜于地说："臣怎么能不竭尽全力，尽忠贞之节，一直到死而不松懈呢？"说完，叩头流血。刘备再仁义，也不至于把国家让给诸葛亮，他嘴上说让诸葛亮为君，怎么知道他没有杀诸葛亮的心思呢？因此，诸葛亮一方面行事谨慎、鞠躬尽瘁，一方面则常年征战在外，以防授人"挟制"的把柄。而且他锋芒大有收敛，故意显示自己老而无用，以免祸及自身。这是韬晦之计，收敛锋芒是诸葛亮的大聪明。

你不露锋芒，可能永远得不到重任；你锋芒太露，却又易招人陷害。当你施展自己的才华时，也就埋下了危机的种子。虽容易取得暂时的成功,却为自己掘好了坟墓。所以才华显露要适可而止。

深藏你的拿手绝技,你才可永为人师。当你施展才能时,必须讲究策略,不可把你的看家本领都通盘托出,这样你才可长享盛名,使别人永远唯你是依。在指导或帮助那些有求于你的人时,你应激发他们对你的崇拜心理,要点点滴滴地展示你的造诣。含蓄节制乃生存与制胜的法宝,在重要事情上尤其如此。

"枪打出头鸟"这个道理相信大多数人都明白,锋芒毕露可能会招致自身毁灭,所以,做人要灵活,不该出头别出头。

孔子说:"人不知,而不愠,不亦君子乎!"可见人不知我,我心里一定会老大不高兴,这是人之常情,尤其是年轻人,总是希望别人能在最短的时间内就知道自己是个不平凡的很有成就的人。要让别人了解自己的最有效办法当然是先要引起大家的注意,要引起大家的注意,只是从言语、行动方面努力的话,会很容易在言行或举止方面锋芒毕露。

锋芒是刺激大家的最灵验的方法,但是如果仔细看看周围一些有人缘的人你会发现,他们与你完全相反。"和光同尘"毫无棱角,言语如此,行动也是一样。他们个个深藏不露,表面上看好像他们都是庸才,其实他们的才能颇有出于你之上者;好像个个都很讷言,其实其中颇有善辩者;好像个个都无大志,其实颇有雄才大略而不愿久居人下者。但是他们却不肯在言谈举止上露锋芒,不肯做出众人物,这是什么道理呢?

有句俗话说得好:人怕出名,猪怕壮。因为他们有所顾忌,言语露锋芒,便很容易得罪旁人,得罪旁人便成为自己前进的阻力,成为自己成功的破坏者。行动露锋芒,便会招惹旁人的妒忌,旁人妒忌也将成为你的阻力,成为你的破坏者。如果你的四周都是你的阻力或你的破坏者,在这种形势之下,你的立足点就会被推翻,哪里还能实现你求知于人的目的呢?

年轻人往往会狂妄自大,树敌太多,与同事之间不能水乳交融地相处,究其原因就是因为在语言表达上、行为举止上锋芒太露,以至影响到他人。言语、行为之所以锋芒太露,是急于求知于人的缘故,这也是遭人

妒忌的最大原因。

当然，你也许会说，采取这样的办法不是永远没有人知晓自己的才能了吗？其实只要把握住表现自己才能的机会，并做出过人的成绩来，大家自然就会知道你，赞赏你。这种表现本领的机会不怕没有，只怕把握不牢，只怕做出的成绩不能令人特别满意。你如果已经具有真实的本领，就要留意表现的机会，如果还没有真实的本领，就要赶快准备。

《易经》上说："君子藏器于身，待时而动。"无此器最难，有此器不患无此时。锋芒对于年轻人，害处颇多，而好处却很少。这种锋芒好比是额头上长出的角，额上生角必然会很容易触伤别人，如果你不去想办法磨平自己的角，时间久了，别人也必将去折你的角，角一旦被折，其伤害也就太多了。

做人灵活，就不要太露锋芒，正如那句俗话说的：人怕出名，猪怕壮。太露锋芒很有可能招致"毁灭"，而盖其锋芒方可图日后更大发展。

凡事无可无不可

【原文】 子曰："君子之于天下也，无适也，无莫也，义之与比。"

【大意】 孔子说："君子对于天下的事情，无可无不可，只要是符合正义的就行。"

世界上的事情，没有什么是非这样不可的，也没有什么是非不这样不可的，只要是符合正义的原则就行。

这反映了孔子"毋必，毋固"（《子罕》），通权达变的思想。正如孟子对他的赞美："可以仕则仕，可以止则止，可以久则久，可以速则速。"（《孟子·公孙丑上》）只有"义"是唯一的标准。所以，孔子被称为"圣之时"，是识时务的圣人。

说得通俗一点，也就是凡事要采取一种灵活洒脱的态度，只要是不违背大原则，过去一点过来一点，先一点后一点，左一点右一点，无关宏旨，不伤大雅，也就无可无不可了。

这一点似乎更符合现代人的行为方式和生活态度。不过还是需要提醒一句：前提是"义之与比"——正义的原则可是万万丢不得的！

世间许多事情总是在经历过以后才会懂得。一如感情，痛过了，才会懂得如何保护自己；傻过了，才会懂得适时地坚持与放弃，在得到与失去中我们慢慢地认识自己。其实，生活并不需要这么多无谓的执着，没有什么真的不能割舍。学会放弃，生活会更容易。

学会放弃，在落泪以前转身离去，留下简单的背影；学会放弃，将昨天埋在心底，留下最美的回忆；学会放弃，让彼此都能有个更轻松的开始，遍体鳞伤的爱并不一定就刻骨铭心。

这一程情深缘浅，走到今天，已经不容易，轻轻地抽出手，说声再见，真的很感谢，这一路上有你。曾说过爱你的，今天，仍是爱你。只是，爱你，却不能与你在一起。一如爱那原野的百合，爱它，却不能携它

归去。

每一份感情都很美,每一程相伴也都令人迷醉。是不能拥有的遗憾让我们更感缱绻;是夜半无眠的思念让我们更觉留恋。感情是一份没有答案的问卷,苦苦的追寻并不能让生活更圆满。也许一点遗憾、一丝伤感会让这份答卷更隽永,也更久远。

收拾起心情,继续走吧。错过花,你将收获雨;错过她,我才遇到了你。继续走吧,你终将收获自己的美丽。

爱情没有永久保证书。有个男士饱受一位前女友骚扰,骚扰范围之广,等于古代的"诛九族",所有亲戚朋友都备受这位不甘离去的女友的电话恐吓。后来他亲自去恳谈和解时才发现,原来他的前女友已经有新的同居人——她自己有新欢,但就是不让他轻松自如。新的已来,旧爱还不愿割去。

最近还有一个令人震惊的例子,一位在婚姻关系中不断有外遇的丈夫,在因前妻以验伤单为由诉请离婚后,过了几年竟还来向前妻泼硫酸,导致前妻一眼失明,全身40%烧伤。

她失去工作,严重地破了相,苦苦地抚养着两个孩子,更担心因伤害罪入狱的前夫假释出狱后会继续伤害她。更可怕的是她的前夫沾沾自喜地叫人来传话:现在你没人要了吧,我还是可以要你,你乖乖把孩子带回来……

一个永远不想失去你的人,未必是爱你的人,未必对你忠贞不移。有时只有这种脑袋不清的强烈占有欲者,才会做出各种"损人不利己"的事情,还如此理所当然。

心中如果有"曾经拥有就永远不要失去"的偏执与占有欲,那么越想要获得爱的永久保证书,就会越走越偏离。

谁说喜欢一样东西就一定要得到它。有时候,有些人为了得到他喜欢的东西,殚精竭虑,费尽心机,更有甚者可能会不择手段,以至走向极端。也许他得到了他喜欢的东西,但是在他追逐的过程中,失去的东西也无法计算,他付出的代价是其得到的东西所无法弥补的。也许那代价是沉重的,直到最后才被他发现罢了。

其实喜欢一样东西,不一定要得到它。为了强求一样东西而令自己身心疲惫不堪,是很不划算的。再者,有些东西是"只可远观而不可近瞧的"，一旦你得到了它，日子一久，你可能会发现它并不如原本想象中的那么好。如果你再发现当你有一天终于明白自己失去的和放弃的东西更珍贵的时候，你一定会懊恼不已。有这样一句话，"得不到的东西永远是最好的"。所以当你喜欢一样东西时，得到它并不一定是你最明智的选择。

谁说喜欢一个人就一定要和他（她）在一起。有些人为了能和自己所喜欢的人在一起，他们不惜使用"一哭二闹三上吊"这种最原始的办法，想以此挽留爱人。也许这样能留住爱人的人，但却留不住他（她）的心。更有甚者，为此而赔上了自己那年轻而又灿烂的生命，这可能也会唤起爱人的回应吧，但却带给了他（她）更多的内疚与自责，还有不安，从此快乐就会和他（她）挥手告别。其实喜欢一个人，并不一定要和他（她）在一起，虽然有人常说"不在乎天长地久，只在乎曾经拥有"，但是，并不是所有的人都会因此而快乐。喜欢一个人，最重要的是让他（她）快乐，因为他（她）的喜怒哀乐都会牵动你的心绪。所以也有这样一句话："你快乐，所以我快乐。"当你喜欢一个人时，暗恋也不失为一种有效的尝试。

有一首歌这样唱道："原来暗恋也很快乐，至少不会毫无选择。为何从不觉得感情的事多难负荷，不想占有就不会太坎坷。不管你的心是谁的，我也不会受到挫折，只想做个安静的过客。"所以，无论是喜欢一样东西也好，喜欢一个人也罢，与其让自己负累，还不如轻松地面对，即使有一天放弃或者离开，你也学会了平静。

喜欢一样东西，就要学会欣赏它、珍惜它，使它更弥足珍贵。

喜欢一个人，就要让他（她）快乐，让他（她）幸福，使那份感情更诚挚。如果你做不到，那你还是放手吧，所以有时候，应学会放弃，要知道很多事情是无可无不可的，放弃也是一种美丽。

施展才能要看时机和环境

【原文】子谓南容："邦有道，不废；邦无道，免于刑戮。"

【大意】孔子对南容说："国家政治清明的时候有官做，国家政治黑暗的时候也不致被刑罚。"

用现在的话理解孔子的意思，就是在太平之世施展抱负，在黑暗之世保全自己。

由此可知，圣人并不主张我们去做一个黑暗时代的牺牲品，而是要求我们讲究一点处世的艺术。

南容能够做到这一点，所以孔子把自己的侄女嫁给了他，以保证侄女在乱世来到时不会守寡。

公冶长人品好，南容人品也好。有意思的是，孔子把自己的女儿嫁给坐牢的公冶长，而把侄女儿嫁给处世很有一套不会有坐牢之苦的南容。这种做法很有分寸，既对得起死去的兄长，又不会受到世人的指责。说起来，也是一种高明的处世艺术。

宁武子是春秋时代卫国很有名的大夫。"邦有道则知"，当国家政治清明、政通人和之时，他便充分施展自己的聪明才智。在"邦无道"的时候，他便表现出愚蠢鲁钝、碌碌无为的样子。在国家兴盛、政治稳定之时，人人都竭尽全力、大展其才；而在社会混乱之时，则像宁武子一样，能韬晦沉冥，隐藏自己的智慧，"存身以求济大事"，安于朴实无华、老实平淡，就很难了。所以，孔子说："其知可及也。其愚不可及也。"

罗贯中的长篇小说《三国演义》中的刘备就是一个很会看时机和环境的人。汉王朝末期，天下大乱，群雄称霸。当时曹操"挟天子以令诸侯"，专横一时。虽然此时刘备从卖草鞋的一直升到左将军，但仍处于劣势。不久，不满于曹操专横的人暗自计划要推翻他，推举刘备为首领，集体签名上书。刘备为了避免曹操的怀疑，一心在自家的院子里种菜。但是有一天，曹操突然把刘备叫去，问道："最近，听说你在干什么有趣之事。"刘备听后先吃了一惊，当他探明曹操是指种菜之事时，就放心了。过了一会儿，在酒宴上，曹操问刘备："你辗转经行各地，觉得当今世上谁堪称英雄？"刘备举了好多人物，曹操都一一否定，最后说道："当今天下胸怀大志的英雄，就是你、我两人。"刘备心想韬晦之术终于被看破，不觉脸色大变，筷子也掉了。恰巧这时，阴沉昏暗的天空中突然响起惊雷，刘备马上说："听雷受惊，不免失态了。"勉强蒙混过去。《三国演义》在这一段叙述之后，有一首诗赞扬刘备道："勉从虎穴暂趋身，说破英雄惊杀人。巧借闻雷来掩饰，随机应变信如神。"

　　清朝名士郑板桥说过一段话："聪明难，糊涂亦难，由聪明而转入糊涂更难。放一着，退一步，当下心安，非图后来福报也。"绝顶聪明之人，要收敛自己聪明的锋芒。刻意隐藏"以天下为己任"的抱负，没有一点"卧薪尝胆"的功夫是难以做到的。"敢为天下先"也需视时机和环境而定。

不要卖弄你的小聪明

【原文】子曰:"群居终日,言不及义,好行小惠,难矣哉!"

【大意】孔子说:"大家整天聚在一起,谈话丝毫不涉及道义,却喜欢卖弄小聪明,这种人真是难办啊!"

现代人尤其容易犯这种毛病。茶楼酒馆、卡拉OK厅等娱乐休闲场所一坐就是半天,大家说些天气,说些股票,说些海湾战争、中东问题,这还算好的。更糟糕的是说些东家长、西家短,某某领导和某某领导之间有些什么瓜葛,某某男同事与某某女同事之间又有些什么说不清道不明的暧昧关系,如此等等,不一而足。没有一句话是上得台盘、见得世面的。这就是孔子所说的"群居终日,言不及义"现象,有点近似于我们所说的"清谈"之风。明末清初,顾亭林就曾经批评当时南方的读书人是"群居终日,言不及义",而北方的读书人是"饱食终日,无所用心"。

言不及义也罢,无所用心也罢,都还只是无聊而已。可偏偏就是有些人还喜欢卖弄小聪明,大家凑在一起就专门研究张三,研究李四,耍些小心眼,出些鬼点子整人,今天攻击张三,明天攻击李四。在小聪明方面,这些人真正是天才,添油加醋,捕风捉影,甚至造谣中伤,无中生有,整起人来一套一套的。

所以,我们切不可轻视了这种小聪明的危害。

聪明是一笔财富,关键在于怎么使用。真正聪明的有智慧的人善于使用自己的聪明和智慧,那是因为他们深藏不露,不到火候决不会轻易使用,一定要显得貌似平常,让他人不眼红。一味地耍小聪明,不管必要或不必要,不管合适不合适,时时处处显露精明,不仅无益于成功,还往往招来祸根。

有大智若愚,同样也有大愚若智,区别在于是否有自知之明。

《老子》中云:"不自见,故明;不自是,故彰;不自伐,故有功;不自矜，故长。"这段话的意思是：一个人不自我表现，反而显得与众不同；不自以为是，反而会超出众人；不自夸成功，反而会进步。又云："企者不立，跨者不行；自见者不明，自是者不彰，自伐者无功，自夸者不长。"这是说：那些盲目自傲，不宽容，耍小聪明，固执己见，自以为是，好大喜功的人在任何一方面都是很难成功的。

在从政的过程中，在出将入相的过程中，切忌只知伸，不知屈；只知进，不知退；只知耍小聪明，不知深藏于密；只知自我显示，不知韬光养晦。西方有这样一种说法：法兰西人的聪明藏在内，西班牙人的聪明露于外。前者是真聪明，后者是假聪明。

在政治谋略中，"小聪明，大糊涂"更是万万要不得的。而杨修恰恰是犯了这个错误才做了曹操的刀下之鬼。

杨修是曹操的主簿，在《三国演义》一书中，他是很有名的思维敏捷的官员和有名的敢于冒犯曹操的才子。

刘备亲自打汉中，惊动了许昌，曹操也率领40万大军迎战。曹刘两军在汉水一带对峙。曹操屯兵日久，进退两难，适逢厨师端来鸡汤。见碗底有鸡肋，有感于怀，正沉吟间，有将入帐禀请夜间号令。曹操随口说："鸡肋！鸡肋！"人们便将其作为号令传了出去。行军主簿杨修听到后即令随行军士收拾行装，准备归程。众将大惊，请杨修至帐中细问。杨修解释说："鸡肋者，食之无肉，弃之有味。今进不能胜，退恐人笑，在此无益，来日魏王必班师矣。"大家信服，营中诸将纷纷打点行李。曹操知道后，怒斥杨修造谣惑众，扰乱军心，便把杨修斩了。

后人有诗叹杨修，其中有两句是："身死因才误，非关欲退兵。"这是很切中杨修之要害的。

原来杨修为人恃才放旷，数犯曹操之忌。曹操兵出潼关，到兰田访蔡邕之女蔡琰。蔡琰字文姬，原是卫仲道之妻，后被匈奴掳去，于北地生二子，作《胡笳十八拍》，流传入中原。曹操深怜之，派人去赎蔡琰。匈奴王惧曹操势力，送蔡琰还汉朝。曹操把蔡琰许配董祀为妻。曹操去访蔡琰，看见屋里悬一碑文图轴，内有"黄绢幼妇，外孙杵臼"八个字。曹操问众谋士谁能解此八字，众人都不能答。只有杨修说已解其意。曹操叫杨修先勿说破，让他再想一会儿。离开董家后，曹操上马行三里，方才省悟。原来此含隐语"绝妙好辞"四字。曹操也是绝顶聪明的人，却要行三

里才思考出答案，可见急智捷才远不及杨修。

曹操曾造花园一所。造成后曹操去观看时，不置褒贬，只取笔在门上写一"活"字。杨修说："门内添活字，乃阔字也。丞相嫌园门阔耳。"于是翻修。曹操再看后很高兴，但当知是杨修析其义后，内心已忌杨修了。又有一日，塞北送来酥饼一盒，曹操写"一合酥"三字于盒上，放在台上。杨修入内看见，竟取来与众人分食。曹操问为何这样？杨修答说，你明明写"一人一口酥"嘛，我们岂敢违背你的命令？曹操虽然笑了，内心却十分厌恶。曹操怕人暗杀他，常吩咐手下的人说，他好做杀人的梦，凡他睡着时不要靠近他。一日他睡午觉，把被子蹬落在地，有一近侍慌忙拾起给他盖上。曹操跃身起，拔剑杀了近侍。大家告诉他实情，他痛哭一场，命厚葬之。因此，众人都以为曹操梦中杀人，只有杨修知曹操的心，于是便一语道破天机。凡此种种，皆是杨修的聪明犯着了曹操：杨修之死，植根于他的聪明才智。

杨修终于结束了他聪明的一生。他的聪明，大智者看来，其实只是小聪明大愚蠢。大智者能心里明白而不随便表露出来，绝不表现得比别人聪明。如果杨修知道他的聪明会给自己带来灾祸，他还会耍小聪明吗？所以他的愚蠢之处就是不知道耍小聪明会带来灾祸。这样的人算聪明吗？显然不算。多少年过去了，他被提拔得很慢，显然是曹操不喜欢他的缘故，这点他没有意识到。曹操对他的厌恶、疑心越来越深，他也没有意识到，也就是说，该聪明时他反倒真糊涂起来了。如果他迎合曹操，不表现他的小聪明，那么他很可能会成功的。人们也许会说，杨修的死，关键在于曹操的聪明和多疑，但是，作为上级，换了谁，也不大愿意让部下知道他的全部心思、他的用意。显然，杨修最终非失败不可，这可算是"聪明反被聪明误"的典型。罗贯中说他"身死因才误，非关欲退兵"，也只是说对了一半。他的才太外露了，从谋略来看，尚不是真才，不是大才，至少他不知道韬光养晦，不知道大智若愚，不知道保护自己。那么，除了灾祸降临，他还会有什么结果呢？曹操是何等聪明之人，在他跟前，笨蛋当然不会受到重用，而才能太露也有"功高盖主"之嫌，所以，真正聪明的人会掌握"度"。"过犹不及"，就是说，太聪明了反倒不如不聪明，实在是至理名言啊！

明代大政治家吕坤以他自己丰富的阅历和对历史人生的深刻洞察，提出了"古今得祸，精明人十居其九"的结论。他在《呻吟语》中说了一段十分精辟的话："精明也要十分，只需藏在浑厚里作用。古今得祸，精明人十居其九，未有浑厚而得祸者。今之人唯恐精明不至，乃所以为愚也。"

用现在的话来理解就是：精明还是非常需要的，但要在浑厚中悄悄地运用。古往今来得祸的人绝大多数都是精明的人，没有因浑厚而得祸的。现在的人唯恐不能精明到极点，这就是之所以愚蠢的原因啊！

聪明是一笔财富，关键在于怎么使用。财富可以使人过得很好，也可能毁掉人。凡事总有两面，好的和坏的，有利的和不利的。真正聪明的人会使用自己的聪明，那就是深藏不露，不到火候时不要轻易使用，一定要貌似浑厚，让人家不眼红你。一味耍小聪明，其实是愚蠢。因为那往往是招灾引祸的根源。无论是从政还是经商，是做学问还是治家务农，都不能耍小聪明。

可见，耍小聪明的人有两种灾祸，一是被人猜忌防范而招祸，一是自己会把事情办坏而不能成功。它可以使人得意于一时，获得心理上的满足，然而终究还是自毁，永远不会取得真正的、伟大的成功。从政的人耍小聪明会早早被扼杀在摇篮里，一个处处被人防范的人怎么能真正取悦于上司和同事呢？

第二章 内智外愚——孔子的做人绝学

做人诚信第一

【原文】子曰:"人而无信,不知其可也!"

【大意】孔子说:"作为一个人却不讲信用,不知他怎么可以立身处世!"

背信弃义与讲信用就像是一对孪生兄弟,它们穿越古今文化作品,跨过历史长河,直到今天,依然与我们同在。或者更准确地说,越到商品经济时代,背信弃义与讲信用的矛盾越发突出,而前者还大有占上风的势头。

面对这样的形势,我们是不是应该大书特书圣人的呼吁呢?——人而无信,不知其可也!

金庸笔下的韦小宝尚且知道:"君子一言既出,那个什么什么马难追。"所谓"一言九鼎""一诺千金",古往今来关于讲信用的精言妙语的生动故事可以说是不胜枚举。

孔子在另一个地方对子贡说:"自古皆有死,民无信不立。"(《颜渊》)这种对"信"的强调,使人想到文天祥的绝笔:"人生自古谁无死?留取丹心照汗青!"或匈牙利诗人裴多菲的诗:"生命诚可贵,爱情价更高;若为自由故,二者皆可抛。"

事实上,做人也好,处世也好,为政也好,言而有信是关键所在。

守诺是树立良好的个人形象的关键。不轻易承诺,一旦承诺,必须兑现。机会不会降临于一个言而无信的人。生活中有不少人平时信口开河,说过的话很快就全忘了。或许他承诺的是无足轻重的事,但对小事的失信会使人怀疑于大事的信用。没有信用的人就像一张空头支票一样没有意义。

春秋五霸之一的晋文公准备攻打原国,和大夫们约定十天攻下。到了第十天没有攻下,他准备鸣金收兵回国。有一个将军对他说:"再有三天就可以攻下了。"群臣也劝谏他再等几天。文公说:"我和士卒约好十天,十天不退兵,我将失去信用。得到原地而失去信用,这种事我不愿做。"于是毅然率军回归。原国的人听到此事,便说:"有像他这样守信用的君王,我们为什么不归顺呢?"于是自己出城投降了。卫人听说此事,也主动归顺了文公。

做人讲守信,做企业更应该讲守信,守信就是企业的生命。企业对员工、客户、社会都要有信用,不能守信的企业将不能持久。以前几年所谓的"十大经典策划"为例,某商场以拒售索尼彩电为由,大肆进行新闻炒作,理由是索尼对某消费者所购问题彩电赔付不满意。抛开当时的各种因素不谈,如果让时间"说话",事实是索尼在中国消费者心目中仍是高科技进口家电的代表,而当时出尽风头的该企业却逐渐出现销声匿迹的态势。

投机钻营做不成百年企业,"口水战"的风光掩盖不了事实的"商业欺诈",抓住极个别的偶然现象,否定索尼的全部,了解真相的消费者怎么能认可。

靠打击诋毁竞争对手,以对手的更坏来证明自己更好,不但有悖于守信经营,也是很不明智的。令人遗憾的是,有些商家仍在拿自己的信用当儿戏,为了和对手搞价格战,在报纸上标示出价格很低的商品,等消费者蜂拥而至,却无货销售。更有甚者,为了营造所谓的商业氛围,个别专营商家竟然明令员工家属排队烘托生意火暴的气氛,借以吸引和欺骗顾客。这些将守信当儿戏、愚弄消费者的企业,不仅自己丢了信誉,更是使整个社会的守信基础受到破坏。

在美国,信用有污点的人不能贷款、做老板,找不到好的工作。有一位在中国教公共英语的老外,自己编了一本参考书,到考试时,其他老师给学生划考试重点,他没有,而是让同学们学参考书的最后一课:关于诚信。听说中国学生考试作弊,他说打死了也不相信,因为一个民族靠作弊是不能强大的。作弊是最大的失信,因为生活本身就会惩罚没有诚信的人,而且要严厉得多。你的信誉价值连城,怎么舍得用一点考分把它出卖了呢?

社会进步了几千年,商家重提"质优价廉""童叟无欺"的古训,确实有回到起点的感觉,但消费者作为群体是最聪明和最有识别力的。为了

增强社会的诚信度,商业企业更要重视建设自己的诚信形象。让消费者满意是商业企业发展的动力,只有使消费者诚信,消费者才能忠诚于企业,进而培养出企业的忠实顾客群。

全球最优秀的企业之一美国通用电气公司,不仅把诚信看作是企业的外在形象,更将诚信作为崇高的道德理念和无价的资产,看得高于一切,甚至视为企业的生命。在通用,没有人会因为失掉一个地区或一个错误而失去工作,人们会有第二次、第三次机会,并且可以得到培训。唯一有一种表现是没有第二次机会的,那就是违背诚信。

国内知名的经济伦理学专家曾共同对中国加入 WTO 后的道德挑战进行了深入探讨。专家认为,经济全球化进程中的竞争,说到底是道德素质的竞争:如何培养全民的经济德行应对入世,已成为迫在眉睫的任务。

道德素质的竞争,对商业企业而言,就是讲求诚信经营。首先要建立自己有诚信的人才队伍,提高全社会对整个商业的消费信心;第二是建立和完善全社会的信用体系,扩大整个社会的信用消费,提高消费质量及规模。

易货经济,货币经济,再到信用经济,是经济社会发展的三个重要阶段。推广诚信建设,是个人、企业更是全社会的当务之急。这些正反两方面的例子可以说明,做人灵活,但不能失去原则,失去诚信,要信守诺言。诚信是做人的基本原则,失信则失去别人的认可,对自己以后的发展是非常不利的。

做人不可无志气

【原文】子曰:"三军可夺帅也,匹夫不可夺志也。"

【大意】孔子说:"军队可以被夺去主帅,男子汉却不可被夺去志气。"

关云长温酒斩华雄,千万军马中夺敌帅首级如探囊取物。

这是"三军可夺帅也"。

严颜宁死不屈,面不改色,"但有断头将军,无有投降将军"。

这是"匹夫不可夺志也"。

帅可夺而志不可夺,将可杀而不可辱。这是因为,军队虽然人多势众,但如果人心不齐,其主帅仍可能被人抓去,而主帅一旦被人抓去,整个军队失去了领导人,也就会全面崩溃了。匹夫虽然只有一个人,但只要他真有气节,志向坚定,那就任谁也没有办法使他改变。这种宁死不屈的烈士事迹,可歌可泣,在历史上不胜枚举。相反,一个人如果没有气节,志向不坚定,则很可能在关键时刻受不住诱惑或经不住高压而屈膝变节,成为人们所鄙视的叛徒。

所以,志向的确立和坚守是非常重要的,是儒家修身的基本内容之一。

志向要表现正气。争取多数人的支持是做人之本,由于正气从道德角度反映的是多数人的道德观念,从利益角度反映的是多数人的切身利益。因此,正义的一方必然会得到大多数人的认可和拥护,而一个人如果有了多数人的支持,自然就会更坚强、更有力量。

从本质上讲,任何孤立的个人都是软弱无力的。缺少了群体的支持,皇帝不见得比乞丐更尊贵,将军也不一定比草民更勇武。因此,受到侮辱的人必须善于表现自己的志气,争取得到多数人的认可和支持,这样才能够做到有志气。有些人受了侮辱,明明知道理在自己这一边,可还是由于惧怕对方或其他原因而忍气吞声,把苦水憋在肚子里,不懂得向别人倾诉,从而丧失了自己的志气的机会。别人不了解你的苦衷,自然也就不会盲目地支持你,

于是你失去了利用多数人的正义来维护自己的志气。饱经沧桑的老人都有一点体会,那就是尽管年轻时愤世嫉俗,但终究发现在这个世界上还是好人多,你把你的苦水吐出来,把你的正气表现出来,一定会有人支持你,为你的冤屈鸣不平,为你的正义之举鼓掌叫好。因此,只要理在自己这一边,就不怕以堂堂正正的方式展现给人们,自己越是憋着越会觉得这个世上没有公理,天下乌鸦一般黑,其实并不是这样的。受了一次气你憋着忍着,那么欺负过你的人就会认为你是孤立无援的,于是就会更加明目张胆地欺负你。而如果你第一次就勇敢地表现正气,唤起大家的正义感和愤怒情绪,凭借群体的力量战胜对方,那么他下一次就再也不敢欺负你了。

一个人,什么都可以失去,唯独志气不能丢。

有位刚刚高中毕业的青年人甲,来到某市的一家西餐馆打工。他本想学些炒菜的技术,结果三个月过去了,技术没学到,杂七杂八的活儿倒干了不少,险些累得趴下了。累也就罢了,偏偏还要受酒店里洋鬼佬的气,这就让他更加难以忍受。

那个洋鬼佬是酒店里的大厨师,级别最高,因此经理给了他许多优待。正因如此,他就自以为比别人高一等,在厨房打工的内地伙计几乎全被他欺负遍了。伙计们受他的气,可是谁也不敢吭一声,大家都知道要是触怒了这个外国大厨师,自己就别想在酒店里待下去了。

也许是刚刚走出校门,还不知道外面社会深浅的缘故吧,青年甲对洋鬼佬仗势欺人的做法十分愤怒,这股怒火在心里压得久了,终于寻到机会爆发开来。

这天下班,青年甲拖着疲惫的双腿走进电梯,发现那个洋鬼佬也在里面。甲刚一进去,洋鬼佬就开始叽里呱啦地对他讲英语,虽然听不懂,但甲一看就知道他在揶揄嘲笑自己。这时候,洋鬼佬指了指甲的头,然后又指了指自己的裤裆,做了个侮辱性的手势,然后又啪的一声打扁了甲的帽子,并把肥厚的手掌重重地压在了他的头上,哈哈大笑起来。这一连串侮辱使甲的心燃烧起来,他屏住呼吸,一拳击中了洋鬼佬的小腹,然后又是一记狠狠的右勾拳,打得洋鬼佬瘫倒在地上……

电梯的门开了。眼前的一幕使门口的伙计们目瞪口呆。但他们随即欢呼雀跃,纷纷拥过来,又是伸大拇指,又是啧啧称赞。青年甲看到大家都很支持自己，感到这两拳不但为自己出了气，也为大家出了气，于是撇下瘫软的洋鬼佬，满怀信心地回家去了。

晚上入睡之前，青年甲也不是没有考虑过被"炒鱿鱼"的危险。但是，他一想到身后那么多同仇敌忾的伙计跟他站在一起，就什么也不怕了。

第二天，一上班，甲果然被经理叫进了办公室。刚一进去，甲就看见那个洋鬼佬坐在经理旁边，得意洋洋地朝他坏笑。经理见甲进来，就问他："昨天你打了大厨师？"甲很清楚，如果他一个人在这里申辩，是绝对争不过恶人先告状的洋鬼佬的，那么，为什么不争取全体伙计们的正义支持呢？于是他大声地对经理说："我是不是打了大厨师，我说了不算，他说了也不算，只有在场的员工们说话才算数。"于是，青年甲推开办公室的门，把那些关注他命运的伙计们叫到办公室来。伙计们一见昨天打了洋鬼佬，为大伙出了口恶气的青年甲需要他们的帮助，就一拥而入，七嘴八舌地对经理嚷开了："经理，不关甲的事，是那个鬼佬先动手的！""没错，那鬼佬平时就老欺负人！""对，我们都可以作证！"

甲得到了大家正义的支持，胸脯挺得更高了。洋鬼佬见触犯了众怒，紧张起来，连忙向经理使眼色。经理见到这个阵势，心里已经大致明白了原委。于是他让伙计们先退出去，并告诉他们此事他会公正地处理。

一小时以后，从办公室传来的消息让所有打工的伙计激动不已：青年甲被宣布是清白的，而那个不可一世的洋鬼佬则被经理炒了鱿鱼。青年甲勇敢地表现正气，终于凭着群体的力量为中国员工争了一口气。

一个刚刚走出校门不久的高中毕业生，面对着外国人的欺凌就已经懂得调动群体的正义力量来保护自己，这对每个人来说都应当是一种启迪与激励。我们应当永远记住：个人总是弱小的，要想不受气，只靠一个人的孤军奋战往往是不够的。那么，当你受气的时候，别害怕把自己的正气表现出来，去争取多数人的支持吧。只要想一想有多数人的正义力量在支持你，你就会感到自己有了更多的信心和勇气。一身正气的人终究会有一个强大的群体在支撑着自己。你要始终记着自己是正确的，而且自己的处理方式也是正确的，那么，对你来说世界就永远是光明的，正义的天平就会倾向你这一方。

要知道自己能吃几两干饭

【原文】子使漆雕开仕。对曰:"吾斯之未能信。"子说。

【大意】孔子叫漆雕开去做官,漆雕开回答说:"我对做官还没有信心。"孔子听了非常高兴。

孔子为什么而高兴?

他不是高兴漆雕开不去做官,而是高兴漆雕开有自知之明。漆雕开能认识自我,认为自己还不具备当官的能力,于是便实事求是地承认自己的不足,而不是一听老师吩咐就不管三七二十一,一口答应下来,然后走马上任随便敷衍。这就说明他很清楚自己的能力,知道自己能"吃几碗饭",孔夫子因此而高兴。

凡事都有个基础,成功也需要铺垫,"没有人能随随便便成功",这个铺垫就是自己的能力、本事。得失寸心知,客观地评价自己是你能有多大作为的标尺。

中国老百姓说话最实在——一个人总得知道自己能吃几两干饭。但是,生活中几乎没有谁能客观地评价自己。如果你认定自己做到了客观,那也只能是相对客观。无论人们嘴上怎么说,在他们的心目中,自己总是比别人强,即使乞丐也可能这么想。不把自己当回事儿的人也有,比如说绝望的人群,他们张扬的是不值得提倡的自卑,评价同样不客观。做到客观很难,但是又很重要。所以,人们以"自知之明"为贵,这个提法准确得很,操作起来味道就变了。那大抵是在强迫人们谦虚,似乎更加不客观了。

做人首先要立身,而立身的关键是善学,即使孔圣人也是后天勤学苦修的结果。人的一生是学习的一生,只有不断学习,才会发现自己不懂的东西实在太多了。懂得并精通某一学科之后,还要在实践中打磨,从而在人群中完成"立德"。此后,才能考虑"立言"的问题。尽管现代生活为传统社会赋予了新的内容，但是，"立身、立德、立言"的问题绝不应该忽略。否则，人便真的不知道自己能吃几两干饭。于是，多年前，一位"大众作家"就很有姿态地发问："你以为你是谁？"如果阿Q在世，一定会跟他对应一句："你以为你是阿Q吗？"其实，从另一个角度来看，"大众作家"基本上提出了"客观评价自己"的问题。

在包装炒作泛滥的时代，很多人都想最大限度地膨胀自己，这时候，每个人都应该在自信的前提下有点自知之明。于是，当我们遇到有人把生活中的"丑"赤裸裸地展示出来时，就会感到窒息，因为与美的差距实在太大了。这种前卫的行为艺术并不被看好。如今，很多人都对自己根本不懂的事情跃跃欲试。如果通过刻苦的钻研，最终补充必需的知识，从而超越自己，那当然是一件好事。可是，有些人明明知道自己在某个领域毫无建树，也不可能有所建树，却在那里面硬撑着，因为那个环境比较舒适。这种状态初想起来会感到滑稽，再仔细品味就有点可怕了。

这是一种双重的可怕。一方面是对工作的对象而言，一方面是对自己而言。外行终归是外行，如果说他有存在的意义，那也只能是为内行提供反面教材。可现实中往往不是如此。他们极力地在各种领域表现自己，而藐视内行的谦让。一旦有机会领导内行，往往会变本加厉。但是，越是这样就越没有好处。因为内行永远不会发自内心地佩服你，而你又毫无所得，甚至永远失去充实自己的机会。耽误别人又最终对自己没什么好处的事情，做它到底干什么呢？

因此，既承认自己的能力，又看清自己不足的人最值得敬佩，他们的心态非常健康。国际上知名的大企业都非常在意员工的人格魅力，人格成本尽管"看不见"，却非常昂贵。可见，"人贵有自知之明"已经不仅仅是一种人生素质，更是时代需要的成功资本了。

在这个世界上，根本没有多少死胡同，能不能找到路，走得好不好，完全在于个人的本领。很多人迷路是因为他们手中没有路线图和指南针，缺乏自知之明。

听取别人意见,能很好地保护自己

【原文】子曰:"法语之言,能无从乎?改之为贵。巽与之言,能无说乎?绎之为贵。说而不绎,从而不改,吾末如之何也已矣。"

【大意】孔子说:"严正的告诫,能不听从吗?但要以确实改正为可贵。恭维的话,听了能不高兴吗?但要以冷静分析为可贵。盲目高兴而不加以分析,表面听从实际不改,我不知道拿这种人该怎么办了。"

俗话说:良药苦口利于病,忠言逆耳利于行。俗话又说:一人计短,两人计长。这都是告诉我们要多听取别人好的意见。

孔子所说的法语之言也就是忠言,严肃庄重的告诫,听起来虽然不顺耳,但却有利于行动。所以听忠言的关键是要牢记在心,落实在行动上,不然的话,就不会收到好的效果。

当局者迷,旁观者清,一个人再有本事也有可能对自己不能准确把握,常常身处危险之中而不自知。这时旁人的意见往往能使你清醒,找到保护自己的方法。

秦昭王五十二年(公元前255年),燕国辩士蔡泽听说范雎在秦处境不利,便来到秦国。蔡泽是个十分聪明的人,博学善辩,曾游说诸侯,却一直得不到赏识,听说唐举善于相面,便去请唐举看相。他对唐举道:"闻先生曾为赵国李兑看相,预言李兑'百日之日可持国秉政',有这样的事吗?"唐举答道:"确有其事。"蔡泽又问道:"臣下,先生以为何如?"唐举端详一番,笑道:"先生之鼻上翻,肩高脖短,面大鼻凹,双膝蜷曲。我闻圣人不在乎相貌,殆谓先生乎?"蔡泽知唐举嘲笑于他,便以大言回敬唐举道:"富贵臣本来自有,不用你说,所愿知者唯寿数耳。"唐举道:"先生之寿,从今而后还有四十三年。"蔡泽听了,遂向唐举致谢,然后离去,并大声对其御者讲话,以让唐举知晓。蔡泽言道:"臣手持精米饭,口食肥肉,乘华车骏马,怀抱黄金印,腰系紫色绶带,面见君王,行君臣之礼，令取俸禄，享受荣华富贵，43年足矣！尚有何求？"唐举大笑，礼送蔡泽而去。

蔡泽复游说列国，先赴赵国，没有成功，遭到了驱逐。后往韩、魏，于野外被强盗抢走炊具。又闻听范雎保荐的郑安平、王稽，皆得重罪。范雎已违秦法，举措失利，觉得这是一个很好的机会，便西赴秦国。

蔡泽欲游说昭王，故意派人扬言激怒范雎道："燕国辩士蔡泽，乃是名扬天下的有识之士，特来求见秦王，秦王如若见我，必令我代彼之位，相印可唾手而得。"范雎闻言，很不服气，说："五帝三代之事，百家之说，我无所不闻，巧辩之士，遇我则屈，蔡泽乃无名之辈，何能难我，又岂能游说秦王，夺我相印呢？"于是派人去召蔡泽。

蔡泽见到范雎，神态傲慢，仅向范雎拱手施礼，并不朝拜。范雎本来就非常恼怒，召见蔡泽，既不出迎，亦不行宾主相见大礼，更不命坐，只是踞坐堂中会见蔡泽。他见蔡泽举止骄矜，便厉声责问蔡泽道："是你扬言取代我为秦国宰相吗？"蔡泽昂首答道："正是。"范雎道："你有何等韬略，可以夺我相位？"蔡泽道："唉，您的见识何以落后到如此地步呢？夫四时循环往复，前者退，后者进，如今您应该退隐矣！"范雎道："我不自退，谁又能令我退之？"蔡泽道："以仁为根本，匡扶正义，施行恩惠，辅佐贤君实现自己的宏愿，难道不是我等聪明才辩之士所希望的吗？"范雎道："是的。"蔡泽道："既已得志于天下，富贵显荣，又能保守他的事业，能与天地一样长存，难道不是圣人所说的吉祥善事吗？"范雎道："是的。"蔡泽道："终其天年，享受俸禄，传之子孙，名实相符，恩德流传广远，难道不是您的愿望吗？"范雎答道："正是。"蔡泽见他已经入彀，便将话锋一转，反诘范雎道："至于秦国的商鞅、楚国的吴起、越国的大夫文种，皆功成天下而身死，也是您所愿意的吗？"范雎暗想："此人口齿伶俐，步步相逼，如说不愿，正中其说术。"便佯应道："有什么不愿意的。商鞅侍奉秦孝公，忠贞不二，变法图强，富国强兵，为秦国拓地千里；吴起侍奉楚悼王，令私下不损公，制定法令，废贵戚以养士卒，南平吴越，北却三晋，威慑诸侯；大夫文种侍奉越王勾践，即使君主处境困厄，也尽忠不懈，终使越国转弱为强，并吞吴国，为其主雪耻会稽之辱。这三人为节义的典范、忠贞的准则，虽不得其死，却功垂天下，名传后世，大丈夫杀身以成仁，视死如归，何怨之有？"蔡泽说："商君、吴起、文种作为臣子，

第二章 内智外愚——孔子的做人绝学

所作所为为世人称道,而君主却错待了他们,三人功劳卓著得不到好报,难道世人会羡慕其冤屈而死吗?如果等到死后才可成名,那么,孔子就不配称为圣人,管仲就不配称为达人了。人们建功立业,难道不希望性命及声名俱全吗?故大夫立身处世,身名俱全者,上也;名传身死者,次也;名辱身全者,为下耳。"这一番话,正中范雎下怀,范雎只有点头表示赞许。

蔡泽进一步说:"辅助君主,修明政治,富国强兵,使王室显赫,声威慑于四海,功业昭著天下,声名流传万代,您与商鞅、吴起、文种相比何如?"范雎道:"我固不如。"蔡泽道:"如今您的功绩和所受到的宠爱,比不上商鞅、吴起、文种,而您的俸禄多,地位高,财富超过他们,如不及时隐退,后果会比他们更惨。常言道:'日中则移,月满则亏,物盛则衰。'事物到了极点就要衰落,进退盈缩,须随时势变化,此为圣人处世之常道。您担任秦国宰相,计不下席,谋不出廊庙,坐制诸侯,威慑诸侯,功劳已达到极点了,如不隐退,就会落得与商鞅、吴起、文种同样的下场。我听说'鉴于水者见面之容,鉴于人者知吉与凶'。古书上又说:'成功之下,不可久处。'商鞅、吴起、文种三人的灾祸,为什么您还要追随呢?您如乘机交还相印,让给贤德之人,自己归隐林泉,既可以得到尧时许由和吴国季子辞让的美称,又可以得到商末伯夷、叔齐归隐的贤名,世世代代享受君王的俸禄,这样的结果和遭受灾祸的结果相比,您选择哪一种呢?"

蔡泽还要说下去,范雎已深为所动,忙起身离座,对蔡泽道:"先生自谓雄辩有智,果然名不虚传。我听说'欲而不知足则失其所欲,有而不知止则失其所有'。幸蒙先生指教,雎敬遵命。"于是,毕恭毕敬地请蔡泽入座,待以客礼,尊为上宾。

过了几天,范雎入朝,对昭王道:"有个朋友名叫蔡泽,近日从山东来见我。此人通达时变,有经天纬地之才,经世济时之略,足以辅佐秦政,成就君主三王五霸那样的事业。臣下见过的辩客很多,无人可同他相比,臣亦不及他,故冒昧地向大王举荐。"昭王遂召见蔡泽,问以治国图强、兼并六国之计。蔡泽答对如流。昭王十分欢喜,便拜蔡泽为客卿。范雎乘机托病,请还相印,昭王虽口头上不应允,还勉强使范雎理事,心中却早已看中了蔡泽。范雎再三以病笃相推,昭王便拜蔡泽为宰相。

于是范雎辞相隐退，安度晚年，终老于应地。

人心就是这样，就像孔圣人说的"巽与之言，能无说乎"，恭维的话怎么能不让人高兴；相反，忠言就往往逆耳。在上述史实中，蔡泽对范雎的意见虽然有显示自己的功利性目的，但却是一番忠言，将其危险与应变的方式说得头头是道，而范雎虽然开始很不高兴，但在被说服之后，还是能像孔子说的那样"改为之贵"，最终得以善终。

第二章　内智外愚——孔子的做人绝学

做人要知进退，但进退的主动权要握在自己手中

【原文】子曰："譬如为山，未成一篑，止，吾止也。譬如平地，虽覆一篑，进，吾往也。"

【大意】孔子说："好比积土成山，差一筐土就完成，却停下来了，那是半途而废；好比填土平地，即使只倒一筐土，却在继续，那是勇往直前。"

《尚书·旅獒》说："为山九仞，功亏一篑。"只差一筐而没有成功，前功尽弃，这是谁造成的？孔子回答：是自己。

同样的道理，我们要填平一块土地，虽然现在才倒一筐土上去，但如果我们锲而不舍地坚持下去，最终会大功告成，这是谁的功劳？孔子回答：还是自己。

所以说，按圣人的说法，进退成败全在自己，而不是像俗话说的那样："成事在人，谋事在天"或者"进退皆身不由己"。

我们这里且不谈成败，但论进退的主动权。

进退决不能妄从他人。固然，退可能是受人所迫，但是退的主动权要握在自己手中，要主动地退。否则，你就很可能受制于人，一退再退，终不能进。

先看一个民间笑话：一场多边国际贸易洽谈会正在一艘游船上进行，突然发生了意外事故，游船开始下沉。船长命令大副紧急安排各国谈判代表穿上救生衣离船，可是大副的劝说失败。船长只得亲自出马，他很快就让各国的商人都弃船而去。大副惊诧不已。

船长解释说："劝说其实很简单。我告诉英国人说，跳水是有益健康的运动；告诉意大利人说，不那样做是被禁止的；告诉德国人说，那是命令；告诉法国人说，那样做很时髦；告诉俄罗斯人说，那是革命；告诉美国人说，我已经给他上了保险；告诉中国人说，你看大家都跳水了。"

　　这则笑话固然令人捧腹，但其中体现的文化差异值得我们深思，从中可以看出中国人是比较喜欢盲从的。这个笑话可能有些夸张，但中国人喜欢盲从的特点在现代生活中也不乏实例。

　　前些年，山地车流行起来，人们对其极为青睐，该车适用于爬坡和崎岖不平的路面，对于平坦的都市马路则毫无用处。山地车骨架异常坚实沉重，车把僵硬别扭之至，转向笨拙迟缓，根本无法对都市复杂的交通状况做出灵巧的应变，一天折腾下来，腰酸背痛，加上尖锐刺耳的刹车声，真正是一个中看不中用的东西。放着好端端的轻便车或跑车不骑，却要弄上如此的一辆蠢拙之物，好像一个人丢下良马，偏要骑那笨牛一样。时髦先生们头戴耳机，腰挎"随身听"，脚踩山地车，一身牛仔服，表面上自我感觉良好得一塌糊涂，然而这份潇洒的背后却有许多无奈。

　　但是，假如把时髦比喻成一座令人心旌摇荡的山峰，山地车的功能便昭然若揭了。追赶时尚，大约就如同骑那山地车，即便你累个半死，也是心甘情愿。究其根源："为什么这样？"必答曰："别人都这样！"

　　盲从于人，不知情势，随波而流，往往会给自己带来巨大的伤害。我们做人要想做得成功，做得让人喜欢，就一定要摆脱盲从众人的坏习惯，善于运用自己的头脑，进退之间主动权要握在自己手中。

　　还是《国际歌》那几句唱得好：

　　从来就没有什么救世主，
　　也不靠神仙皇帝。
　　要创造人类的幸福，
　　全靠我们自己。

做人的原则不能丢

【原文】子曰:"乡原,德之贼也。"

【大意】孔子说:"好好先生是偷道德的贼。"

圣人微言大义,一言以蔽之,倒是孟子对孔子的"乡原"问题作了较为详细的阐发。

在《孟子·尽心下》里,孟子引述了孔子所说的:"乡原,德之贼也。"学生万幸便问:"什么样的人可以叫作乡原呢?"孟子回答:"阉然媚于世也者,是乡原也。"换句话说,乡原就是那种一味做事圆滑的人。万幸并不是很理解,于是又问:"一乡的人都称他为老好人,他自己也到处都表现得像个老好人,孔子为什么还要说他是偷道德的贼呢?"孟子说:"是啊,这种人,你要说他有什么不对又举不出例子来,你要指责他似乎又无可指责。他所做的一切都符合世俗,看起来还很忠信廉洁,很得大家的喜欢。但实际上,他的作为并不合于尧舜之道,所以说他是偷道德的贼。"

说到底,是因为这种好好先生四处讨好,八面玲珑,无论在什么事情上都毫无原则的一团和气,不得罪人,结果使道德原则得不到伸张。又由于他是以老好人的面目出现,不像那些公开的坏人,所以,败坏了道德大家还不觉得,因此像偷道德的贼一样。

要说这种贼,在我们身边可多得是。拿原则做交易,拿工作当儿戏,圆滑世故,处处吃香。结果是升官发财,样样有望。你说他是贼,但他偷的是道德而不是现金,公安不能管,法庭不能上,又有谁能来捉他,谁能来审判他呢?

明代冯梦龙在《古今谭概》中讲了一个"好好先生"的故事。说的是东汉末年有个叫司马徽的人,无论别人讲什么事,他一律都回答"好"。久而久之,别人送他一个"好好先生"的绰号。"好好先生"讲面子不讲人格，讲人情不讲原则，认为"坚持原则是非多，碰着硬茬麻烦多，平平稳稳好处多，拉拉扯扯朋友多"。这类"好好先生"所奉行的做人原则和处世哲学就是"好人主义"。

好好先生广泛存在于中国的山水城乡旮旯里。他无时无刻不在我们身边，偶尔还隐藏在我们的灵魂之中呢！好好先生不但误己，还害人！他是成功的拦路虎，虽然他不凶神恶煞，但却是十足的笑面虎，使我们飘飘然，渐渐丧失进取心，最终一事无成，走向失败。所以，我们要想成功，还必须提防好好先生，不做好好先生。

春秋时期曾是百家争鸣、文化繁荣的昌盛时期。可自秦始皇统一之后，便严酷压制异己思想，实施愚民政策，谁若敢说个不好，就是连坐、灭门。此后历代君主为了稳固江山，便沿袭了下来，使知识分子只能钻研几本儒学经典来猎取功名，而不敢发出不同声音了。两千多年来的习惯影响至今，就造就了好好先生繁衍生息的沃土。从这个角度看，好好先生的滋生，正是由于儒家学说得不到正常的宣扬所致。

好好先生们没有自己的主张，脑袋似乎拴在了顶头上司或专家权威们的裤裆上。上司说好，他们就说好；上司说不好，他们就忙于论证不好的理由，最后牵强附会，说上司的考虑实在英明。咳，还是一个好。这样的人，没有创造性思维，一贯唯唯诺诺，怎能不远离成功呢？他们的一生只不过是一些头头脑脑的附属品，而庸庸碌碌一辈子。上司兴，他们则兴；上司一倒，他们就树倒猢狲散，另觅新主了。

好好先生不但自己一生远离成功，亦使自己伺候的主子逐渐飘飘然，而偏离成功的航向，最终滑向失败的深渊。可不是么！上司做出的任何决定，好好先生一概只会说个好，不敢面对真理，一切唯上。怎能不使上司决策失误呢？怎能不使上司骄傲自满？怎能不使上司头昏脑热？难怪现在贪官一大把，他们走向失败，其后不正有好好先生们长期的推波助澜吗？

好好先生有这样一个特点，就是唯上是从，吹嘘拍马，缺乏主见，得过且过。问他意见，回答就是一个"好"字。

可这样的人，就是能玩得转、吃得开呢！他们把自己的想法、决断权都交给了头头脑脑们。自己除了张口说个"好"，万事皆有主了，从而懒于动脑，只会盲从，成了奴才，淹没了千万精英。而头头脑脑们却借机利用这点为所欲为，因为他耳闻身边只有"好"，没人敢言"不好"啊。

　　好人主义,就是没有原则,不分善恶,有意以"好"去讨别人欢喜,不敢得罪人。奉行"好人主义"的人,都是多一点私心,少一点公心;多一点俗气,少一点正气;多一点圆滑,少一点原则。

　　唐朝有个文学家叫苏味道,曾经官居相位,向来处事圆滑,模棱两可,人称"苏模棱"。他对人传授其处世经,叫作"处事不欲决断明白,若有错误,必贻咎谴,但模棱以持两端可矣"。

　　这种早就为孔子所唾弃的"好人主义",时至今日,我们中的少数人仍然奉之为宝贝。在工作上,做"铁路警察",各管一段,事不关己,高高挂起。这样,你好我好,大家都好,一团和气,表面上是"团结"了,可道德呢?良知呢?毋庸置疑,"好人主义"的危害是很大的,好人主义的盛行,使得正气不伸、邪气蔓延、黄钟毁弃、瓦釜雷鸣。

第三章 一以贯之的忠恕之道
——孔子在人际交往中的智慧

"夫子之道,忠恕而已矣。"用这样一句话虽然不能完全涵盖孔子的所有智慧,但它确实体现了人际交往的精髓,即使现在看来仍具很强的指导意义。解读、领悟并将其运用于实践,对于我们现代人建立良好的人际关系有着极其重要的作用。

学会宽恕，才能懂得交往

【原文】 子曰："参乎！吾道一以贯之。"曾子曰："唯。"子出，人问曰："何谓也？"曾子曰："夫子之道，忠恕而已矣。"

【大意】 孔子说："参啊！我的学说贯穿着一个基本思想。"曾子说："是。"孔子出去以后，学生们问曾子说："老师的话是什么意思呢？"曾子说："老师的学说，'忠恕'两个字罢了。"

什么是"忠"？什么是"恕"？

曾子没有说，但孔子自己在别的地方有过解说。

所谓"忠恕"是指孔子待人的基本原则，是一个问题的两个方面，所以孔子说是"一"以贯之，而不是"二"以贯之。

孔子所说的"忠"，是从积极那方面来分析的，他曾经在《雍也》篇里说："己欲立而立人，己欲达而达人。"这句话的意思是：自己要想有所作为，也尽心尽力地让别人有所作为；自己想飞黄腾达，也尽心尽力地让别人飞黄腾达。这其实也就是人们通常所理解的待人忠心的意思。

孔子在分析"恕"时，是从消极的方面说的，也就是孔子在《卫灵公》篇里回答子贡"有一言而可以终身行之者乎"的问题时所说的，"其恕乎！己所不欲，勿施于人。"自己不愿意的事，不要强加给别人。

总之，"忠恕之道"就是人们常说的将心比心，推己及人。所谓人心都是肉长的，自己想这样，也要想到人家也想这样；自己不想这样，也要想到人家也不想这样。我们今天在中小学生中开展"心中有他人"的活动，从某种意义上说，正是推行忠恕之道。推而广之，所谓"让世界充满爱"，又何尝不是忠恕之道的体现呢？

孔子的中心思想是"仁"。关于这一点《论语·里仁》中表达得最清楚。孔子告诉曾子："吾道一以贯之。"曾子解释得十分准确："夫子之道，忠恕而已矣！"忠恕即为"仁"。忠，是中心，把心放在当中，正是孔子明确地告诉子贡的，"己欲立而立人，己欲达而达人"，这就是"仁"；恕，是如心，将心比心，正是孔子明确地告诉仲弓的，"己所不欲，勿施于人"，这就是"恕"。忠是从正面讲的，恕是从反面讲的。

其实，《论语·颜渊》有一章也是讲这一点，"君子成人之美，不成人之恶；小人反是。"成人之美是忠，不成人之恶是恕；而小人是不忠不恕。在《论语》中，或强调忠，或强调恕，都是一个意思。

人类所最需要的是"关爱人"，是人际关系的和谐，即"仁"，即所谓"孔子智慧"。你看：仁兄，仁人，仁爱，仁义，仁政，仁君，仁义之师，仁风……多得是！

应该说，孔子智慧是一种"爱"的抽象，即东方文化核心的抽象，正确处理人与人、个人与集体、人与社会、人与自然界的关系。更一般地讲，世界的一切，就是"关系"，就是"处理关系"。我们所努力的，就是尽可能正确地去认识关系、把握关系、处理关系；人类社会也逃不出这个"关系"。"关系"和谐，方能存在与发展；"关系"不和谐，必导致灾害，甚至必遭到毁灭。

在《卫灵公》里，当子贡问老师有没有一个字可以终身奉行时，孔子回答道："那就是'恕'吧——己所不欲，勿施于人。"

原来，即使在孔子自己的心目中，"己所不欲，勿施于人"也是难以做到的，所以要作终身的努力。

既然如此，子贡没能做到这一点不足为怪，我们大都没能做到这一点也没什么可奇怪的。

只能说，"恕"道之难，难于上青天啊！

"仁"是孔子所确立的最高理想人格和道德准则。"忠恕之道"则是为仁的基本原则和方法。"己所不欲，勿施于人"（《论语·雍也》），在孔子的教育思想中居于重要位置。它强调了仁爱之心，又注意到了人我、群己的权界。其间蕴涵的宽容平和与不强加于人的心态，正是人类个体之间、社群之间、种族之间、国家之间，乃至天、地、人、物之间，交互尊重、共存共生的相依之道。他认为人与人之间在利益上是相互依存、不可分割的整体。无论什么样的人物，要想在社会上安身立命，成就一番事业，就必须以他人的生存与发展为前提。因此，孔子断言说："不仁者不可以久处约，不可以长处乐。仁者安仁，知者利仁。""唯仁者能好人，能恶人"。

(《论语·里仁》)

恨人即是恨己，爱人即是爱己。这个意思好比我们在山上呐喊，我们说一声："我恨你——"回音也是"我恨你"；反之，"我爱你——"回音亦然。所以，付出良善，得到的也是同样的回报。

把我当作他人，意在破除自身的执着，达到"无我"的精神境界。做到这一点，首先得有一颗愉快的平常心，就像佛的弟子一样，无欲无求，它的中心做法是同一切功利、是非保持距离，不执一切，欣赏一切。在逆境中不失意，不愤愤不平，不愤世嫉俗。在顺境中不得意、不欢喜，不为别人称赞、颂扬所动，终日行云流水，时时保持生命的安详原态。

一个人，只有把自己当作他人看待，才能正确看待他人，快乐地同他人相处，得到美的感受。正确看待他人，正如欣赏落日的景色一样。我们能够欣赏落日，就在于我们不控制它，不强求它。观赏时我们不会说："左边角上的橙色该淡些，右边角上的红色可浓些，底下的云彩可惜太黑了！"我们都会任它所具有的形态去接受它，欣赏它。看待他人亦然。对自己，这样的体验有利于身心安详；对别人，则会令人感到舒适愉悦，美自在其中矣。

君子当成人之美

【原文】 子曰:"君子成人之美,不成人之恶。小人反是。"

【大意】 孔子说:"君子成全别人的好事,不促成别人的坏事。小人则与此相反。"

成人之美的确是一种高尚的品德。它需要有宽广的心胸,助人为乐的精神。对于患得患失、一切都要算计自己能得到多少好处的人来说,是很难做到成人之美的。

这里还有两种不同的情况。一种情况是,自己好也成全别人好,自己富也成全别人富,自己能做什么也成全别人能做什么,有钱大家赚,有快乐大家分享。这种成人之美也就是孔子所说的"己欲立而立人,己欲达而达人。"(《雍也》)一般人要做到这一点虽然并不容易,但还不算太难。只要心胸宽广一些就不是难事。

另一种情况是,自己活得并不好,简直一贫如洗,两袖清风,却还能够成全别人好,成全别人发财,就像有一首歌中所唱的那样:"只要你过得比我好。"这就太不容易了,不是一般人所能做得到的。

尤其是在商品经济时代,商场犹如没有硝烟的战场,竞争激烈。成人之美就更是一种难得的品质了。对于许多人来说,不成人之恶,不设下陷阱让人往里跳就很不错了,哪里还敢苛求什么成人之美的高尚风格呢?

成人之美,就是帮助别人做成事或实现其愿望。《西厢记》里的红娘,同情并促就张生与莺莺的爱恋,事发遭难,仍仗义执言,促使有情人终成眷属。《水浒传》里的武松,不平于蒋门神霸占施恩的快活林酒店,行侠仗义,挺身而出,"醉打蒋门神",夺回快活林。这些都可算得上是成人之美的壮举。

每一个人的成功,都需要别人的帮助,苏秦、张仪本是要好的同学,苏秦深知张仪的学问在自己之上,可是,苏秦却先成功了,做了大国的宰

相，张仪则依然落魄，来投靠苏秦。谁知，竟遭到苏秦无数冷落，于是决心单身赴秦，自找出路。苏秦暗中派人沿途照料，补给张仪之所需，直到张仪出任秦相，才明白苏秦当初的用意，自然感激不尽。这种办法是为了不使张仪依赖苏秦而埋没他的才干。这在当时特定的历史条件下，可谓用心良苦。在电影《张铁匠的罗曼史》中，有这样一组镜头：张铁匠的妻子腊月在濒临饿死的绝境中，被贫穷善良的农民刘忍搭救。以后的日子里，腊月母子与刘忍相依为命，组成了一个"新家"。后来，传说早已死去的张铁匠找上门来了，正当铁匠夫妻忧心忡忡、左右为难之时，刘忍得知来人正是腊月的丈夫，便主动带上铁匠的儿子来认亲爹，让他们全家团聚，而自己悄悄离开北山……

人，都有七情六欲。可是，当得知自己的幸福将以别人的痛苦为前提时，有些人却自愿地放弃自己的幸福，这就是他们的高尚精神之所在。

"成人之美"的事，在今天的社会到处都有，如主动替同事值班，使其安心地去会女友；尽力帮助同学复习功课，掌握知识，使其早日榜上有名；主动帮助一时经济拮据的朋友，使其免除后顾之忧，等等。总之，大凡是好事情、好愿望，你伸出热情的手，予以大力帮助，使之功成事就，都可以说是"成人之美"的"君子"行为，都是得人心、受欢迎的。

别把他人不当回事

【原文】子曰:"不患人之不己知,患不知人也。"

【大意】孔子说:"不忧虑别人不了解自己,只忧虑自己不了解别人。"

别人不了解我,我还是我,于我自己并没有什么损失。所以,"人不知而不愠",不知道的事情不值得忧虑,更没有必要怨天尤人。

相反,"画虎画皮难画骨,知人知面不知心。"若不分是非邪正,不能亲近好人,远离坏人,这倒是值得忧虑的。

当然,说是这么说,要真正做到却是不容易的。所以孔子不仅在《学而》打头的一章里告诉我们说:"人不知而不愠,不亦君子乎?"而且又在这末尾的一章里再次语重心长地说:"不患人之不己知,患不知人也。"全篇恰好首尾照应。

任何一个人都有他独特的优点,但是在漠不关心的态度下,却是无法发现他人的任何优点。你必须具有真诚的关怀态度,才可能了解他人的长处,也才能欣然愉快地接受他人的优点。

记得一位处世大师曾说过这样一段话:希望获得别人的喜爱,其实不必特地阅读此书,只要向世界上最优于此道的高手——狗学习就可以了。每天我们都能在街头巷尾遇到这位高手,我们经过时,它就会对你摇头摆尾,当我们停下来,摸摸它的头,它更是不顾一切似的,对你表示友善。它并不是有什么阴谋才有如此亲热的表示,它并不是想把土地或房子卖给你,也不想让你向它求婚,它连一丝野心都没有。狗未曾读过心理学,却凭着它们不可思议的本能而获悉:与其千方百计地引人关心,不如对别人寄以纯粹的关心,如此才能获得更多的知己。要想获得别人的友情,与其引起他的关心,不如对他寄以纯粹的关心……我们从中可以学到一点:世界上大多数的人,为了获得别人的喜爱而作了错误的努力,然而他们并没有发现自己的错误。从根本上来说,人类在努力希望别人喜爱他之前,应

该先努力地去喜欢别人。

"为什么别人会讨厌我?"在如此叹息之时,你实在需要先反省:"我是不是讨厌别人?"凡是不关心别人的人,别人自然不会关心他。因此,他就非得过着孤寂冷漠的人生不可;不仅如此,他还会给别人带来许多的麻烦,令人不愉快。

我们常说,只要看看作品,就知道作者是否具有爱人的胸襟。对于人类抱有深切关怀的人,他的作品的每一个篇章都必定能打动读者的心弦,字里行间自然地流露出无尽的爱。我们可以透过作品感受到作者温暖的心怀,进而对他产生一种仰慕之情。如果他是一位讨厌大众的作者,无论如何,我们也不会喜欢他的作品。

说话和写作道理相同,如果我们所说的话是表示对听话者无限的关怀,相信这一段话一定能打动听者的心弦。至于说话的巧拙,倒是其次了。说话的人尽管伶牙俐齿,说得头头是道,但却不表示出对听话者的关心,那么听话者也不会关心你说的话。我们仔细想想,自己寄以无限善意去关心的人,是以何种态度来回报我们的?再想想,自己毫不关心的人,又是以何种态度来对待我们呢?

不要割断与别人的联系

【原文】 子曰："殷因于夏礼，所损益，可知也；周因于殷礼，所损益，可知也。其或继周者，虽百世，可知也。"

【大意】 孔子说："殷代沿袭夏代的礼仪制度，增添的和废弃的可以知道。周代沿袭殷代的礼仪制度，增添的和废弃的可以知道。那么，继承周代的朝代，就是100代也是可以知道的啊。"

修炼关系靠平时。在建立良好交际的过程中，一个重要的原则就是：对已经建立起来的关系，千万不要与人失去联络。不要等到有事时才去想到别人，"关系"就像一把刀，常常磨才不会生锈。若是半年以上不联系，你就可能已经失去这位朋友了。

人们一直都在忙于自己的事，为生活而四处奔波，没有过多的时间在一起聊天、谈心，可是，想要拥有美好的人际关系，就必须多与身边的人联系、接触。冷若冰霜、"老死不相往来"的人是不可能拥有属于自己的一个朋友圈子的。只有大家相互之间不断地往来，才能促进彼此信息的传递、感情的交流，彼此更深入地了解。

因此，朋友之间必然要时常互相联系。互相联系的方法有许多，"礼尚往来""交流"，等等，其中最普遍、最有人情味的是有空儿去坐坐。

在礼仪性的道别时，人们总不忘记加一句"有空儿来玩"。不论这是否是一句出自肺腑的言语，听后都让人感到温情四溢，似乎可以从中体会到我是被人们接受的，是受人欢迎的人。

朋友之间，需要用这样的方式来建立良好的人际圈。

在一个看似世态炎凉的世界里，你如果多注意与人沟通自然会多一个朋友、多一条路子。所以把握这点是很有必要的。

我们要让自己融入到生活中去，不能一味地去追求个性而忽视团体，多与人们接触即是避免这种"独行"的好办法。

事实上，我们所要做的并不多，只是有时间有心地去朋友家走一走，也许只是随意地寒暄几句，也许进行一次长谈。总之，我们是在加深对方对自己的印象，让他们认为我们越来越熟悉，这样深入下去，相互之间的关系会越来越融洽。

一般来说，当我们初识一群人时，交际中进展速度与接触的频率成正比。也就是说，如果你和某位新认识的朋友刚开始时总是有机会接触的话，你们的关系很快就会变近，形成比较亲密的群体。道理很简单，为什么你会跟你同办公室的同事、同班的同学很快形成亲密关系而跟其他同事或同学关系就远一层了呢？就是因为你们常常见面、常常接触，彼此很快就认识了，了解了。人与人之间需要经常互通信息、互相交流，才能保持良好的关系。亲戚之间、朋友之间，甚至刚认识的朋友，都要想办法常常联系。

为什么中国人有那么多礼节，碰上婚丧嫁娶等大事，亲戚朋友就要参加，有许多场合还得送礼，这是几千年来的传统，是亲朋好友经常保持联系的一种方式，是很有必要的。如果一户人家常年关闭门户，既不"出去"，也不欢迎别人"进来"，那是孤立了自己。

要保持良好的人际关系，你必须跟你认识的人保持经常联系。有空儿给远在异地的亲人、朋友打打电话、通通信，询问一下对方近来的工作、学习情况，介绍介绍自己的情况，互相交流一下，这点儿时间绝对不能节省。碰上亲戚、朋友的人生大事，如果有空儿尽量参加，如果实在脱不开身，最好也得写信或托人带点什么，不然，怎么算得上是亲戚朋友？

对方有困难的时候，更应加强联系。许多人总是喜欢向别人、朋友汇报自己的喜事，而对于困难却不好意思开口，应消除这些顾虑。

当自己的父母发生什么事情的时候，自然不用多说，而当听到叔叔、阿姨、舅舅等亲戚或朋友家有人生病或遇上不幸的事，应马上想办法去看看。平日尽管因工作学习忙而没有很多时间来往，但亲人朋友有困难鼎力相助或打声招呼，才显出你们之间的深厚情谊来。"患难朋友才是真朋友"，关键时刻拉人一把，别人会铭记在心。

另外，常常保持联系对你自己会有许多好处，和亲戚中的长辈经常联系、谈心，一旦你碰上什么事情，如找工作、找对象等听听长辈、朋友的意见，或者找他们帮忙，对你是直接或间接的帮助。如果平时没有联系，需要时就很难找上门去，即使找到，别人也不会乐意帮助你的。

交往要保持一定的距离

【原文】子游曰:"事君数,斯辱矣;朋友数,斯疏矣。"

【大意】子游说:"服侍君主太频繁琐碎,反而会招来羞辱;与朋友相交太频繁琐碎,反而会遭到疏远。"

有人向孔子问做大臣的事,孔子说:"所谓大臣者,以道事君,不可则止。"(《先进》)

子贡向孔子问交朋友的事,孔子说:"忠告而善道之,不可则止,毋自辱焉。"(《颜渊》)

两方面合在一起,正是子游所说的:"事君数,斯辱矣;朋友数,斯疏矣。"

说起来也是人各有志,不能勉强。君臣之间也好,朋友之间也罢,保持一定的距离反而会走向真正的和谐。所谓"远香近臭",所谓"君子之交淡如水,小人之交甘若醴",其实都有这种意思在内。

比如说,作为下级,作为朋友,你当然有义务劝谏你的上级、你的友人,但如果他们不听,不采纳你的意见,那也就算了。你的话说到了,义尽到了嘛,有什么办法呢?如果你硬要一厢情愿地强迫他们接受你的意见,非要显示自己的忠心,显示自己的友情不可,每次见了面就唠唠叨叨,情急辞切,给人咄咄逼人的感觉,其结果是上级讨厌你,朋友疏远你,效果适得其反,弄得不好,还会自取其辱。

这方面的例子在历史上多得很,就是魏征那样杰出的大臣,又遇到唐太宗那样宽宏大量的皇帝,不也好几次因为劝谏唐太宗而差点丢掉性命吗?遇到那些平庸的皇帝,即使你忠臣拼死一谏,也不外乎是白丢性命一条罢了,根本不起作用。

所以,还是保持一点距离为好。能行则行,不行则止,不要自取其辱。

"一见如故"是很多初次见面的人习惯使用的一句话,意思是,虽然是初次见面,可是彼此的感觉就好像已经认识很久了那般。

的确是有"一见如故"的情形发生,这是很难用科学来解释的现象,只能说这彼此"一见如故"的人上辈子有过约定或交往了。能碰到"一见如故"的人是人生中的一种幸运,因为彼此可以省却"试探"这个过程,而可直接进到"交心"的层次。可是以人性丛林里的法则,一见如故固然是"幸运",但有时却也是"不幸"的开始。

在人性丛林里,人会呈现他的多面性,在不同的时空,善与恶会因不同的刺激而以不同的面貌出现,也就是说,本性属"恶"的人在某些状况之下也会出现"善"的一面,本性属"善"的人也会因为某些状况的引动、催化而出现"恶"的作为,而何时何地出现"善"与"恶",就连自己也无法预测及把握。例如,一辈子循规蹈矩的正人君子就有可能因为一时缺钱而忽然心生恶念,这是他过去所无法想象的事,但就是发生了,连他自己都感到不解。

因此之故,当一个人和你初次见面,并且热情地对你说和你"一见如故"时,你可以不必拒绝他的热情,甚至也回他一句"一见如故"。但你一定要理性地看待这句话,思索这句话的真正意义,因为这可能纯粹是客套话,也有可能是一颗裹上糖衣的毒药,他是要用温情来拉近和你的距离,好从你的身上获得某些利益。如果这是一句客套话,你的热切回应不但无法对对方产生效用,自己也会因对方随之而来的冷淡而"受伤",更有可能暴露了自己,反给有心人以可乘之机;而最有可能的是,你把对方吓跑了。如果对方真的另有所图,你的热切回应正好自投罗网,结果也就不用多说了。

己所不欲，勿施于人

【原文】 子贡问曰："有一言而可以终身行之者乎？"子曰："其'恕'乎？己所不欲，勿施于人。"

【大意】 子贡问道："有没有一句话可以终身奉行的呢？"孔子说："那就是'恕道'吧！自己不愿意的事，不要强加给别人。"

在《里仁》篇里孔子对曾子说"吾道一以贯之"时，曾子曾概括"夫子之道，忠恕而已矣。"把"恕道"作为"夫子之道"的一个重要方面。

在《颜渊》篇里，当仲弓向孔子问什么是仁时，孔子也把"己所不欲，勿施于人"作为仁的一个重要组成部分向仲弓推荐。

在本章中，圣人又再次把"己所不欲，勿施于人"的"恕道"作为终身奉行的座右铭推荐给他的高材生子贡。

人们遇事常说："将心比心。"又说："人心都是肉长的。"这实际上正是在推行"己所不欲，勿施于人"的恕道。

问题在于，世道人心，每每是反其道而行之。一般人遇到自己不想做的事，就想让别人去做；自己不想要的东西，就巴不得卖给别人。相反，自己想做的事，自己钟爱的东西，就不那么愿意与别人分享了。所以，不是"己所不欲，勿施于人"而是"己所不欲，千方百计施于人"或"己所欲，勿施于人"。之所以会如此，其根本原因在于凡事都很少为他人着想，而是为自己着想，说到底还是一个私字在作怪。

其实，我们还看到，在《公冶长》篇里，子贡自己曾经说过："我不欲人之加诸我也，吾亦欲无加诸人。"这正是"己所不欲，勿施于人"的意思。当即孔子就说："子贡啊，这不是你做到了的。"可这里又要子贡终身这样做。这一方面说明"己所不欲，勿施于人"很重要，另一方面又说明它的确很难做到，就连孔门的高足子贡也如此。所以，"己所不欲，勿施于人"实际上是孔门儒学中的顶上功夫之一，也就是我们在前面(《公冶

长》）所说过的："'恕道'之难，难于上青天！"

青天虽不能上，但心向往之，努力追求还是可以的吧！

孔子在政治、经济和哲学思想上，始终贯穿着一个推己及人的思想方法。这就是儒家常说的恕道。做一切事情都必须从自身开始，自身是根本。达到仁的办法是近取诸身，知道自己所需要的，从而体会到别人之所需。以己欲之私而行全人之公，这就达到了"仁"。由此可知，"仁"是体，"恕"是用。

"恕道"是合乎人的心理规律的。儿童在心智刚启很难明白事理时，往往已能体会"将心比心，推己及人""己所不欲，勿施于人"的道理。五六岁的幼童打人，你若对他说："别人打你，你愿意吗？"多半会自觉不妥而住手，效果自然比讲君子动口不动手之类的大道理好得多。这个"恕"很妙，妙就妙在虽然根植于儿童心理之上，却可以说服中国的"大人"。三国时，吕布当初同刘备很要好，后来发生了矛盾。吕布就让名士袁涣写信去骂刘备，袁涣不屑于干这种差事。吕布几次要求他都没有用，就用刀架在袁涣的脖子上说，再不写就杀了他。袁涣坦然而笑道："我只听说以德羞人的，没有听说以辱骂折磨人的。如果说刘备是君子，就不会由于将军的辱骂而感到羞耻；如果他是小人，就一定会用同样的办法来回报你，那么辱没就会落到你头上，而且，我说不准哪一天也会为刘备效力，也会像今天给将军效力一样。假若我一离开将军就来辱没你，行不行呢？"吕布听了这一通话后，方才罢休了。

"恕道"，用现实的话讲，就是对任何事情要客观对待，时常想到我所想要的，他也会想要。有些人对别人处理的事，常有不满意的地方。说实话，如果让他自己去处理，不见得比别人好。一般人都有对别人的要求很圆满的心理，希望家人、朋友、同事没有缺点，什么都好。可是，这样去要求别人，是一种自私，因为它完全以自己的看法和需要为根据。怎样去掉这种完全的自私心呢？可以用"恕"。"恕"从字形上看，可解作"如""心"，即为合乎我的心思，我所想要的，别人也会想要；我所想得到的利益，别人也想得到。于是，分一部分利益给别人，就是恕，觉得别人不对，但原谅他一点儿，也是恕。

子贡是孔子最有才干的学生之一，他向孔子请教人生修养的道理，孔子就答复出这个恕道。孔子对子贡的答复是有切实的针对性的，对子贡这种才高的人来说，这确实是一句可以终身行之而受益的话。才高的人，懂得比别人多，往往自视甚高，最容易犯不能饶恕别人的毛病，看到别人犯错误就难以容忍。"恕"在生活中施行起来是很困难的，人们常会犯这个错误。就拿才高的人来说，他们常会教训别人，指手画脚地告诉别人应该怎么做，不该怎么做，结果妨碍了别人，惹人讨厌。但只要有仁之存心，恕道终是能行的，人们就可以在实现自我时，因尊重自己的存在价值而尊重他人的存在价值，因考虑自己的利益和要求而考虑他人的利益和要求，甚至为满足他人的需要而牺牲自己的利益。

有一年的愚人节，美如心血来潮，一早打了个电话给晨晨。

电话一接通，美如兴奋地说："祝你生日快乐。"

"什么？你搞错了，今天不是我的生日。"晨晨的声音有一丝不悦。

"没错！你看看日历，祝你生日快乐！"美如兴奋依旧。

晨晨一看，4月1日，怒气冲冲地骂了一句："无聊！"用力挂上电话。

美如一时反应不及，心想晨晨怎么这么没有幽默感？经不起一个小小的玩笑。

上班后，美如接到一大束红玫瑰，卡片上写着："晚上7点巧力西餐厅见，知名不具。"她心中雀跃不已，想男朋友哪来的好兴致？

7点一到，美如准时抵达餐厅，却迟迟不见阿忠的鬼影子，八成塞车子，再等他半个小时。"这个死阿忠，来了有你好看的。"美如最恨人家迟到，她发誓一定会让他死得很难看。

7点半到了，阿忠依然还没有来，美如决定自己先吃了。菜端上来，吃了两口，有个人姗姗来迟。

"小美，饿成这个样子，不等我，自己先吃了起来。"阿忠一脸疼爱的笑容。

美如不理他，径自品尝桌上的美食。

"生气了啊？我迟到了吗？"阿忠看了一下手表，"没有哇！才7点53分。"

"还说没有，你和我约7点，现在才到，你不觉得可耻吗？"

"我和你约7点？哪有的事，是你传真给我说8点到巧力西餐厅，不然你自个儿看。"阿忠从口袋里掏出一张纸递给美如。

"什么？传真？我没传什么东西给你呀！这是什么？该不会是你捏造的吧？你该不会说你没送我花、送我卡片吧？"

"我……"阿忠真是哑巴吃黄连。

正当两人为此事僵持不下时,服务生递来一张卡片——

"阿忠、美如,愚人节快乐!最佳损友晨晨上。"

美如气疯了,晨晨怎么可以用如此卑劣的手段报复?但事实上,如果不是她先给人家搞恶作剧,又何至于这样狼狈呢?

人都有属于自己的一套处事方法,这个方式受到家庭、后天的影响甚多,也因此多少会有差异性存在。通常和自己类似的人,处事方式会比较接近,个人价值观、共同点也比较多,于是我们便常看到一群"臭味相投"腻在一块儿的朋友。

但即使再相似的朋友多少也会有冲突点,难免会有大大小小的不愉快,很多时候是因为我们把自己的行事准则、想法套用在别人身上。

《论语》说:"己所不欲,勿施于人。"我们经常会想,这是我们很乐于做的事,于是秉着"好东西和好朋友分享"的心理,请好朋友共襄盛举,到头来却发现全然不是那么一回事,像美如在愚人节的一个小玩笑却惹火了晨晨,引来一个完整的报复计划,而且晨晨算准了一定会惹火美如,让她得一个教训。

没错,"己所不欲,勿施于人",这虽然是消极又保守的态度,但至少有一个普遍的认知,我们不喜欢人家怎么待自己,就不要以同样的方式去待别人。然而,并不是每个人讨厌或喜欢的都与我们相同。

现实的情况告诉我们,"己所不欲,勿施于人"是一个基本态度,它讲的是普遍的价值观。我们都不喜欢朋友利用我们,那我们也不要去利用朋友;我们都讨厌别人说谎,那我们也不要说谎;我们不喜欢别人批评我们,那我们也不要妄自批评人家;我们不喜欢朋友看轻我们,那我们也不要看轻朋友……

在这样一个普遍价值观之后,还有许许多多的细节才是造成人与人产生摩擦的真正原因。

"己所不欲,勿施于人"才能与人和睦相处,才不致在不对的时间、不对的场合,表错情、会错意,使我们误将自己的一颗热心贴在别人的冷屁股上,到头来才发现是一场"阴错阳差"的误会。

用心地对待每个人,用心去了解每位朋友的想法和喜好,才是避免表错情、赢得友谊的基础。

不能雪中送炭,就不要雪上加霜

【原文】 子华使于齐,冉子为其母请粟。子曰:"与之釜。"请益。曰:"与之庾。"冉子与之粟五秉。子曰:"赤之适齐也,乘肥马,衣轻裘。吾闻之也:君子周急不继富。"

【大意】 公西赤出使齐国,冉有替公西赤的母亲请求小米。孔子说:"给他六斗四升。"冉有请求增加一些。孔子说:"再给他二斗四升。"结果冉有竟给了他八十石。孔子说:"公西赤到齐国去,坐的是肥马驾的车辆,穿的是又轻又暖的皮袍。我听说过:君子周济急需而不给富人添富。"

这一段的背景,大概是孔子当政为官的时候,所以才有学生公西赤到齐国去做大使,才有孔子拨给他安家口粮的问题。而学生冉有大概是在做总管一类的角色,居然"一朝权在手,便把令来行",不顾老师的意见,一下子给了亲密的同学公西赤远远超过老师规定指标的安家口粮。值得我们注意的是,孔子并没有为此而大发雷霆,也没有撤职查办冉有,而只是语重心长地说:"公西赤到齐国去会过得很好,完全有能力负担他母亲的生活,因此,我们没有必要为他锦上添花了,而要去周济周济那些穷困的人,为他们雪中送炭。"

这就是所谓的"求人须求大丈夫,济人须济急时无"。

凡事都有轻重缓急,圣人的心里是非常有数的。我们在日常生活当中,遇事又何尝不应作如此处理呢?

但现实世界,不止说雪中送炭的事不常见,就是锦上添花也要看"锦"的华丽程度,更多的是一种打落水狗的人性本能。

在他人落魄之时,最需要的是理解和帮助,若与你没有积怨旧恨,即使不帮助他,你也应理解他,大可不必落井下石。

落水狗可以打死,人却还要相处,所以,你没必要跟着别人一起

去打。

娟娟小姐是一家杂志社的摄影记者,由于她曾在美国待过一段时间,行事有些洋派,在那作风保守的杂志社里显得有些格格不入。偏偏她个性散漫,又常做错事,总编辑早就看她不顺眼,只因她是老板朋友的女儿,所以只好对她睁一只眼,闭一只眼。

有一天,为了一些照片,总编辑和娟娟小姐起了冲突,众人见战火引燃,纷纷过去围观。娟娟小姐还要力争,众人你一言我一语地加入战场,娟娟小姐一舌难敌众口,掩面而逃。之后,众人还不约而同地联合起来打击她,挑她照片的毛病,批评她偶尔的迟到早退。后来,她辞职了。

这就是棒打落水狗,也就是对失势的人或遭遇困境及外来攻击的人再加以打击。落水狗已经够惨了,你还用棒子打它,它焉能不死?说起来很残酷,但却是社会真实的一面,有人的地方就会发生这种情形,而且你自己也有可能碰到。

棒打落水狗在人性上是有根据的,因为人具有求生存的本能,求生存除了靠一己之力外,也要靠他人的提携及团体的庇荫,因此人总是向力量强大的一方靠拢;有钱人朋友满天下,穷人连朋友都没有,道理就是在于此。这与其说是现实,不如说是人类的本能。因此当你成为落水狗时,你在同仁眼中已失去了价值,而别人为了和你划清界限并向占上风一方示好及表态,当然也要打你一棒,也许他无意伤害你,但常常在非理性的状态下这么做。

当然,落水狗还会被打尚有其他原因,例如平常和别人不易相处,锋芒太露,引人嫉妒,妨碍了别人的利益,等等,这都会使人有把你除之而后快的心理,所以棒打落水狗除了人性的因素之外,个人在团体中的作为关系也很大。

每个人的价值观都不一样,行事原则也不见得能让所有人满意,因此你绝对有成为落水狗的可能。成为落水狗还挨打,除了忍耐,别无他法;只要能上岸,你仍能像平时一样凶猛,当别人成为落水狗时,除非你和他积怨颇深,非加上一棒把它歼灭,否则大可不必加入棒打的行列。落水的狗可以打死,而人大不了换个地方,只要他有本事,他一样可以再站起来,这时,曾经打过他的你将如何自处?冤家路窄,棒打落水狗,这会成为你人际关系的负债。那么,要不要去同情或救落水狗?如果你有这个勇气,不怕别人一并把你打下水,则可在精神上支持他,只要你认为你的做法是对的,而这对你绝对有益。至于袖手旁观,当然是"明哲保身"的最好方法。

不念旧恶，退后一步天地宽

【原文】子曰："伯夷、叔齐不念旧恶，怨是用希。"

【大意】孔子说："伯夷、叔齐不记过去的旧仇，别人对他们的怨恨因此很少。"

俗话说："退后一步天地宽。"过去有人对不起自己，但毕竟已经是过去的事了。过去了的就让它过去吧！潇洒一点儿，不怀恨在心，和别人之间的仇怨也就因此而消失了。就算对方是坏人，也终有被感化的一天。

不然的话，冤冤相报何时了？大家都处处设防，永远没有安宁的一天。

就连圣人不也认为伯夷、叔齐不记旧仇是一种美德吗？

所以，对人宽容一点儿吧，不要老是一副苦大仇深的样子。

从统御术角度，作为领导者应当做到不计前嫌。这既是领导者所应有的修养和品质，是虚怀若谷的反映，又是领导者发现和使用人才的方法。只有做到不计前嫌，才能发现、挖掘出更多的人才，才能保住人才，不使之流失。

不计前嫌还具有心灵感化的作用，是以礼对待非礼，以仁对待非仁，达到人与人之间心与心的感化、激励，能使人才和领导者之间建立起相互信任、极度亲密的私人关系。无论在以仁、义、忠、信为表征的道德至上的社会氛围中，还是在以法律规范、行政命令为表征的法制至上的社会氛围中，不计前嫌，作为一种交往的智慧都有其存在价值。

齐桓公不计前嫌，任用管仲就是一个典型例子：

管仲出身低贱，年轻时三次求官被逐，后经自己努力为齐襄公之弟公子纠的辅臣，在公子纠与其弟公子小白争夺王位中，管仲率军到莒边界阻拦公子小白归国登基。管仲赶到边境正遇到公子小白一行朝齐国赶去，管仲心中发急，便暗暗拿出了箭，对准公子小白射了一箭，幸好箭只射中小

白衣服上的带钩,没有伤着身体。小白假装中箭,大叫一声,倒在车上,以后日夜兼程回到国内,成为国君,这就是齐桓公。齐桓公上任后本来恨透管仲,要报一箭之仇,非要杀他不可,但是管仲是旷世之才,齐国要成就一番大业,非他辅助不行,便叫鲁国把他捆在囚车中送回齐国。归国后,齐桓公泯去私仇,不计前嫌,拜管仲为相国,地位在自己忠辅臣鲍叔牙之上。果然管仲辅佐齐桓公后,齐桓公称霸诸侯。

中国人在识人方面一向有独到眼光,尤其是那些正人君子。所谓"君子之交绝不出恶声",即在这个世界上与人亲密交往时,需要诚意待人。一个有修养的人,无论持何种理由,即使中断来往,也不会口出恶声,将人以前丑行劣迹全搬出来,恶语相向,诽谤对方。

首先,倘若说了绝交者的坏话,等于承认自己识人不清。既然双方已经绝交,作为"陌路之人"也就罢了,何必反目成仇呢?树敌过多,不仅会使人在生活中迈不开步,即使是正常的工作,也会遇到种种不应有的麻烦。

要避免树敌,你首先要养成这么一个习惯,那就是绝不要去指责别人。指责是对人自尊心的一种伤害,它只能促使对方起来维护他的荣誉,为自己辩解,即使当时不能,他也会记下你的一箭之仇,日后寻机报复。

其次,对于他人明显的谬误,你最好不要直接纠正,否则他会觉得你故意要显示你的高明,因而又伤了他的自尊心。在生活中一定要记住,凡是非原则之争,要多给对方以取胜的机会,这样不仅可以避免树敌,而且也许可使对方的某种"报复"得到满足,可以"以爱消恨"。对于原则性的错误,你也得尽量含蓄地进行示意。

假如由于你的过失而伤害了别人,你得及时向人道歉,这样的举动可以化敌为友,彻底消除对方的敌意。说不定你们会相得更好。"不打不相识"这一民谚富含了这一哲理,既然得罪了别人,当时你自己一定得到某种"发泄",与其等待别人的报复,远不如主动上前致意,以便尽释前嫌。

为了避免树敌,还有一点需要注意,就是与人争吵时不要非占上风不可。实际上,争吵中没有胜利者。即使口头胜利,但与此同时,你又树立了一个对你心怀怨恨的敌人。争吵总有一定原因,总为一定的目的。如果你想使问题得到解决,就决不要采取争吵的方式。

争吵除了会使人结怨树敌,在公众面前破坏自己温文尔雅的形象外,没有丝毫的作用。说他人坏话，诽谤他人，对方终究会有所耳闻，也会将自己的怨恨发泄出来。现实中有些人择友漫无目的，只要在一起饮酒作乐，就觉得是好朋友，这种酒肉朋友往往靠不住。一旦遇事翻脸，立即口出恶语，互相谩骂不休。这实在太幼稚无知了。需知，道人之短者，除了对自己名声不利外，是捞不到任何好处的。所以，交友时一定要慎重，绝交了也不要恶语谤人，否则谁还敢接近你呢？

战国时代有个名叫中山的小国。有一次，中山国君设宴款待国内名士。当时正巧羊肉羹不够了，无法让在场的人全都喝到。有一个没有喝到羊肉羹的名叫司马子期的人怀恨在心，到楚国劝楚王攻打中山国。楚国是个强国，攻打中山国易如反掌。中山被攻破，国王逃到国外。他逃走时发现有两个人手执戈跟随他，便问："你们来干什么？"两个人回答："从前有一个人曾因获得您赐予的一壶食物而免于饿死，我们是他的儿子。臣的父亲临死前嘱咐，中山有任何事变，我们必须竭尽全力，甚至不惜以死报效国王。"

中山国君听后，感叹地说："怨不期深浅，其于伤心。吾以一杯羊肉羹而失国矣。"给予不在乎数量多少，而在于别人是否需要。施怨不在乎深浅，而在于是否伤了别人的心。中山国君因为一杯羊肉羹而亡国，却由于一壶食物而得到两位勇士。这段话道出人际关系的微妙。一个人如果失去了少许金钱，尚不至于发此大怒，而一旦自尊心受到损害却非轻易就可弥补。有时候，本来并无存心伤人之意，可是却会因为一句无意的话伤害别人，所谓"言者无心，听者有意"，甚至可能为自己树立一个敌人。中山国王因一杯羊肉羹而失国的故事，对于我们是一个深刻的教训。

如果你一面提出自己的主张，一面又对所有不同的意见进行抨击，那可是太不明智了，这近似于强迫自己孤立和就此停步不前。因为辩论而伤害别人的自尊心，结怨于人，既不利己，还有碍于人，又使自己树敌，实在是不足取。

多批评自己,少责怪他人

【原文】子曰:"躬自厚而薄责于人,则远怨矣。"

【大意】孔子说:"多批评自己,少责怪他人,这样就不会招人怨恨了。"

凡事多作自我批评,这既是儒者反躬自省的功夫,也是今天我们仍然倡导的思想修养。当然,要做到这一点是非常之难的,正如孔子在《公冶长》篇里所感慨的那样:"已乎矣,吾未见能见其过而内自讼者也!"能够"躬自厚"的人很少,往往倒是"厚"责于人的多。把一切功劳归于自己,一切错误推给别人,这又怎么能和别人交往呢?

正是针对这种情况,孔子才语重心长地教诲我们,要多批评自己,少责怪别人,这样才能让别人喜欢,才能很好地和别人交往。

为了鼓励别人的热情,赢得人们的忠诚,就应该和人们共享荣耀:他们胜利时,奖勉有加;出现过失时,替他们承担责任,先批评自己。

在某些特定的情况下,比如当我们出现在陌生人面前或者想要把自己的新思想介绍给熟人时,往往要面临怎样去消除与他人之间的隔阂问题。这时,拿自己开涮,就是有用的一招。

被选为新泽西州州长的威尔逊,在"纽约南社"举行的一次午宴上,主人把他介绍成"未来的美国大总统",这自然是对威尔逊的一种恭维。威尔逊讲了几句开场白后,针对这个抬举开起了玩笑:"我感觉自己在某一方面——我希望只是在这方面——类似别人给我讲的一个故事里的人物。"接着他讲了一件趣事:一次,也是几个朋友在一块儿聚会。当时有个朋友想挑战一下一种有名的威士忌——"松鼠"酒,之所以取名"松鼠",是因为据说凡是喝了这种酒的人都会爬树。结果,有位先生喝得太多了。当大家一起去搭火车返回时,他竟把方向给弄反了——本来他应该往北走,却坐上了往南的火车。他的伙伴们想把他弄回去,就打电报给列车管理员说:"请把那个叫约翰逊的小子送到往北的火车上来,他喝醉酒了。"没想到立刻就有了回电:"请说得详细点。这车子里有13个这样的人——他们既不知道自己的姓名,也不知道目的地在哪儿。"

说完这个故事后,威尔逊幽默地说:"我现在倒确实是知道自己的名字,可是我却不能——像那些先生一样——确定我的目的地在哪儿。"听众们哄堂大笑。紧接着,威尔逊又讲了另外一个令人捧腹的滑稽故事,听众们被他彻底征服,从而调动起了大家欢快的情绪。

威尔逊的讲话之所以获得了很好的效果,是因为他抓住了大家的心理:当说笑话的人拿自己打趣时,往往能引起人们的大笑特笑,听众认为这种笑话是值得一笑的。然而,威尔逊的目的并不仅仅满足于博人一笑。实际上,他是用了一个最有力量的方法——以牺牲自己的"自我"为代价,把别人的"自我"抬高——来消除一些固有的嫌隙,获取人们对他的支持和帮助。当时,在听了故事而发笑的人中间,恐怕很少有人注意到自身所产生的变化吧。但事实就是,他们立刻对威尔逊产生了好感。

这种处世策略对我们大有裨益,但我们常常忽略了它,而许多有能力的人往往利用这种策略而得到显著的结果。

在华盛顿,副总统道斯曾用了很多种策略来吸引群众,获得很高的声望。因为这一点,他使自己担任的原本只是一种象征性的工作变成了一个举足轻重的职务。他所用到的重要策略之一就是"在演说时常常说一些做副总统时遇到的好笑的故事"。

菲斯克牧师有一天意外地发现,自己的布道使听众们前所未有地心悦诚服,他自己都为此感到奇怪。在另一次布道中,他明白了其中的奥秘:这是因为他开场无意中说了些牧师们的"短处"以及牧师们的"装模作

样"使许多人不愿意去教堂之类的话。到后来,每当他说起"神圣不可侵犯的文字未必常常真实""宗教的口头禅也不过是口头上喊得起劲""牧师们并没有得到有益的批评和指正,实在是危险之至"等诸如此类的话时,听众的反应都是出人意料的好。这位聪明的牧师正是用这种有意批评自己的态度抓住了听众。

这种有效的策略,平庸之辈是不敢采用的。他们只会想方设法证明自己是如何的聪明能干,对身边的人则经常地给予嘲笑。可是,一个真正有能力的人必定眼光高远。因为他知道,自己的目的在于控制别人,扩大自己的影响力。自己的感觉无关紧要,重要的是自己带给他人的感觉如何!优秀人士在谈起所取得的成就时,总是归功于周围的人,自己则谦逊地退避一旁。

自己打趣自己或是自己批评自己,是培养领袖风范最有效的办法,它不仅能获得别人的注意和好感,还可以消除仇敌的怨恨。

后来成为《考利欧周刊》发行人的贝克,在他还是一名商店经理时,曾收到手下一位推销员寄给副经理巴腾的一封信。由于当时巴腾不在,而他们平时又常常互相拆阅各自的商业信件,于是贝克就拆开看了那封信。在这封信里,推销员的意思就是,他认为贝克是个无用的经理,自己对他没有一点儿好印象,也不觉得值得自己尊敬,希望副经理巴腾能够取代贝克的位置。

由于平时巴腾和那位推销员关系比较亲近,所以这封信虽然言辞激烈,也并不太让人吃惊,真正让人吃惊的是贝克本人对待此信的态度。贝克读了这封挑衅自己的信后,就带着信一直跑到老板纳勃——《考利欧周刊》以及许多其他产业的投资人——那里,说:"你看我是一位多么出色的经理啊!我带出了这么好的一位副手,连我雇用的推销员们都以为他超过我了。"看了这封信的贝克竟然没有一点恼怒,也没有一点嫉妒——只感觉到一种骄傲,为自己的副手是个能干的人才而骄傲。就这样,贝克把一块碎砖变成了花球。

那些久负盛名的成功人士也常常会这样做。对于手下的聪明能干，尤其是某些方面强于自己的人才，他们就用这个办法去拉拢和操纵。至于那些庸人们，他们根本就不会懂得这一道理。他们一定要把自己看得非同小可，希望从头到尾自己就是全部工作的主体，还动不动就对能干的下属嫉妒不已——实际上也是因为他们自己不被人看重所致。可是，真正的大人物眼光长远，满足一己的虚荣对他们来说远不如结果重要。

当你选择助手和朋友时，要时刻准备着牺牲自己的虚荣心：努力去发掘那些在某一方面可能比你能干的下属——即便他们已经有所觉察甚至因此对你不敬；你应选择你所称颂和看重的人来做朋友。

说到底，"躬自厚而薄责于人"从主观方面来说反映了一个人的思想修养，从客观方面来说也是一个正确处理人际关系的问题。因此，很值得我们高度重视并落实到具体的人际交往中。

有美德才会有朋友

【原文】 子曰:"德不孤,必有邻。"

【大意】 孔子说:"有道德的人不会孤立,一定会有同志和朋友。"

一个人有了美德,自己就不会感到孤单,会得到很多朋友。人不能把自己孤立起来,真正的有德之人是生活在人群中间;有德之人的朋友遍布天下。这就是孔子讲的仁义,即爱己就是爱人,仁义就是大家好,仁义就是快乐。

孔子说的朋友,是没有血缘纽带的兄弟式的朋友,这种朋友关系是义结关系,亲如手足,成了胜似血缘关系的兄弟。不是"相煎何太急"的曹丕、曹植,而是"不能同日生,但愿同日死"的桃园三结义的刘关张式的兄弟关系。

据《说苑·杂言》记载,孔子也曾说过,行为合于仁义礼节,千里之外都是兄弟,否则,就是两人对门而坐也不相往来。

孔子说:"有朋自远方来,不亦乐乎?"(《论语·学而》)

列宁说:"无论你是什么肤色,无论你远在异国他乡,举目无亲,语言不通,但只要凭着《国际歌》——全世界无产者的歌,你就能找到自己的同志和兄弟。"

海内存知己,天涯若比邻。

只要你有美德,四海之内又何愁没有像兄弟一般的好朋友呢?

做人必须懂得朋友之道。大家都明白,众多的朋友往往是最有利于我们开创事业的资本。有多少现在功成名就的人物,当初如果不是朋友的鼓励而使得他们牢牢地坚守自己的阵地,恐怕早已在他们事业生涯中的某些危急时刻放弃奋斗、偃旗息鼓了!如果生活中没有友谊的话,我们的生命将是一片荒芜贫瘠的沙漠!

美国作家杰克·伦敦的童年贫穷而不幸。14岁那年,他借钱买了一条小船，开始偷捕牡蛎。可是，不久之后就被水上巡逻队抓住，被罚去做劳工。杰克·伦敦抽空子逃了出来，从此便走上了流浪水手的道路。

两年以后，杰克·伦敦随着姐夫一起来到阿拉斯加，加入到淘金者的队伍。在淘金者中，他结识了不少的朋友。这些朋友中三教九流什么都有，而大多数都是美国的劳苦人民，虽然生活困苦，但是在他们的言行举止中充满了生存的活力。

杰克·伦敦有一位叫坎里南的中年朋友，他来自芝加哥，他的美德和他经历的辛酸历史一样令杰克·伦敦感动。杰克·伦敦视他为最好的朋友。很多次，杰克·伦敦经常与坎里南在月光下的乱石堆里聊天，听他讲故事。杰克·伦敦常常被感动得潸然泪下。而这更加坚定了杰克·伦敦心中的一个目标：写作，写淘金者的生活。

在坎里南的帮助下，杰克·伦敦利用休息的时间看书、学习。4年后，23岁的杰克·伦敦写出了处女作，接着又出版了小说集《狼之子》。这些作品都是以淘金工人的辛酸生活为主题的，因此，赢得了广大中下层人士的喜爱。杰克·伦敦渐渐走上了成功的道路，著作的畅销给他带来了巨额的财富，这些荣誉和财富也凝聚着他的朋友坎里南的心血啊。

刚开始的时候，杰克·伦敦并没有忘记与他共患难同甘苦的淘金工人们，正是他们的生活给了他灵感与素材。他经常去看望他的穷朋友们，一起聊天，一起喝酒，回忆以往的岁月。

但是，后来杰克·伦敦的钱越来越多，他对于钱也越来越看重。他甚至公开声明自己只是为了钱才写作。杰克·伦敦开始过起豪华奢侈的生活，而且大肆地挥霍。与此同时，他也渐渐地忘记了那些穷朋友们。

有一次，坎里南来芝加哥看望杰克·伦敦，可杰克只是忙于应酬各式各样的聚会、酒宴和修建他的别墅，对坎里南不理不睬，一个星期中坎里南只见了他两面。

坎里南头也不回地走了。同时，杰克·伦敦的淘金朋友们也永远地从他的身边离开了。

离开了生活，离开了写作的源泉，杰克·伦敦的思维枯竭，他再也写不出一部像样的作品了。于是，1916年11月8日，处于精神和金钱危机中的杰克·伦敦在自己的寓所里用一把左轮手枪结束了一生。

可见，失去朋友和友谊，你就会陷于无助的境地而深感恐慌。朋友是

你的依靠，友谊是你人生的资本。而要想得到朋友的真心、友谊，必须用自己的美德打动他们。

法国著名诗人薛曼曾经写过一首诗，给予了朋友高度的评价：

"这是我生命中令人喜悦的发现，在旅途的每个转弯处，都有位朋友用强壮的手臂，亲切地分担我的重担，助我向前。既然我无黄金作为回赠，便只有以爱作补偿。我唯一的祈求是，当我还活着的时候，上帝让我配得上我的朋友。"

"朋友，他会在你困难时雪中送炭，在你春风得意时锦上添花，朋友是夏天的凉风，是严冬的阳光……"

当然，从某种意义上来说，朋友也是一种财富，而且是最大的财富。他可以助你走上仕途，也可以使你拥有百万家财。虽然真正的友谊是绝对不能够用金钱来衡量的，但是从最功利的角度来看，他的确可以做到这一点。朋友对于事业的成功或失败有着举足轻重的作用。

再有一个例子便是关于维克多连锁店的故事。

维克多从父亲的手中接过了一家食品店，这是一家古老的食品店，很早以前就存在而且已出名了。维克多希望它在自己的手中能够发展得更加壮大。一天晚上，维克多准备早点儿关上店门，以便做好准备，第二天和妻子一起去度假。突然，他看到店门外站着一个年轻人，面黄肌瘦、衣衫褴褛、双眼深陷，典型的一个流浪汉。

维克多是个热心肠的人。他走了出去，对那个年轻人说道："小伙子，有什么需要帮忙的吗？"

年轻人略带点腼腆地问道："这里是维克多食品店吗？"他说话时带着浓重的墨西哥味儿。"是的。"

年轻人更加腼腆了，低着头，小声地说道："我是从墨西哥来找工作的，可是整整两个月了，我仍然没有找到一份合适的工作。我父亲年轻时也来过美国，他告诉我他在你的店里买过东西，喏，就是这顶帽子。"

维克多看见小伙子的头上果然戴着一顶十分破旧的帽子，那个被污渍弄得模模糊糊的星字形符号正是他店里的标记。"我现在没有钱回家了，也好久没有吃过一顿饱餐了。我想……"年轻人继续说道。

维克多知道眼前站着的人只不过是多年前一个顾客的儿子。但是，他觉得应该帮助这个小伙子。于是，他把小伙子请进了店内，好好地让他饱餐了一顿，并且还给了他一笔路费，让他回国。

不久，维克多便将此事淡忘了。过了十几年，维克多的食品店生意越来越兴旺，在美国开了许多家分店。他于是决定向海外扩展，可是由于他在海外没有根基，要想从头发展也是很困难的。为此维克多一直犹豫不决。

正在这时，他突然收到一封从墨西哥寄来的一封陌生人的信，原来正是多年前他曾经帮过的那个流浪青年。

此时那个年轻人已经成了墨西哥一家大公司的总经理，他在信中邀请维克多来墨西哥发展，与他共创事业。维克多真是喜出望外。有了那位年轻人的帮助，维克多很快在墨西哥建立了他的连锁店，而且发展得异常迅速。

这两个例子正是要告诉人们，失去了朋友，便会陷入无助的荒漠，得不到帮助，得不到爱抚，最后便会在孤独中绝望地死去；而珍惜友谊，哪怕只是偶然结识的朋友，也会让你充分享受到人生的温暖，取得事业的成功。

朋友意味着一种多大的恩惠啊！

确实，人海茫茫，知己难觅。有人常叹"人生得一知己足矣"。我们每一个人都应该学会找寻友谊，珍惜友谊，抓住这一世间宝贵的财富。

朋友是无声的同伴，朋友是另一个自己——他们中的每一方都对对方感兴趣的事物感兴趣，都尽心竭力地帮助我们在生活中取得成功，对我们的事业鼎力相助，并为我们所取得的每一点进步和成功欢欣雀跃。试想一下，在这世上难道还有比朋友的忠诚和奉献更崇高、更美丽的东西吗？尽管西奥多·罗斯福具有非凡的个人能力，但是，如果没有来自于他的朋友们强有力的、无私的和热心的帮助，他是根本不可能取得这么大的成就的。事实上，如果不是有他的朋友们，特别是他在哈佛大学所交的那些朋友们的倾力相助，他能否当选为美国总统还真是一个疑问。不论是在他作为纽约州长的候选人期间还是在他竞选总统期间，许许多多的同班同学和大学校友为他不辞辛苦地奔波。在他所组织的"旷野骑士团"中，他获得了众多的友谊之手，他们最终在总统竞选中为他在西部和南部赢得了成千上万张选票。

想想看吧，拥有真挚热心的朋友是一件多么幸福的事啊！他们总是细心地关注着我们的每一个兴趣爱好，无时无刻不在为我们服务，他们会抓

住每一个机会赞扬我们的优点，无私地支持我们，在我们不在的场合他们会毫不犹豫地维护我们的利益。他们会帮助我们克服自身的缺陷与不足，在听到有可能伤害我们的流言蜚语或无耻谎言时，他们会果断地予以制止和反驳。他们还会努力地扭转他人对我们的消极印象，给我们公正的评价，并想方设法地消除由于某些误解，或者是由于我们在某些场合恶劣的第一印象而导致的偏见。总之，他们在漫漫的人生之路上总是推动着我们前进，或者是在关键的时刻助我们一臂之力。

如果不是因为朋友，我们中的许多人将是多么可怜啊！如果没有朋友替我们挡住那些残酷无情的打击和攻击，并耐心地抚慰我们受伤的心灵，我们中又有多少人将会落到声名狼藉、伤痕累累的境地啊！与此同时，如果没有许多朋友为我们带来顾客、客户和生意，如果没有他们始终如一地尽己所能为我们开辟道路和提供方便，我们中的许多人在经济上将更加困顿。

朋友能够给我们的生活带来多大的不同啊！有多少人因为背后有强有力的忠贞友谊的支撑而免于堕入绝望的谷底，因为友谊而没有放弃对成功的奋斗！又有多少人在即将走上轻生之路时，想到还有人深爱和信任着自己，从而回心转意，重新笑对人生啊！还有多少人心甘情愿地承受那些不这样做就会使他们的朋友蒙羞的苦难啊！很多时候，来自于朋友的鼓励或者是善解人意的话语会令你感到那种发自心灵深处的震撼和感动，并由此构成了许多人生中重大的转折点。

有许多人怀着最终必将胜利的希望，长期忍受着贫苦、病痛和世俗的冷言冷语的折磨。他们之所以能够这样做，是因为他们的身边还有朋友，还有那些热爱和相信他们的朋友，还有那些能够在他们身上发掘其他人所无法发掘的优点的朋友。如果不是因为朋友的缘故，如果仅仅是为自己考虑，那么，他们很可能浅尝辄止，早就放弃奋斗了。

朋友的信任是一种永久的推动力。当很多人对我们抱以误解和蔑视时，而许多朋友仍然真正相信我们的能力，这种信任能够在多大程度上激励和鼓舞我们全力拼搏啊！西德尼·史密斯说："生命是由众多的友谊支撑起来的，爱和被爱中存在着最大的幸福。"

如果你正想在某一个行业或商业领域大展宏图，那么，你所拥有的一大批忠诚的朋友将给予你强有力的支持，他们将会给你带来客户和顾客。

有人曾经试着对某个人做了这种分析，通过对他的职业进行长时期的仔细观察和研究之后，得出这样一个结论：他的成功至少有20%应当归功于他在广交朋友方面的非凡能力。从童年时代起，他就致力于培养这方面的能力。他非常善于把人们吸引和聚集在他的身边，甚至到了朋友们愿意为他做任何事情的地步。

当这个人开始进入社会开创自己的事业时，他在中学和大学期间所结下的友谊发挥了难以估量的作用。深厚的友情不仅为他打开了不同寻常的机会之门，而且也大大增加了他的知名度。

换句话说，由于众多朋友的帮助，他的能力也扩大了许多倍。他似乎拥有一种神奇的力量，能够在做任何一件事时都能获得朋友们无私而热心的支持，朋友们好像总是全心全意地增进他的利益。

但很少有人对自己事业生涯中朋友的作用做过恰如其分的评价。绝大多数成功人士都认为，他们之所以能够脱颖而出是因为其自身卓越的才能，是因为他们自身的拼搏努力；他们总是津津乐道于自身的辉煌业绩。他们把自己的成功全部归因于自身的聪明、才智、精明、努力以及积极进取。

信任是可以融化万物的阳光

【原文】 子张问行。子曰:"言忠信,行笃敬,虽蛮貊之邦,行矣。"

【大意】 子张问怎样才能使自己通达。孔子说:"说话忠诚守信,行为笃实严谨,即使到了边远的部族国家,也能够通畅。"

孔子的意思其实也很简单,就是要求子张把"忠信笃敬"作为座右铭"印在脑子里,溶化在血液中,落实在行动上"。做到这一点,就可以去天下任何地方。

对于很多事情来说,人与人之间的信任是前提。不仅当高级领导人,上对君王下对百姓如此,就是做一个单位的干部、一家公司的老板,也同样是如此。当你的部下对你缺乏信任时,你随便分配他干什么,他都有可能认为你对他心存偏见,有意整他。相反,只要他信任你,认为你对他好,则你随便分配他做什么,他都不会心存芥蒂,而会主动积极地去完成。你对上级也是同样的道理。所谓"交浅不言深",如果上司不信任你,你最好还是少提意见,少提建议,不然的话,你的一片好心很可能被当作了驴肝肺,忠言也会被认为是在反对他,毁谤他。当然,如果上司信任你,对你言听计从,那又是另一回事了。

总而言之,信任的确是前提。一个人对上对下都能取得信任,那他多半会比较顺当,相反,则可能做得很累很苦,仕途也长不了。

是不是正因为不少人都搞懂了这一点,才学会了上下"勾兑",八面玲珑,做得滴溜溜转而一帆风顺呢?

中国传统文化中有这么一句话:"见人只说三分话,未可全抛一片心。"所以,长期以来人与人心灵之间隔着一道栅栏,特别是男女之间更是"授受不亲"。在生活中我们常看到人们总喜欢戴着面罩生活,能真诚给人以信任、敞开心胸的人委实太少。

有一位省里颇负盛名的诗人，一次旅游出外，在武夷山偶遇一位妙龄小姐，大概因为武夷秀美的景观与这位小姐的容貌打扮天然和谐地融为一体，或许还因为按诗人所说的话是"脱出轨道的内心的冲动"，他竟然在游客如织的道路上，走向前去当面赞叹她："你真美啊，小姐！简直是一位从武夷山神女峰上飘下来的天使！"

同行的朋友们都为"诗人"的冒昧捏一把汗，他们都认为诗人不被对方痛斥一番才怪哩。通常情况下，在熙攘的人群中如果你不小心碰到一个陌生姑娘，上前赞美对方，轻则遭白眼，重则会被当作流氓痛责。

可是眼前这一幕却出人意料，那姑娘停住脚步，面带迷人的微笑，对他道一声"谢谢"，颔首示意。在姑娘正要转身离去的瞬间，诗人又抢前一步："小姐，我能知道你的地址与芳名吗？"

在我们看来，诗人简直有点得寸进尺，大概是吃错药了。可那位姑娘还是那么娴静平和，微笑地盯着他看了一会儿，从提袋里取出一张名片来，"好吧，这是我的名片。请多关照。"

诗人欢天喜地拿着名片回到同伴队伍中来，名片上赫然印着小姐的芳名与地址及电话号码，原来是省城某公司的公关小姐。

那一刻，同行中所有的人都被小姐绰约大方的风姿给迷住了。

后来那位诗人谈及此事说，他们已经是很好的朋友了。他说他很少见到这种女性，第一次和她约会时，见她果然如期而至，他感动得差点落下泪来，那是一种被信任的喜悦。"她各方面的修养很好，喜欢听古典音乐，对新诗也有自己的见解。我们在一起时很愉快，不过仅此而已。她已经有自己的心上人了！"诗人感叹了一句，不知是自豪还是因为惆怅。

如果这个世界上能多一些信任，就如禾苗获得雨露和阳光一样。

信任别人，让别人经常感受到你的暖意，你的魅力就会随之增强，甚至可以改变别人，重铸一个新人。

一位著名的优秀教师曾教过一位有过"扒窃"前科的学生，她用爱心打动他，让他参加学校里的一切活动，增强他的自信心，还让他兼任学校保卫委员，甚至将自己家房门的钥匙交给他保管。这位学生没有辜负老师

的信任，一改旧习，学习与品德都堪称优秀。

　　这位教师有句名言："当你还不了解他，首先你得去信任他！"

　　信任的境遇，造就值得信任的人，造就有信任能力的人。这种人由自身的辐射，又扩展了更多信任的空间。这是一种良性循环。

第四章 成大事也有捷径
——孔子做学问与做事的诀窍

做事有无诀窍？成事有无捷径？

这是很多人都很有兴趣的问题。对此,孔夫子给出的答案是:有。

但是孔子所谓的『有』并不是一步登天,并不是一夜暴富。他所说的『有』只是我们要知道做事、成事的关键点,懂了这些,就是走了捷径,就是有了诀窍。

牛皮不要乱吹，在行动上见功夫

【原文】 子贡问君子。子曰："先行，其言而后从之。"

【大意】 子贡问孔子怎样才是君子。孔子说："行动在先，说话在后。"

真正的君子，就是要少说空话，多做实在的事情。也就是"敏于事而慎于言"，凡事先做起来，然后再说，把实际的行动放在言论的前面，而不要光吹牛不做事，夸夸其谈。

语言的巨人，行动的矮子。这是圣人所不能容忍的。

把自己业绩超群的事经常挂在嘴边大吹大擂，或不断地拿它去傲人，这就嚣张过分了，应该有所克制。

很多刚走上工作岗位的人，不懂得这种心理，往往希望从一开始就引人注目，夸耀自己的学历、本事、才能。这样做的后果是别人相信你，形成心理定势之后，如果你工作稍有差错或失误，往往就被人瞧不起。试想，如果一个本科生和博士生做出了同样的成绩，人家会更看重谁？人家会说本科生了不起。你博士生的学历高，理应本领高些，可你跟人家一样，有什么了不起的？心理定势是难以消除的。所以，刚走上工作岗位或新的岗位的人，不应当过早地暴露自己，当你只管行动不夸海口时，你会因一点成绩一鸣惊人，这就是深藏不露的好处。如果交给你一项工作，你说："我保证能够做好！"几乎和说"我不会"一样糟糕，甚至更糟糕。你应当说："让我试试看。"结果你同样做得很好，可得到的评价会大不相同。

某高校，一个系里有两位成果颇丰的青年教师，一个爱吹嘘自己的成就，逢人便说又发表了几篇文章，学术成就有多高；另一个人几乎总是回避关于这个问题的提问，或者轻描淡写地说不多、不怎么样。其实两个人在各自的学术领域里都已崭露头角，而后边的那个人的文章更经常成为学术界评议的对象，但他始终不吹嘘炫耀自己。结果，两个人都抱着一摞杂志到系里申报职称，别人却说："你整天吹嘘炫耀自己发表了多少多少文章，按数目来说应该远远超过这些了，怎么才这么点儿。看看人家，平日一声不响，谁能想到他会发表这么多文章呢？"尽管两人数量差不多，但后来还是第二个人先晋升了。

待人坦诚，心直口快并非不好，但事实证明，那些心直口快的人往往容易暴露自己，得罪别人，既没有很好地把握自我，也不易取得事业的成功。这样的人实在不太聪明。你无意中说了别人什么，但别人常常会记一辈子，到适当的时候，他可能会不知不觉或有意识地进行报复。因此我们说"口无遮拦"，坦荡如砥，是一个人的好处，也是一个人的致命弱点。

可是，话说回来，表现拔尖而过分谦虚，也不应该。

当你确实在业绩上大有突破，对单位的贡献也是众人公认的，这时候，向企业要求适当的报酬也无不可。借这个机会把自己好好宣传一下，也是应该的。年轻人就要有如此豪放的一面。

要想不吹牛也不谦虚过度，表面上看来很简单，其实却不是那么容易掌握好的。因为人的性格使然，他所接受的教养一般总是偏向某一边的。

小A，女性26岁，外向型性格，话很多，有时令人讨厌。她的自我感觉总是那么良好，就连自己那张并不怎么漂亮的脸，由她自己从镜子里看出来也是美似天仙。她当然知道，作为一个年轻的下属，不该吹牛，但不知不觉中，只要一开口，就会自我吹嘘一番。什么我的朋友是大学教授（其实是讲师）啊，什么某某领导非常器重我啊。久而久之，无论她说什么别人都打个问号，甚至连她结婚的消息人们也将信将疑，再三证实后才相信，这就是吹牛的恶果。俗话说："牛皮不是吹的，火车不是推的。"人在社会上的地位如何，贡献多大，归根结底要靠事实说话，吹牛的人不但令人讨厌，而且，"假作真时真亦假"，到头来连你的真话都会无人相信。

小B的情况则和小A相反。他的父母都是中学教师，自小就对他进行比较严格的教育。但他就是太谦虚，无论什么事，明明有能力做，也要说："我不行，我不行。"结果坐失了许多很好的机会。每次评比，总有人想到这位老实人小B，但每次他都推掉了，结果呢，人人都说小B是好人，而他却失去了原本应该由他得到的东西。在现代社会的激烈竞争中，他显得非常不适应。

要掌握好不吹牛但也不谦虚过度的尺度，一是要看时间，决不要逢人

就说自己如何如何行,也不要遇事就往后缩,一般情况下,是谦虚一点儿好。二是要看场合,同事见面、亲友相逢,都不应该自我吹嘘;总结汇报,自我评定,则一点儿也不要客气。三要看事实,无论何时何地都不能无中生有,也不能敷衍夸张,有什么讲什么,实事求是。四是要有气魄,认定是应该属于自己的东西,就要毫不谦虚,大力争取;但又不必为蝇头小利斤斤计较,即使有时是比较重大的事情,假如同僚中确有比自己条件突出的人,但名额却只有一个,大度地放弃也不是什么坏事。

三思而后行不见得对

【原文】 季文子三思而后行。子闻之，曰："再，斯可矣。"

【大意】 季文子遇事总要考虑三次以上才行动，孔子听说后说："考虑两次也就可以了。"

有人往往把"三思而行"作为孔子的教导，实在是张冠李戴，歪曲了圣人的意思。

记住：考虑两次也就可以了，不要想得太多！

凡事不想一想就行动叫作莽撞，往往会导致严重的负面效果。但想得太多，瞻前顾后，翻来覆去，则容易陷入犹豫不决的狐疑之中，导致优柔寡断。

忧郁的丹麦王子哈姆雷特为报叔父的杀父娶母之仇而思虑再三，左右为难，因此而错过了下手的大好机会，结果与敌人同归于尽。

"生存还是毁灭？这是一个问题！"

这就是莎士比亚笔下著名的"哈姆雷特式的犹豫"。

当断不断，反受其乱。

所以，孔子的弟子朱熹说到"君子务穷理而肯果断"。这就是说既要想清楚，有所思考而后再行动，又不要优柔寡断。

季文子为人非常谨慎，凡事均要"三思而行"，对于祸福利害，计较过细，所以孔子说："再，斯可矣。"

16世纪日本江户幕府时期，军阀德川家康与武田信玄之间发生火并。武田信玄连连得胜，德川的军队被打得丢盔卸甲，溃退至滨松城。武田信玄一路追击，准备歼灭敌军于滨松城内。当武田兵临城下时，只见滨松城内城门大开，火光通明，一片安宁祥和。武田信玄是当时著名的军事理论家，深谙中国的《孙子兵法》，他一看便知德川在摆空城计，便想立即冲进城去。但转念一想，德川是知道我能识破空城计的，他敢如此安排，其

中必然有诈,我必须慎重从事。于是武田不敢贸然攻城,把军队安扎在城外。此时,德川的三千后备部队也已接近了滨松,武田更加确信了自己的判断,认为城内必有众多伏兵,因此始终没敢攻进城去。不久,因劳累过度,加之露宿郊野,他得肺病而死。

其实,德川家康确实是在摆空城计。他深知武田信玄熟读兵书,但这些书读得太多了,反而会智者多虑,谨慎有余;另外,武田为了保全已经取得的胜利,也不会轻举妄动。德川正是利用了对手的这种心理,才化险为夷。

武田信玄的失利很大程度上是由于其谨慎过度,考虑事情太周到,反而犹豫不决,无所适从。这也给后人一个启示:凡事看准了就大胆去行动,不要瞻前顾后,让机会白白错过。美国人爱说"have a try"。多去试一试,机会自然也就来了。

切莫画地为牢、故步自封

【原文】 冉求曰:"非不说子之道,力不足也。"子曰:"力不足者,中道而废。今女画。"

【大意】 冉求说:"我不是不喜欢老师的学说,是因为能力不够。"孔子说:"能力不够,会在中途走不动了的时候停止,可你现在却是画地为牢,根本就没有出发。"

走不走得到是能力问题,走不走却是心态问题。

画地为牢,裹足不前,这是浅尝辄止,自甘堕落。所以孔子深恶痛绝,当面驳斥冉求的说法。

所谓"世上无难事,只要肯登攀"。一个人不管做什么事情,只要肯立志,坚决地去做,做到什么程度算什么程度,走到哪一步算哪一步。换句话说,只问耕耘,不问收获。事实上就总会有所收获。相反,凡事太功利,还没有起步就问终点何在,利益何在。期望值太高,太迫切,往往会产生畏难情绪,结果便很容易画地为牢,自己把自己限定在一个范围内,甚至裹足不前,打退堂鼓了事。

冉求正是想打退堂鼓,所以圣人予以激励,要求他开步向前走,哪怕"中道而废",也比停步不前好。

"锲而不舍,金石可镂。"这是古人留下的一句著名的治学格言,也是为世人推崇的成才之道。

其实,苦学不辍,持之以恒,只是一个人成才的条件之一,而其他条件,譬如机遇、天赋、爱好、悟性、体质诸项也是缺一不可的。如果你研究某一学问、学习某一技术或从事某一职业确实条件太差,而经过相当的努力仍不见效,那就不妨学会"放弃",以求另辟蹊径。不要画地为牢,一条道走道黑。

比如学弹钢琴,据统计,北京上海各有10万琴童,全国有多少,不得

而知，估计不会少于100万吧！要是光弹着玩玩倒也罢了，可是不少家庭都是认认真真把孩子当个钢琴家来培养的。很多夫妇自认为"这一辈子就这样了"，孩子无论如何也要让他成就一番事业。于是省吃俭用，给孩子置办了一架进口钢琴，立志要培养出一个中国的"肖邦""李斯特"。再如高考，一年一度的高考风起云涌，一番拼搏，分出高下，几家欢喜几家愁。受教育资源限制，不论你如何"锲而不舍"，使尽浑身解数，录取率就决定了必然要有近一半的考生要自愿或不自愿地"放弃"上大学的愿望。如果差距不大，偶尔失手，自然不妨厉兵秣马，来年再战；倘若成绩实在差距太大，再考几次也难有多大提高，那就应当机立断，学会"放弃"。有道是"成才自有千条道，何必都挤独木桥"，世界首富比尔·盖茨就没念完大学，大发明家爱迪生不过才小学毕业，照样不耽误人家成名成家，你又何必一条道走到黑呢？或许，你只退这么一步，便会海阔天空。

　　人生苦短，韶华难留。选准目标，就要锲而不舍，以求"金石可镂"。但若目标不适，或主客观条件不允许，与其蹉跎岁月，师老无功，就不如学会放弃，"见异思迁"。如此，才有可能柳暗花明，再展宏图。班超投笔从戎，鲁迅弃医学文，都是"改换门庭"后而大放异彩的楷模。可见，如果能审时度势，扬长避短，把握时机，放弃既是一种理性的表现，也不失为一种豁达之举。

　　生活在五彩缤纷、充满诱惑的世界上，每一个心智正常的人，都会有理想、憧憬和追求，否则便会胸无大志，自甘平庸，无所建树。然而，历史和现实生活告诉我们：一定要找准目标，一旦发现不对头，就千万不能画地为牢！

有耕耘才会有收获

【原文】樊迟问知。子曰:"务民之义,敬鬼神而远之,可谓知矣。"问仁。曰:"仁者先难而后获,可谓仁矣。"

【大意】樊迟问什么是明智,孔子说:"致力于人世间该做的事情,对鬼神抱敬而远之的态度,这就可以说是明智了。"樊迟又问什么是仁。孔子说:"有仁德的人总是先付出艰苦的努力然后才有所收获,这就可以说是仁了。"

在"智"的问题上,典型地表现了圣人现实而理性的精神,一方面是"务民(人)之义",着眼于人间事;另一方面是"敬鬼神而远之",对于我们搞不大清楚的事情,既不轻易相信,也不盲目否定,姑且把它放在一边存而不论。前一方面是现实的精神,后一方面是理性的精神。为什么要这样呢?在《先进》篇里,当子路问怎样侍奉鬼神时,孔子作了明确回答:"未能事人,焉能事鬼?"连近在眼前的人都没能侍奉好,谈什么侍奉好远在天边的鬼神呢?

凡事从眼前做起,从身边做起,不要好高骛远,不切实际地异想天开。"智"的问题是这样,"仁"的问题也是这样。

所以,当樊迟问什么是"仁"时,圣人作出了"先难而后获"的回答。另有一次,樊迟跟随孔子到舞雩台下去游览,当他问孔子怎样才能提高道德修养时,孔子照样回答说:"问得好!先事后得,非崇德与?"(《颜渊》)意思是说,先做事后收获,这不是提高道德修养了吗?

先难后获,先事后得,用我们的话来说就是:没有耕耘,哪来的收获?或者从正面说,只问耕耘,不问收获。或者再说得优美一点,那就是——

十五的月儿十六圆,

要想收获先种田,

要想登山先探路,

要想致富得开财源。

勤劳的农民知道在春天播种,成功的人则知道在春天拟订计划,为自己找寻成功的动机。

有些人不喜欢做计划,因为他们觉得大多数的计划常常还来不及完成就中途夭折,不如走一步算一步,反正船到桥头自然直。所以说,这种人大都是"光有想法,没有做法"。

有些人可不这么认为。他们相信做了计划之后,才有明确的目标,方向才不会走偏,万一中途变卦,计划可以再修改,即便最后没有百分之百到达目的地,但也至少完成了大半,"如此,你知道你的距离还有多远,总比站在原地好!"一位成功的企业家如是说。坚持"先要有做法,而后,想法就会逐一实现"。

的确,盲目而没有焦点,很容易让人走上岔路,白费力气。

你不妨观察农民施肥的方法,他们在什么地方施肥,什么地方的农作物就会生长得特别茂盛。如果他们将肥料乱撒一通,结果就是该撒到的地方没撒到,不该撒到的地方(譬如杂草区)却特别肥沃。

行为学专家魏特利博士就曾经指出,一个人想要成功,通常必须具备下列三个条件:第一,先要拥有梦想,并把梦想写成明确的目标与计划;第二,融入知识,放进技术、经验与知识;第三,全力以赴,不要犹豫,立即行动。

魏特利博士观察,缺乏明确目标和动机的人,由于背后没有强大的信念支撑,每当困境来临的时候很容易就被瓦解。

计划是一种积极的行动力,它可以让你集中心力专注于目标,避免受外力打扰。

譬如,有些人非常容易见异思迁,很多不相干的事都想凑一脚,结果却忘了自己原先设定的目标。当你心有旁骛的时候,赶紧把你的"计划"拿出来,贴在最醒目的地方,如此就可以提醒你立刻回到轨道上,把那些无关的杂事一律抛开。

记住,心不在焉绝对无法让你完成任务,所以,一定要保持专心,不让注意力分散到其他的事情上。

每年开春,张先生总是不忘在记事本上为自己定出一年内要达成的目标。通常,他的计划包含三大项:财务,今年预期的收入;事业,包括晋升、专业训练与进修；健康与家庭。

张先生从小就很懂得替自己做计划。他家境很穷，父亲是个连字都不认识的仓库管理员。但是靠着自食其力，张先生不仅顺利念完大学、研究生，而且一口气拿到七八张和会计、保险、管理相关的专业执照。

隔了两年，另一家公司来挖墙脚，待遇足足是他原单位的两倍，张先生却不为所动，坚持留在原地。不久，他的老板知道这件事，注意到这个年轻人的潜力，而公司正好面临改组，便将他晋升为亚太区财务主管的位置。那年，张先生不过才26岁。

之后，张先生将事业阵地转移到台湾，历经福特汽车财务长、美商瑞泰人寿财务长，一直做到副总经理。观看张先生事业发展的曲线图，便不难发现他充分发挥了会计人"精打细算"的特色。"我对人生每个阶段都有很周密的计划，算得很精确，但是绝对不夸张。"他满足地说道。

从小到大，张先生始终谨记着一句座右铭："绝对不要在无价值的事情上面浪费任何一分钟。"他非常清楚自己的目标，知道何时该选择"要"与"不要"。

他说，每个人在不同的人生阶段需求都不一样，有些在别人看来认为很有价值的事，对自己却可能是一文不值。譬如，在他们这个行业挖墙脚、跳槽的风气很盛，很多人看到的只是一时的利益，忘记长远的目标，虽然赚到了钱，却失掉方向感。对他而言，这种没有目标的人生，不是他要的人生。

农民耕耘田地需要力气，你的人生目标当然也需要你努力去灌溉，给予充足的养分，才可能结出果实。有些人在果树的种子才刚刚埋下去的时候就已经开始计算自己可以有多少收成，忘记在栽培的过程中需要定期除草、施肥。关键在于计划拟订之后绝不可偷懒，否则，最后还是一事无成。

具备博而又专的才能

【原文】达巷党人曰:"大哉孔子!博学而无所成名。"子闻之,谓门弟子曰:"吾何执?执御乎?执射乎?吾执御矣。"

【大意】达巷的一个人说:"博大啊,孔子!学问广博而无法称他为哪一方面的专家。"孔子听到后对自己的学生说:"我专门做什么好呢?专门赶马车好,还是专门射箭好呢?我赶马车好了。"

在《为政》篇里,孔子曾经说过"君子不器"的话,要求君子不要像一个器皿一样,只能派某一方面的用场,而应该博学且才能广泛,努力使自己成为能适应各个方面的通才。在这里,借达巷人的口,使我们知道,孔子不仅是这样要求别人,他自己也是这样身体力行的。

这里牵涉到博与专的问题,这个问题仔细考究起来并不那么简单。实际上,博与专不是可以如此清楚地割裂开而让人选择的,尤其是进入现代社会后,一方面是分工越来越细,因而越需要专门的人才;另一方面是专业人才越来越需要有各个方面的知识和技能才能够"专"得起来。所以,一方面的确如孔子所说,不要像一个器皿一样,只能派一种用场,装酱油就装酱油,装醋就装醋。或者如孔子听到达巷人的话后风趣而幽默的回答那样,驾车就驾车,射箭就射箭,而是除了驾车——去一所驾校学两个月拿一个驾驶执照外,还要去学电脑,学英语,如此等等,使自己成为一个博学而多才多艺的人。但是,另一方面呢,如果没有哪一方面的专长,或者说没有一技之长,在今天的社会里也是寸步难行的啊。弄不好就会成为人们所挖苦的"样样懂,门门瘟",恐怕连一个称心如意的工作还找不到呢,那就只有失业罢了。

所以,更为理想的追求实际上不是"博学而无所成名",而是要既博学又要有所成名,用今天的话来说,就是又博又专,"样样懂,门门精"。当然,要做到这一点,"圣人其犹难诸?"恐怕连圣人也难以做到吧?又何况我们这些等闲之辈呢！

相传有一种鼫鼠，具有五种本领。但会飞而过不了屋，会缘而不能攀登至顶，会游而不能渡河，会穴而不能掩身，会走而不能先人。鼫鼠显然也称得上是"博学"，但还远远不具备称为"灵兽"的本事，为什么呢？就是因为它没有一项拿得出手的专长。

孔子教学生以博学，他自己便具有多方面的知识和才能。他一生从政、讲学，培养了弟子三千，创立了流传千古的"儒家学说"，不可谓不伟大，不可谓不博学！

如今从教之人，为了向学生传授文、理、生、化、电等各方面知识，使学生在德、智、体、美、劳全方位发展，耗去了自己的宝贵光阴和青春年华，又哪有工夫去深钻一行，成为某学科领域的高、精、尖人才，跻身于"专家"的行列？但他们的门徒却能"青出于蓝而胜于蓝"，成长为某专业的拔尖人才。学生的成才，不就是作为"园丁"的教师们辛勤"浇灌"的成果吗！

磨刀也可不误砍柴

【原文】 子贡问为仁。子曰:"工欲善其事,必先利其器。居是邦也,事其大夫之贤者,友其士之仁者。"

【大意】 子贡问怎样修养仁德。孔子说:"工匠要做好工作,必须先磨快工具。住在一国家,要侍奉大夫中的贤人,与士人中的仁人交朋友。"

工匠做工与思想品德修养从表面上看是风马牛不相及的事,但实质上有相通的道理。

《论语集解》引孔安国的注解说:"工以利器为用,人以贤友为助。"常言说得好:"磨刀不误砍柴工。"工匠在做工前打磨好工具,操作起来得心应手,就能收到事半功倍的效果。思想品德修养也是一样。选择品德高尚的人交往,与他们做朋友,受他们的影响熏陶,潜移默化,自己的思想境界和品德修养就会在无形中得到提高。

其实,这也正是《颜渊》篇里曾子说君子"以友辅仁"的道理。

从另一个角度说,便是"近朱者赤,近墨者黑",所以,选择交往的对象是非常重要的。

"工欲善其事,必先利其器"是人们熟知的名言。一个做工的人要把工作完成好,必须先把工具准备好。同样,要想行仁,也要借助锐利的工具,否则,必然出现"手长衣袖短",想得到做不到的窘况。子贡是孔子弟子中卓越的政治家、外交家,以他的地位、身份行仁,首要的是了解国家的国情,建立良好的人际关系,然后才能步入政界,有所作为,富民济民,实现仁的目的。于是,孔子提醒他注意运用手段,利用关系,结交包括政坛要人在内的上流社会人物,与社会贤达交朋友。

但是,孔子所云手段,仅就为仁的目的,是实行仁政以救黎民而采取的谋略。事实上,手段无所谓好坏,不过,只有道德高尚的人才能善用之。现在有些人不讲道德,只记得使用手段,甚至不择手段。行起事来,不讲良心，投机钻营，落井下石，欺上瞒下，贪天之功，喜欢耍阴谋搞诡计，大有"宁可我负天下人，不可天下人负我"的姿态。这种人自以为聪明，结果聪明反被聪明误，到头来是"机关算尽，反误了卿卿性命"。总之，有才干，没有仁德，必定成歪才，危害社会；自恃有德，没有才干，必定是庸才，就像《红楼梦》中的贾政一样，是个"空心老大"，无所作为。有志于成才的人，必须从仁德和才干两方面同时修养。唯德才兼备者才是人才。

第四章 成大事也有捷径——孔子做学问与做事的诀窍

不要在一时的过错中纠缠不清

【原文】子曰:"过而不改,是谓过矣。"

【大意】孔子说:"犯了错误而不改正,这就是错上加错了。"

《韩诗外传》卷三曾引孔子的一句话,凑在一起刚好是从正反两方面谈同一个问题——

过而不改,是谓过矣;

过而改之,是不过也。

说来也是,人非圣贤,孰能无过?问题在于,有了过错怎么办?正确的态度当然应该像孔子在《学而》篇和《子罕》篇里反复说过的:"过则勿惮改。"

春秋时期的晋灵公是个贪婪、暴虐、狡诈的人。他不顾百姓生死巧取豪夺,将聚敛来的财富空耗在宫殿廊阁上;他有一个凶狠的恶习,喜欢用弓弹射人取乐。更残忍的是,他的厨子没有把熊掌煮烂,就把厨子杀死,装在篾筐里放在敞车上,叫人推着从朝上经过,让众人观看,自己却乐呵呵地看众人的惊惧状。士会等大臣很为晋国忧虑,他们担心国家发生祸乱,就决定去劝劝国君,让他改过。晋灵公这个人口头认错很快。他一见到士会来,马上说:"我晓得我的过失了,就改就改。"但他并非真心改过,只是为了避开大臣的烦扰絮叨。士会一看他的神色就知他的真心,知他不会改,但也拿他没办法,只好说:"人谁无过,过而能改,善莫大焉!"

士会的话是从正面讲的,孔子的话则从反面讲的,他们的话都是很正确的。哪个人没有过错呢?一个人有过错,特别是偶尔犯了过错,并不打紧,不必惊慌失措,更不可认为这个人就无可救药了。比如自家的孩子因一时口馋偷摘了邻家的几个果子,自然犯了一点小过,为此就狠揍他一顿,狠骂他一阵,甚至就认为他的品质很坏很危险,伤了孩子的自尊心,给他造成很大的精神压力。这就是不懂得过与善转化的辩证法。事实上完全没有必要对孩子如此大动干戈，提醒他注意一下就好了。

一个人有了过错，真心悔过，把过改过来就好了。一个有道德的人，就要有公开承认自己的错误，公开改正自己的错误的勇气，这不仅不会降低自己的威信，反而会提高威信。古人对于过的认识，在今天仍闪着智慧的光芒，是我们应当牢记的有益的格言。绝对不要像晋灵公那样，假认过或不认过，过而不断，终成大过直至酿成大祸，危害了自身的人格和国家的利益。

英语中有一条谚语是："不要为打翻的牛奶掉泪，已经过去了的事，如果无法挽回，就不要再为它发愁、难过。"

生命是有限的，但人们在有限的生命里，究竟把多少时间用在了现在，用在了眼前的事情上？在时间的长河里，昨天已经去了，明天还没有来，只有今天属于自己，属于已经兑现了的"现在"。但很多时候，人们却把时间用在思前想后上，用在沉湎旧事、旧情、旧物上，用在对往事中某些失误的悔恨上，或者用在对以后岁月的空想上，而这一切都是没有效益的，都是对时间的浪费。为了已经过去了的事情忏悔、愁闷、叹息，实在是毫无价值，这样做不但浪费了你的时间，浪费了你的情感，也浪费了你的精力，浪费了你许多宝贵的东西。

时光一去不返，无论你怎样内疚悔恨，已经发生的事是无法挽回的。

许多人在生活中潜移默化地受到内疚悔恨情绪的影响，他们简直成了一台名副其实的悔恨机器。这种机器的运转程序是这样的：某人发出一个信息，这一信息反馈到你的身上，而你根据自己所说或未说、感到或未感到、已做或未做的事情来看，你似乎可以得出一种结论，你已变成一个坏人。于是，一旦你听到这一信息，便会在现时中感到情绪低落，并为自己过去的事情而后悔和不安。这样你便成了一部悔恨机器——一种能够行走、说话、呼吸的装置。只要他人给你加入适当的燃料（即有关信息），你便可以再生内疚悔恨。如果你完全符合我们社会——滋长悔恨的社会的要求，作为悔恨机器，便总是处于良好的运行状态。

实际上，仅靠悔恨是绝不能解决任何问题的。

我们每一个人都期望满足他人的渴求并争取赢得他人的赞许，一旦自己未能如愿，往往会首先产生一种内疚悔恨情绪。

这种情绪是从幼时的记忆中保留下来的某些印迹，在这些记忆中，有

许多可以诱发内疚悔恨心理的信息，虽然这种信息似乎仅对儿童具有一定的作用，但当他们进入成年之后，却依然不能摆脱其影响。这里所说的促使儿童产生内疚悔恨的信息主要是指父母对儿童的一些训斥，例如：

"你再这样做，爸爸妈妈就不喜欢你了。"

"你这样做真令人感到羞愧。"

"如果你非要这样做，我也没有办法，我不过是你的妈妈……"

"你要像……那样听话就好了。"

不仅童年如此，即使是成年人也可能依然受着类似信息的潜台词的影响。如当一个人达不到上级或长辈的期望时，他就会感到难受。

既然我们已经知道内疚悔恨对我们的现时丝毫无益，那就从现在开始，将它们从你的内心里完全清除吧。

与上一种情况相比，下面这种内疚悔恨情绪则要复杂得多。例如，某个人因为最近所做的事情产生了一种惰性，而这些事情不一定与儿童时代有什么必然的联系。这种内疚悔恨完全是自己在违背了成年人的行为准则或道德标准时强加于己的，尽管痛苦的心情对已经发生的事情没有丝毫的帮助，但仍有人让自己长时间处于一种情绪低落状态。典型的自寻悔恨行为在我们的生活中十分常见，如你刚刚责备过别人，却反过来怨恨自己；或者由于自己曾经在商店里偷拿东西，在某一重要场合说了不大得体的话而一直十分懊丧。

这就是因为自己的行为和做法而自生一种内疚悔恨心理的典型例子。因此，你可以将所有的内疚悔恨行为看成是一种心理反应，这种反应是你根据以往的行为标准做出的，而且依然下意识地期望以此来取悦于某一对象；你也可以将悔恨视为自己期望达到某种高标准的结果，你实际上并不相信这些标准，但是出于某种原因却在口头上表示赞同。在这两种情况中，悔恨都是一种愚蠢而无益的行为。你可以永远坐在那里，为自己所做的错事而懊恼、内疚、悔恨一直到死，但这种内疚悔恨心理对于改掉你过去的行为却没有丝毫的好处。逝者如烟，一切都已成为往事！你之所以悔恨，是因为你想改变历史，希望自己没有做过某一错事。然而，事实是你已经做了，无论怎么内疚悔恨，你也无法改变这一事实。

人生不过短短几十年，留给我们的快乐时间本来就很短暂，为什么我们还要纠缠在过去的错误和痛苦之中呢？

做事，抓住时机最重要

【原文】 子曰："侍于君子有三愆：言未及之而言谓之躁；言及之而不言谓之隐；未见颜色而言谓之瞽。"

【大意】 孔子说："陪君子说话容易有三种失误：还没轮到自己说话却抢先说了，这叫急躁；轮到自己说了却不说，这叫阴隐；不察言观色而说话，这叫瞎子。"

这里的君子指长官、前辈等，用朱熹的话来解释，指"有德位之通称"。其实，就是一般朋友、同学、同事之间说话，这几点也同样适用的。

孔子所指出的三个毛病，的确也是我们一般人容易犯的。第一个毛病是急躁而爱出风头，没有耐心听人说话的涵养，对于一个领导者来说，这一点尤其致命。第二个毛病是阴隐，该说话的时候不说，给人以城府很深、人很阴险的感觉，尤其容易失去朋友。第三个毛病是不长眼睛，说话不看人家的反应，只顾自己说得痛快，得罪了人自己还不知道，这是炮筒子一类的人，尤其不能做与人交往、接待、洽谈等方面的工作。

好言一句三冬暖，话不投机六月寒。

如何把握好说话的时机，这的确是非常重要的。

孔子周游列国，劝说君王，所以对如何与达官贵人们说话很有心得，很有体会。从一定意义上说，这里的一段话正好是他的经验之谈。对我们来说，当然不仅仅是谈话要掌握艺术的问题，诸如托人办事、加薪晋升、交友处世，都需要有把握时机的艺术。孔子的经验之谈不是正好提供给我们借鉴吗？

看准时机需要眼力，如果没有善于训练自己眼力的习惯，即使金子在眼前，也如同石头。成大事者要善于养成这样一个必不可少的习惯：磨炼看准时机的眼力！

有位记者曾同老演员查尔斯·科伯恩进行过一次交谈。记者问的是一

个很普通的问题：一个人如果要想在生活中成就大事，需要的是什么？大脑，精力，还是教育？

查尔斯·科伯恩摇摇头。"这些东西都可以帮助你成大事。但是我觉得有一件事甚至更为重要，那就是：看准时机。"

"这个时机，"他接着说，"就是行动或者按兵不动，说话或是缄默不语的时机。在舞台上，每个演员都知道，把握时间是最重要的因素。我相信在生活中它也是个关键。如果你掌握了审时度势的艺术，在你的婚姻、你的工作以及你与他人的关系上，就不必去追求幸福和成大事，它们会自动找上门来的！"

这位老演员是正确的。如果你能学会在时机来临时识别它，在时机溜走之前就采取行动，生活中的问题就会变得大大简化了。那些反复遭受挫折的人经常会对毫不留情的、不怀好意的世界感到泄气，他们几乎永远意识不到：他们一而再、再而三地进行了恰当的努力，但却在不恰当的时机放弃了。

一位家庭关系法庭的审判员在谈到夫妻关系时曾说过这样一段话："哦，这些吵闹不休的夫妻们！他们只要意识到我们每个人都有烦躁不安、情绪低落的时候，这种时候一个人受不了唠叨或批评——即使是善意的劝告！只要夫妻双方肯了解对方的心情，知道什么时间去诉苦，什么时候去流露感情，这个国家的离婚率就会下降一半。"良好的风度经常需要的也只是看准合适的时机而已。还有什么比兴致勃勃的谈话被打断更令人扫兴呢？谁没有遇到过一个从来不知道该什么时候离去的不知趣的人呢？这个人会使你觉得像被他纠缠了一辈子似的。

把握合适的时间也可能是做某些出人意料的事情。佐治亚州的一位大夫为一对无子女的夫妻安排好了收养一个婴儿。他在深夜突然给妻子打电话说："收养证书的一切手续都办好了，让我们一块儿到医院去，给鲁思和肯尼思抱回这个孩子吧。"

"在这个时候？"他的妻子喊道，"他们根本没想到几天后就会得到一个婴儿，他们会惊慌失措的！"

"哈！"大夫说，"新生儿自愿在深夜诞生——而头一次做父母的人总是惊慌失措的。这样去给他们一个美好而正常的开端。就按我说的这么办吧！"

就这样婴儿在午夜时分"分娩",做父母的兴奋得慌手慌脚,这真是一个令人难忘的开端。

许多人都以为会看时机是一种天分,也就是说是生来就具备的,就像是具有音乐细胞的耳朵一样。但情况并非如此。通过观察那些似乎有幸具备这种天分的人,你会发现这是一种任何人只要努力留心都能获得的技能。

要不断地提醒自己,掌握好时间在待人处世上具有重要意义。莎士比亚曾经写道:"人间万事都有一个涨潮时刻,如果把握住潮头,就会领你走向好运。"一旦你明确了"看准时机"的全部重要意义,你就朝着获得这种能力的目标迈出了第一步。

和自己订一项条约,当你被愤怒、恐惧、嫉妒或者怨恨的旋涡所驱使时,千万不要做什么或者说什么。这些情绪的破坏力量可以毁坏你精心建立起来的"观时机制"。古希腊哲学家亚里士多德曾留下一段著名的话:"任何人都会发火的——那很容易;但是要做到对适当的对象,以适当的程度,在适当的时机,为适当的目的以及按适当的方式发火就不是每个人都能做到的了。这不是一件容易事。"

未来并不是一本合上了的书。大多数将要发生的事都是由正在发生的事所决定的。相对来说,很少有人能通过自觉的努力来设计今后的自己、预测未来的可能性并照此行动。

预见能力在商务中是如此重要,许多公司都把它作为工作取得进展的主要尺度。在管理家务时它也同样是重要的。星期六会不会是到海滩旅游的好日子?最好把现成的冻熟肉和三明治面包放进冰箱里。你寡居的婆婆健康状况是否开始衰退?你最好还是面对她可能搬来与你同住或者安排她到一所私人疗养院去的可能性吧。掌握好审时度势的艺术还包括看准将来事情会向何处发展,明白抓住现在这个时机采取行动去减少将来的麻烦或是在将来能得到好处。

你不能不信服爱默生所说的,"如果一个人将自己置于天分的土壤中,并且坚定不移的话,巨人般的世界也会向他让步。"获取这种耐力没有灵丹妙药,它是一种智慧与自制力的微妙结合体。但是一个人必须明白,过早的行动往往是欲速则不达。

我们的每时每刻都是与所有的人共享的,每个人都会从不同的角度去

看待周围发生的事情。于是，真正地把握时机则包括以一个局外人的角色去了解其他人是怎样看问题的。

一位大慈善家，已故的新奥尔良市的约翰·迪勃特夫人曾经讲到，一个隆冬的晚上，她翻阅一本杂志时，眼睛被一幅漫画吸引住了。那是两位衣衫不整的老妇人在微弱的火堆旁瑟瑟发抖。"你在想什么？"其中一个问道。另一个回答："我在想，明年夏天那些阔太太们会把一些保暖的衣服给我们的。"

迪勃特夫人是几家医院的赞助者，还是许多慈善事业的捐助者。她盯着这张漫画看了好一会儿，最后，她爬上顶楼，打开衣箱，把厚实的衣物捆扎成几大包，准备来日就去分发。她决心将自己的慈善活动安排得更合时宜，正像她提出的"去援助那些燃眉之急的人们"。正如《旧约全书》中所写的："世上万物都有适逢的季节，而尘世间的每一项意图也都有一个合宜的时间。"

要想享受成功的人生，你必须学会抓住时机，审时度势。或者说，要想享受自我的生活，你必须学会根据不同时机来做出巧妙的安排，争取做出成功之举。

患得患失，取舍皆失

【原文】 子曰："鄙夫可与事君也与哉？其未得之也，患不得之；既得之，患失之，苟患失之，无所不至矣。"

【大意】 孔子说："可以跟品质低下的人一起侍奉君主吗？当他没有得到的时候，虑患不能得到；当他得到以后，又虑患失去。如果虑患失去，那就没有什么事情做不出来了。"

得到什么？又失去什么？

可以是名利，也可以是地位。总之是他想得到又生怕失去的东西罢了。

患得患失的人什么都做得出来。为了得到自己的一己利益，或者为了保住自己的既得利益，打击同事，排挤异己，不择手段，无所不用其极。

其实，患得患失的人自己也很痛苦，很无聊，活得并不自在，并不轻松，那可真是"熙熙攘攘为名利，时时刻刻忙算计"，结果还多半会"算来算去算自己"。对这种人来说，人生就正如哲学家叔本华所指出的，是在痛苦与无聊、欲望与失望之间摇晃的钟摆，永远没有真正满足、真正幸福的一天。

麻烦的是，进入所谓现代社会以后，生活节奏加快，竞争加剧，患得患失的人越来越多；而从容不迫，优哉游哉，保持平静心态的人却似乎是越来越少。

怎样才能够使我们自己不落入彀中，少一分虑患，多一分悠闲呢？

什么是让你失败的人性的最大弱点？

一份来自2500名调查样本的报告显示：迟疑不决名列失败原因的榜首。

决心的反面即是拖延，拖延是每一个人必须认真征服的大敌。

一份分析数百名百万富翁的报告显示，他们每一个人都有迅速下定决

心的习惯,而且改变初衷的想法是很少有的。累积财富失败的人则毫无例外,遇事迟疑不决、犹豫再三,就算是终于下了决心,也是推三阻四、拖泥带水,一点儿也不干脆利落,而且又习惯于朝令夕改,一夕数变。

没能累积财富满足所需的人大多有个毛病,就是耳根子软,容易受人左右。他们任由报章杂志和街谈巷议来替自己思考。舆论是世界上最不值钱的商品。每个人都有一箩筐的看法,随时准备加诸接受的人身上。如果你下决心的时候受人左右,做哪一行都不会出人头地,要化渴望为金钱,尤为不易。

如果你任由他人的意见来左右你,你就没有自己的渴望。

决心的价值取决于下定决心所需的勇气,奠下文明根基的重大决策,往往要背负着生死存亡的风险,才做得成最后的决定。

林肯决心发表其著名的解放黑奴宣言,赋予美国黑人自由。在发表之初,林肯完全了解,此举将使得成千上万原先支持他的朋友和政界人士转而反对他。

苏格拉底宁可喝下毒药,也不愿意调整个人信念,正是凭借勇气所下的决心。此举使时代推进了一千年,赋予当时的人还未曾有过的思想自由权和发言自由权。

李将军在美国南北战争时期,毅然决然指挥起南方大军,也是勇敢的抉择,因为他很明白,如果他不肯冒自己生命的危险,势必牺牲更多人的性命。

但是,全美国人民所能切身体会到的,在危急关头毅然做出的空前重大决定,莫过于1776年7月4日在费城做成的决定。当时,56个人在一份文件上签署了他们的名字。他们知道,这份文件将带给所有的美国人自由,要不然,这56个人就会一一被送上绞刑架吊死!

可能你听过这份有名的文件,但你可能还没有从这则故事里汲取到浅显的故事本身所展现的重大教训,作为个人成就的指导方针,那就是不要犹豫,在该行动的时候采取断然措施。

我们全都记得——一个历史上左右大局的关键决策,但是我们之中,很少有人能领略到下定那份决心所需的勇气。

我们在读历史的时候,记住了一段段历史故事,背下了日期和举事者的人名,我们记得华盛顿,记得秦始皇,也知道了拿破仑。但是对于这些人名、地名、日期背后的真正力量，我们所知无几。

我们对于华盛顿在抵达约克镇之前很久就已确保了国人自由的无形力量这一点，所知更是少得可怜。

能迅速下定决心的人能果断放弃应该放弃的东西，而在取得所需时他们也往往如探囊取物。社会各阶层、各行各业的领袖下起决心来，都既坚定又迅速。唯有如此，他们才会成为领导人。言行知所栖止的人，在这个世界上永远找得到可以立足的一席之地。

一个人往往在年轻的时候就养成了迟疑不决的习惯。一路从小学、中学，甚至到大学，缺乏确切目标的恶习已日渐积重难返。

拿不定主意的习惯会跟随在校的学生进入他日后选择的职业里，一般而言，初入社会的年轻人，会去找所能得到的任何一份差事做。因为他已习惯于迟疑不决，所以他会接受找到的第一份工作。如今有98%的人之所以做工薪阶层的工作，是因为他们缺乏谋划、明确职务的坚定决心，也缺乏选择雇主的知识。

拿定主意始终需要勇气，有时需要极大的勇气。

拒绝拖延和抱怨

【原文】子曰:"莫我知也夫!"子贡曰:"何为其莫知子也?"子曰:"不怨天,不尤人,下学而上达。知我者其天乎!"

【大意】孔子说:"没有人知道我啊!"子贡说:"为什么没有人知道您呢?"孔子说:"不怨恨上天,不责怪别人,下学人事而上达天命。知道我的,大概就只有天吧!"

虽然孔子也在感叹"没有人知道我啊"!但我们应该看到可贵的一面,他虽然不被人了解,但是仍旧"不怨天,不尤人",只管"下学而上达"。

孔子的这种不抱怨天和人,拒绝在学习上面拖延的精神很值得我们学习。

拖延和抱怨是缺乏责任心的两种表现,而且,拖延是成功者最大的敌人,抱怨是无能者最好的发泄。要知道,那些整天只知拖延和抱怨的人,注定将一事无成。要想成就一番大事就应该拒绝拖延和抱怨。

习惯为自己找理由的人往往也是办事拖沓的人。把前天该完成的事情拖延敷衍到后天甚至更晚,这是一种很坏的工作习惯。对一位渴望成功的人来说,拖延最具破坏性,也是最危险的恶习,它使人丧失进取心。一旦开始遇事推托,就很容易再次拖延,直至变成一种根深蒂固的习惯。解决拖延的唯一良方就是行动。当你开始着手做事——任何事,你就会惊讶地发现,自己的处境正迅速地改变。

拖延是对生命的挥霍。拖延在人们日常生活中司空见惯,如果你将一天时间记录下来,就会惊讶地发现,拖延正在不知不觉地消耗着我们的生命。

人们都有这样的经历:清晨闹钟将你从睡梦中惊醒,想着自己拟订的计划,同时却感受着被窝里的温暖,一边不断地对自己说:该起床了,一边又不断地给自己寻找再睡一会儿的借口。于是,在忐忑不安之中,又躺了五分钟，甚至十分钟……

拖延是对惰性的纵容，一旦形成习惯，就会消磨人的意志，使你对自己越来越失去信心，怀疑自己的毅力，怀疑自己的目标，甚至会使自己的性格变得犹豫不决。

拖延的人往往还喜欢抱怨。也许你生活贫困、负担沉重，也许你没有亲朋好友，无依无靠地生活在异国他乡。于是，你不停地抱怨，感叹命运对自己的不公，抱怨自己的父母、自己的老板，抱怨上苍为何如此不公，让你遭受贫困，却赐予他人富足和安逸。

你所不知道的是，喜欢抱怨的人在世上是没有立足之地的，烦恼忧愁更是心灵的杀手。缺少良好的心态，如同收紧了身上的锁链，将自己紧紧地束缚在黑暗之中。

没有人会因为坏脾气和消极负面的心态而获得奖励或提升。仔细观察任何一个管理健全的机构，你会发现，最成功的人往往是那些积极进取、乐于助人、能适时给他人鼓励和赞美的人。身居高位之人，往往会鼓励他人像自己一样快乐和热情。但是，依然有些人无法体会这种用意，将诉苦和抱怨视为理所当然。

如果你不知道自己的追求是什么，就别抱怨老板不给你机会。那些喜欢大声抱怨自己缺乏机会的人，往往是在为自己的失败找借口。成功者不善于也不需要编造借口，因为他们能为自己的行为和目标负责，也能享受自己努力的成果。

人往往是在克服困难的过程中产生勇气，培养坚毅和高尚的品格的。常常抱怨的人，终其一生都不会有真正的成就。

或许你正住在一间简陋的破屋里，心中梦想着宽大而明亮的殿堂，那么，你首先应该做的是努力将这间小屋变成一个干净整洁的天堂，将你愉悦的精神充满这间小屋。

不妨想一想，你喜欢哪一种工作伙伴呢？是那些总在抱怨，总在找借口的人，还是那些乐于助人、有活力、值得信赖的人呢？

抱怨是无济于事的，只有通过努力才能改善处境。

人们如此善于找借口，却无法将工作做好，这的确是一件非常奇怪的事。如果那些一天到晚想着如何欺瞒的人能将这些精力及创意的一半用到正途上，他们就有可能取得巨大的成就。

克服拖延的习惯,将其从自己的个性中根除。那种动不动就推卸责任的习惯,正在啃噬你的意志,除非你革除了这种坏习惯,否则你将难以取得任何成就。有许多方法可以克服这种恶习:

第一,每天做完自己应该完成的工作,而且不必等待别人的指示就能够主动去完成;

第二,忙完自己的事情后,尽量帮同事做一些力所能及的事情,而且不期望获得报酬和感谢;

第三,每天要将养成这种主动工作习惯的价值告诉别人,至少要告诉一个人。

做大事者，以"勤"经营天下

【原文】大宰问于子贡曰："夫子圣者与？何其多能也？"子贡曰："固天纵之将圣，又多能也。"子闻之，曰："大宰知我乎！吾少也贱，故多能鄙事。君子多乎哉？不多也。"

【大意】大宰向子贡问道："孔老先生是位圣人吗？为什么这样多才多艺呢？"子贡说："既然上天让他成为圣人，当然也就会让他多才多艺。"孔子听到后说："大宰了解我吗？我小的时候贫穷，所以才努力学会了不少技艺，一般的君子会有这么多技艺吗？那是不多的。"

"宝剑锋从磨砺出，梅花香自苦寒来。"孔子之所以成为多才多艺的圣人，正像他所说的，就是因为努力勤奋而已。

"业精于勤，荒于嬉"，做大事者，务必终生牢记这个"勤"字。

被称为"塑胶大王"的台湾塑胶企业首脑王永庆是台湾的巨富之一。他拥有的塑胶、纤维和合板等行业共有 11 家分公司，资产总值已达 10 亿美元。但在五十多年前，王永庆只不过是一家米房的小工，家贫如洗。他是如何发迹而成为台湾的传奇性人物，台湾报刊屡有介绍，王永庆本人也常常提及"一勤天下无难事"的道理。王永庆一次在美国华盛顿企业学院演讲时，谈到了他一生的坎坷经历。他说："先天环境的好坏，并不足夸，成功的关键完全在于自己之努力。"

1916 年，王永庆生于台湾嘉义县一个闭塞的村庄。家中贫困不堪，除了几间仅供遮蔽风雨的茅屋外几乎一无所有。当王永庆挨饿勉强活到 7 岁时，父亲东拼西凑了几个钱送他上学，那时他只希望孩子学会记账就可以了。

王家祖籍福建安溪，因为生活穷得混不下去，在王永庆的曾祖时迁到台湾，几代都靠种茶为生。在永庆 10 岁时，祖父告诉他："茶山将来会变成秃岭，靠种茶糊口是没有出路的。"祖父的这番话无疑粉碎了王永庆走

祖辈生活道路的想法,而在他幼小的心灵里埋下了"走出乡关闯天下"的志愿。

王永庆15岁小学毕业时被迫辍学,只身背井离乡远到台湾南部一家米店当小工。聪明伶俐的王永庆除了完成送米工作外,还悄悄观察生意人怎样经营米店,学习做生意的本领。第二年,王永庆请求父亲帮他借了200元台币作本钱,自己在嘉义开了家小米店。开张时困难重重,因为附近的居民都有固定的米店供应,王永庆只好一家家去走访,好不容易才争取到几家住户同意试用他的米。他知道,如果服务质量比不上别人,自己的米店就要关门。于是,他特别在"勤"字上下工夫,他把米中的杂物一粒粒拣干净,有时为了一分钱的利润宁愿深夜冒雨把米送到用户家中。他的服务态度使用户感到满意,主动替他宣传,介绍新客户。接着,王永庆为了改善纯粹卖米的苦境,自己开设了一家碾米厂。当时他的隔壁也有一家碾米厂,条件比他的优越。为了同这家碾米厂竞争,他每天工作十六七个小时,克勤克俭,业务上终于胜过那家碾米厂。以后他又开办了一家制砖厂。

1943年,王永庆眼看自己勤勉操办的米、砖生意渐不如意,便转向木材业。1945年,第二次世界大战结束后,台湾建筑业逐渐景气,王永庆的木材生意也跟着蒸蒸日上。20世纪50年代初期,王永庆已成为富甲一方的大商人,但他并不满足。1954年,他看到烧碱生产过程中有70%的氯气弃而不用,为之可惜,便打算废物利用。于是就筹集50万美元,创建了台湾第一家塑胶公司。

塑胶这一新兴行业对王永庆来说确实是陌生的,当时有一个化学家甚至讥笑他要破产。王永庆认准了则绝不回头,发誓要把塑胶事业办成功。1957年,王永庆将公司易名为台湾塑胶工业公司,自任董事长。从此,王永庆走上了他事业的起飞点。然而,万事开头难,当时日本生产的塑胶粉充斥中国台湾市场,质优价廉,台塑产品难以抗衡,产品大量积压,公司面临倒闭的危险。一些股东看到台塑的前景不妙,大有崩塌的危险,于是个个心灰意冷,纷纷提出退股。然而,深知"逆水行舟,不进则退"的王永庆,在困难面前毫不退缩,决意破釜沉舟,背水一战,他以常人难以企及的胆识,在股东纷纷要求退股的情况下,毅然变卖自己大部分的产业,以低价买断了台塑公司的所有产权,独自经营他的产业。王永庆分析台塑公司不景气的原因除日本产品竞争外,还由于台湾地区的需要量有限,而台塑产量则明显供过于求。他认为台湾的市场狭小，除非开拓外销市场，否则是死路一条。但是要拓展外销市场，以当时每月100吨产量的规模，是根本没有竞争力的。因此，王永庆果断决定扩厂，增加生产量。他认为大量增产可压低成本及售价，以便吸引更多的岛内外客户，即使暂时赔本也是值得的，关键是要闯出自己的路子来。在增加产量的基础上，王永庆筹资70万美元更新设备，改造生产技术。他事必躬亲、艰辛备至，终于如愿以偿，达到了增加产量、提高质量、降低售价的目的，逐渐打开了岛内外市场。试想，明知产品过剩还坚持增加产量，承担这种风险需要何等胆识和气魄！

台塑企业成名后，王永庆已是人人称羡的大企业家了。他的创业之道和财富成为人们津津乐道的话题，"台湾塑胶大王"的名声不胫而走，一般人满以为他该坐享清福了。其实不然，在发展了塑胶工业的基础上，他又先后创建了台湾化学纤维工业公司、台湾纤维工业公司等。

许多人都对王永庆成为台湾大富豪以后，仍然在衣、食、住、行各个方面勤俭节约表示不理解，但是王永庆对此却有他自己的独特见解。1975年，王永庆在接受美国圣若望大学授予荣誉博士学位的典礼上所说的一段话就很发人深省。王永庆说："我幼时无力进学，长大时必须做工谋生，也没有机会接受正式教育，像我这样的一个身无专长的人，永远感觉只有吃苦耐劳才能补其自身的不足，而且，出生在一个近乎赤贫的环境中，如果不能吃苦耐劳，简直就无法生存下去。直到今天，我还常常想到由于生活的困苦，才令我产生了克服困难的精神和勇气，幼年生活的困苦，也许是上帝对我的赐福。"可见，吃苦耐劳不仅是王永庆的座右铭，而且也是促使他成功的主要动力。

每一个成功者的背后，都是付出许许多多艰辛的。王永庆的成功，也离不开他的坚韧不拔的努力。无数次困难的考验，铸就了他坚强的毅力，这一点从王永庆每天的晨跑就可以看出来。从1978年8月起，王永庆坚持每天清晨4点钟起床晨跑，不论再冷的天或者刮风下雨，都从来没有间断过，即使他身在国外，甚至生病也不例外。王永庆自己也说跑步很苦也很枯燥，但是，为了锻炼出强健的体魄，就必须持之以恒地做下去。久而久之，就会感觉像是日常的工作之一，而不觉得辛苦了。他认为人生也像跑步一样，要每天不断地练习。对于跑在你前面的人，不要去羡慕他，更不要去嫉妒他，而

是应尊敬他,因为他比你更努力,我们所要做的是,向他学习,坚持下去,与他比耐力,比意志,争取最终能赶上并超过他。正是凭借这惊人的毅力,王永庆超过了一个又一个的对手,获得了成功。

吃尽了人间的甘苦而最终成功的王永庆还十分强调"先苦后甜"的道理。他时常告诫他的后人,任何事都是要经过相当的辛苦才可以得到的,年轻人无论是就业或创业,千万不可操之过急,不可急功近利。成功绝非一蹴而就,一定要有先苦后甜的体验,按部就班一步步地来,而且只有吃到了苦头以后,才能够真正品味到甘甜的内涵。正是鉴于"先苦后甜"的道理,经营企业,不能只看眼前。王永庆认为一开始赚钱的企业是危险的,因为他们易养成老大自恃的习气,也容易种下他日垮掉的种子。因此,王永庆提出了他的"卖冰激凌应该在冬天开业"的理论。他认为冬天顾客少,则需要用全力去推销,而且要严格地控制成本、节省费用、加强服务,千方百计来争取顾客。这样,一点一滴地积累经验,等夏天一到,发展的机会到了,力量便一下子壮大起来,而且,经历冬天的困境,夏天即使有竞争者也就不怕了。此时你会认为冬天的辛苦没有白费,获得的欣慰也更多些,这就像运动流汗后会浑身舒畅,肚子饿了,食物的味道特别鲜美一样。享受也同样如此,享受是附在工作之上的,疏忽工作而一味地追求享受,其结果是没有真正的快乐可言的。

成为一方巨富的王永庆还在不断地续写着他的传奇,从白手起家到富甲一方,王永庆成功的最大秘诀还是一个"勤"字。

俗话说得好:"穷人的孩子早当家。"小时候家庭贫困,什么事情都要靠自己做,不勤奋又怎么行?对立志做一番大事的人来说,只有勤才是唯一的捷径,勤者才能不败。

人靠衣装佛靠金装,做事要懂"包"字诀

【原文】

君子不以绀緅饰,红紫不以为亵服。

当暑,袗絺绤,必表而出之。

缁衣羔裘,素衣麑裘,黄衣狐裘。

亵裘长,短右袂。

必有寝衣,长一身有半。

狐貉之厚以居。

去丧,无所不佩。

非帷裳,必杀之。

羔裘玄冠不以吊。

吉月,必朝服而朝。

齐必有明衣,布。

【大意】

君子不用绀色和緅色做衣服的镶边,不用红色和紫色做休闲服。

夏天穿粗的或细的葛布单衣,但出门时一定要加上一件外套。

黑色外衣套黑色羊皮衣;白色外衣套白色鹿皮衣;黄色外衣套黄色狐皮衣。

休闲的皮衣比较长,但把右边的衣袖做得短一截。

睡觉一定要有睡衣,睡衣有一个半人那么长。

狐貉皮毛厚,用来做坐垫。

服丧期满以后,什么饰物都可以佩戴。

不是上朝和祭扫用的礼服,就一定要剪裁成一定的样式。

不穿黑色的羊皮衣,不戴黑色的礼帽去吊丧。

每月初一都一定要穿着上朝的衣服去上朝。

斋戒一定有浴衣,用布做的。

看来孔夫子也懂得"人靠衣装马靠鞍",对穿衣服很有讲究:什么颜色做什么衣服,什么颜色不能做什么衣服,什么颜色套什么颜色的衣服(比如说黑套黑、白套白、黄套黄,讲究的是和谐配色而不是反差配色),那可真是一套一套的,从理论到实践,毫不含糊,正经八百就是一个时装专家了。

而现如今的社会,更是一个讲求包装的社会。很多人往往从一个人的穿着来决定对这个人的喜恶。因此,包装是你能否办成事的基础。

俗话早就有"人靠衣装佛靠金装"的说法,说明"包装"是非常重要的。如今商品社会中,"包装"已成为非常重要的因素,在生产流通交换的各个场合、各个环节都不可缺少。

就小生意眼光来看,包装已是一种外在的装饰和设计,目的是使商品更为消费者注意,更受消费者青睐;但是从大的现代商品眼光来看,包装则表现了一种设计、一种形象甚至一种理念,它不仅是一种广告和宣传,而且是创造和想象。所以不仅商品需要好的包装,人和企业都需要包装,这样才能提高价值和档次。

进入商务交际,人当然少不了包装,甚至可以说,生意场上的人都是包装过的人,都是戴着假面具的人。只不过这种包装和假面具都是根据自己的角色,根据商业要求而设计的。就此来说,商务交际的"包装术"首先要符合和遵循一般的规则和惯例,给人一种信任感、稳重感。一个会办事的人,有几套合适的"行头"是正常的,在比较正式的场合,西服革履也是必需的。然而,在交际中,人们往往重视外在的"硬包装",却忽视了内在的"软包装"。所谓"软包装",主要指的是在精神、气质、思想方面的准备和设计,除了重视个人文化修养等基本因素方面,还应该注意对话题的设计,对对方情绪的把握和引导,有意识地营造有利于交往的氛围。要做到这些,有关知识和资料的准备都是必不可少的。平日如能多了解情况,加强文化修养,更能为你在交谈中增光添彩。

显然,包装是有目的的,是为了让别人感到高兴和亲切,而不仅仅为了自己的光彩。如果仅仅是根据自己的爱好,那肯定达不到期望的目的,这也许就是一般包装和自我欣赏的区别。包装是一种社会的商业行为,所以要把别人,也就是市场的要求放在第一位,要根据不同对象、不同场合的要求进行包装。在现代社会中,无论你要推出一种产品、一个项目甚至一个话题,都需要包装,使其更富有社会效益和经济效益,具有更强烈的吸引力。

第五章 练就火眼金睛
——孔子如何看待小人

关于小人,孔子谈论得非常之多。诸如『小人喻于利』『小人常戚戚』『小人之过也必文』,等等。据学者统计,《论语》一书中前后有24处都是对小人劣德劣行的揭露和批评。由此可见,对待小人连圣人都是非常之烦恼。

小人之五骨,刀枪不入,软硬不侵,小小的皮囊,不仅耐磨耐压,而且抗高温,不生锈,狂风吹不倒,洪水淹不没,严寒冻不死,甚至有时连正义也治不了他们,所以对待小人我们还是远离为妙。关于这一点,孔圣人还是给我们总结出了不少可以效仿的经验。

巧言令色——伪君子的形象

【原文】子曰:"巧言令色,鲜矣仁。"

【大意】孔子说:"花言巧语,一副讨好人的脸色,这样的人是很少有仁德的。"

钱钟书先生的散文《魔鬼夜访钱钟书先生》中有一个巧舌如簧的魔鬼,它自我夸耀说:"因为你是个喜欢看文学书的人,所以我对你谈话时就讲点文学名著,显得我也有同行,也是内行。反过来说,假使你是个反对看书的多产作家,我当然要改变谈风,对你说我也觉得书是不必看的,除了你自己著的书……我会对科学家谈发明,对历史学家谈考古,对政治家谈国际情势,展览会上讲艺术赏鉴,酒席上讲烹调。不但这样,有时我偏要对科学家讲政治,对考古家论文艺,因为反正他们不懂什么……这样混了几万年,在人世间也稍微有点名气。但丁赞我善于思辨,歌德说我见多识广。"可见"巧言令色"之徒古代有,现代有,人间有,地狱有,虽然其"混淆是非""言伪而辨",却颇得听者青睐。因而古代昏君之旁必伴有一"花言巧语、八面玲珑"的奸臣,这种人不仅是孔子所说的"鲜矣仁",对于平常百姓来说简直是祸国殃民的祸水。

拿"巧言令色"作工具,多半是为了博得上司欢喜,对于别人倒无多大妨碍,只是在其口若悬河、眉飞色舞之时,往往忘记了老于世故的人劝人多听少说的良训。

世人往往鄙弃"巧言令色"之徒为小人,崇信"知者不言,言者不知"。殊不知,捧人捧得有分寸,骂人骂得有含蓄,自夸夸得像自谦,这些技巧都是可以意会而不可言传的。尽管人们讨厌"花言巧语"之徒,但有几个人能不上他们的当?而不言者可能是"拈花微笑"、大智若愚,也可能是腹中空空、故作高深,因为同被深沉的外貌掩盖了,便难分伯仲,一味地让人顶礼膜拜了。

巧言令色者,活脱一副伪君子的画像。

曾子说:"胁肩谄笑,病于夏畦。"耸起两个肩头,做出一副讨好人的笑脸，这真比顶着夏天的毒日头在菜地里干活还要令人难受啊！（《孟子·膳文公下》）儒者对伪君子的鄙弃之情溢于言表。仅孔子对"巧言令色"的斥责，在《论语》中就记有三次，另外两次分别为：一是"不知其仁，焉用佞"（《公冶长》）？一是"乡原德之贼也"（《阳货》）。

然而，在历史上，在现实中，这种巧言令色、胁肩谄笑的人却不因为圣人的鄙弃而减少。他们虽无仁德，难成正果，但却有的是用武之地，能使妻离子散、家破人亡、国危天下乱。

所以，直到今天，我们仍然要牢记圣人提醒我们的话，时时警惕那些花言巧语、满脸堆着笑容的伪君子。

孔子厌恶"巧言"，主张辞能"达"就可以了。怎样才算"达"呢？"达"就是足以表达，把言辞用得恰到好处，不多不少，多一个太费，少一个不足，应当不浪费一个词，不多说一句话，切意中肯就行了，用不着不必要的涂脂抹粉。言辞要做到"达"的程度，是一种很高的修养。这种修养不单是语言文字的修养，还有思想、情操的修养。修到"达"的境界，绝非"一日之功"，而要长时间地下苦工夫。一是要多读书，多听人家讲话，学习人家的语言技巧，丰富自己的词汇；二是要多参加社会实践，形成正确的思想、高尚的情操。反复不断地培养锻炼，才能做到恰如其分地运用言辞。

经商的人记住"辞达而已矣"的话，大可受益。顾客来了，热情过度，说话太多，甚至满嘴夸张，顾客会以为你居心不良，是想着方儿骗他们。因为你说话的样子与地地道道的骗子相仿。虽然你只是急于推销商品，没有骗顾客的心，但是，顾客会相信你吗？热情周到，并不是一见人进门看你的商品，你就搭茬，问东道西。这常常引起反感，也是不礼貌的，好像一进门你就盯上了人家的钱包。想赢得顾客，反而吓跑了顾客。更有甚者，连哄带骗，强拉顾客，这是有违商业道德的。这样做不但拉不到顾客，还会失去顾客。经商者推销商品，只须面带微笑，等待顾客询问，作恰当说明，做到"辞达"就好了。

君子重的是义，小人重的是利

【原文】 子曰："君子喻于义，小人喻于利。"

【大意】 孔子说："君子懂得的是义，小人懂得的是利。"

只一心想着自己的田土，一心贪图实惠，唯利是图，那就看出君子和小人的区别了。

对义和利的态度，是孔子区分君子与小人的标准，也是他教育思想的重要组成部分。他说："君子喻于义，小人喻于利。""君子之于天下也，无适也，无莫也，义之与比。""放于利而行，多怨。"（《论语·里仁》）在孔子的眼里，道德高尚的君子重义而轻利，见利而为的小人重利而轻义。前者受人尊敬，后者惹人生怨。

在"天下熙熙，皆为利来；天下攘攘，皆为利往"的等级社会中，孔子出于对封建统治阶级长远利益的考虑，一再倡导人们"舍生以取义""杀身以成仁"，却始终未能得到统治者的理解，以致终生坎坷、颠沛流离，继而投身教育。

艰难的人生使他领悟到义与利的矛盾并非能轻易统一，但他还是明确表示，在二者发生矛盾时，应以道义为上。他说"富与贵是人之所欲也，不以其道之，不处也；贫与贱是人之所恶也，不以其道得之，不去也"（《论语·里仁》）。他虽然不否认富贵是人的一种必然的追求，但他仍然蔑视那种不合道义的富贵和见利忘义的行为。在弟子中提倡"食无求饱，居无求安"（《论语·学而》）、"先难而后获"（《论语·雍也》）的艰苦奋斗精神，旨在以义导利。修身建业，谋求长远发展。这种以道德力量化解义利矛盾的辩证思维，正是我们今天所需要的。

这正如"君子怀德，小人怀土；君子怀刑，小人怀惠"一样，"君子心怀道德，小人却一心想着自己的田土；君子心怀法度，小人却一心贪图实惠"。把"义"与"利"作为一对对立的范畴并列起来，让你做二者不可兼得的选择。

君子想的是道德法律，小人却一心想着"三亩地，一头牛，老婆、孩子、热炕头"。

其实，想着老婆孩子热炕头原本也不错，关键是要注意如下两个方面的问题：

第一，不要因为田土、因为贪图实惠而忘了道德和法度，做出有伤道德原则、触犯刑律的事情来。

第二，不要因为贪恋田土，贪恋老婆孩子热炕头而放弃了对仁道、对精神文明方面的追求。

这两个方面的问题处理得好，也就对了。但如果处理得不好，只一心想着自己的田土，一心贪图实惠，唯利是图，那就看出君子和小人的区别了。

第五章 练就火眼金睛——孔子如何看待小人

见义不为者,非君子也

【原文】子曰:"非其鬼而祭之,谄也;见义不为,无勇也。"

【大意】孔子说:"不是自己的祖先却去祭祀,这是谄媚;遇见正义的事却不能挺身而出,这是怯懦。"

只为争饮食而斗是无廉耻的猪狗之勇,为争货财而斗是唯利是图的贾盗之勇,无谓地械斗是小人之勇。君子之勇是为道义而斗争。

面对应该挺身而出的事情而不敢去做,是怯懦的表现。这句话表达了"义"与"勇"的关系。其实,见义不为不仅是怯懦的表现,而且是十分可耻的事情;相反,见义勇为则是十分光荣的事情。为了使社会风气变得更好,应该提倡见义勇为的精神。

"见义不为,无勇也。"这是说君子应该见义勇为。见义不为,则无君子之勇(但是也可能有小人之勇)。"子谓子产:其行己也恭,其事上也敬,其养民也惠,其使民也义。"(《公冶长》)这里的恭敬惠义,其实也都是义,义者,宜也。此即君子之行、君子之勇。

在孔门弟子中,子路以勇著称。"子路有闻(而)未之能行,唯恐(复)有闻。"朱注:"子路闻善,勇于必行";"若子路,可谓能用其勇矣。"(《集注·公冶长》)

然而有一次,"子曰:'道不行,乘桴浮于海,从我者,其由与?'子路闻之,喜。子曰:'由也,好勇过我,无所取材(裁)!"朱注:"夫子善其勇,而讥其不能裁度事理以适于义也。"所以,孔子常常挫其锐气。"子路曰:'君子尚勇乎?'子曰:'君子义以为上。君子有勇而无义为乱,小人有勇而无义为盗。'"(《阳货》)这里,从"君子义以为上"中,有一句潜台词呼之欲出:小人利以为上。此即"君子喻于义,小人喻于利"。君子之勇尚义,小人之勇尚利。

应该见义勇为的事你不去做,用老百姓的话来说,你是"当做不做,豆腐放醋"。用四川的方言来说，你是个"二百五"。

"路见不平，拔刀相助"，见到车匪路霸应挺身而出；见到女青年落水应义无反顾，不待脱衣就跳下水去，救命要紧，否则，你就是胆小鬼一个。

怎样勇于行？这是关于勇的度量问题。前面说过，勇于行包括言和行两个方面。孔子要求"言必信，行必果"，从而要求"讷于言，敏于行"；"君子……能于事而慎于言"（《学而》）；"君子欲讷于言而敏于行"（《里仁》）。这是因为，"古者言之不出，耻躬之不逮也。"所以，君子慎于言，勇于行。反之，"巧言令色，鲜矣仁。"（《阳货》）

不仅如此，孔子甚至认为，君子不仅要慎言，而且要慎行；"多闻阙疑，慎言其余，则寡尤；多见阙殆，慎行其余，则寡悔。"（《为政》）慎言慎行是君子之勇，妄言妄行是小人之勇。后来苏东坡认为大勇、小勇之别，在于一个"忍"字，"古之所谓豪杰之士，必有过人之节、人情有所不能忍者。匹夫见辱，拔剑而起，挺身而斗，此不足为勇也。"（《留侯论》）小人之勇与君子之勇，在度量上是不可同日而语的。

孔子说："仁者不忧，知者不惑，勇者不惧。"勇敢是人类最美好的品德之一。但"勇"不是一味地轻生好斗，而是与道德修养密切相关的。孔子承认他的学生子路比自己勇敢，但也教导他有勇更要有义。孔子认为，没有是非观念的"勇"是不可取的。见利忘义，或"见义不为"，都谈不上真正的"勇"。荀子将"勇"分为上、中、下三种境界，怀仁爱之心，忧国忧民，无私无畏，是"大勇"；好礼而轻财，亲贤士远小人，是"中勇"；不顾是非，贪财斗狠，是"小勇"。综观古今，凡是为国家、民族利益，为正义事业敢于奋斗、勇于牺牲者，都是值得崇敬的勇者。

"柔亦不茹，刚亦不吐；不侮矜寡，不畏强御。"《诗经·大雅·烝民》。大意是柔软的东西不轻易去吃，坚硬的东西也不轻易吐出来；不欺侮弱小的人，也不惧怕强权的威胁。此处的烝是众多的意思。这首诗是歌颂西周名将仲山甫，为送他出征而作。这几句诗的意思是说他一定会不负王命，平定诸侯，安抚百姓，表达了对品德高尚、勇猛英武、不欺软怕硬、不凌弱惧强的品格的赞誉。

孔子提倡"视死如归"。原意就是面对死亡要像回家一样从容。畏惧死亡是人之常情，但是还有比死更为重要的事情，那就是"义"。这句话

强调，有时候为了维护"义"、成就"义"，就应该直面死亡，平静地对待死亡，也就是"舍生取义"。

"仁者必有勇，勇者不必有仁。"此句出自《论语·宪问》。有仁德的人一定会很勇敢，但是勇敢的人不一定有仁德。这句话表达了"仁"与"勇"的关系。有仁爱之心的人一定会见义勇为、舍生取义，这才是真正的"勇敢"；而某些看起来勇敢的人，却不一定都是为"义"而勇，也许只是意气之勇，在他们的心中未必有仁爱之情。

"仁者不忧，知者不惑，勇者不惧。"则是说有德行的人不会忧虑，有智慧的人不会迷惑，有勇气的人不会畏惧。这是孔子认为君子应该具备的三种品质，也是一种完美的人生境界。有仁德的人能够宽厚爱人，所以无所忧虑；有智慧的人能够辨明是非，所以不会迷惑；有勇气的人能够临难不惊，所以无所畏惧。一个人具有这三者中的一种品质已属难得，三者兼备，更是不易。孔子坦言自己也没能做到，不过他的学生子贡却说这是"夫子自道"，意思是说这是孔子的自我描述。在孔子学生的心目中，孔子就是仁、智、勇的化身，如果连他都不具备这三种品质，那谁还能做得到呢？

荀子也讲"义之所在，不倾于权，不顾其利"。道义所在，不会倾倒于权势，也不会只顾私利。这句话他是在谈论一个人的"大勇"时说的。荀子指出，只为争饮食而斗是无廉耻的猪狗之勇，为争货财而斗是唯利是图的贾盗之勇，无谓地械斗是小人之勇。君子之勇是为道义而斗争。他们不屈不挠，勇往直前，不畏权势，不为一己私利，所以会得到民众的支持。

德行比才能更重要

【原文】子曰:"如有周公之才之美,使骄且吝,其余不足观也已。"

【大意】孔子说:"即使有周公那样的才能和那样美好的资质,只要骄傲吝啬,那他其余的一切也都不值一提了。"

"德不高则行不远",只有品德高尚的人,才能获得真正的成功;只有德才兼备之人,才能与之一起患难与共,荣辱共担。

才能资质属于才的方面,骄傲吝啬属于德的方面。

才高八斗而德行不好,圣人连看也不看他一眼,只有德才兼备才是完美的人才。

如果二者不能兼备,德是熊掌,才是鱼,孟子舍鱼而取熊掌,孔子舍才而取德。

今天我们的用人之道,我们选拔和培养跨世纪的人才,似乎依然坚持的是这个原则。当然,其德和才的内涵都已不可同日而语。

至于周公本人,不但不骄不吝,而且是谦逊大度的典范,这也是人所共知而毋庸赘言的了。

"德不高则行不远"是做人观,做事首先要做人。我们相信:只有品德高尚的人,才能获得真正的成功;只有德才兼备之人,才能与之一起患难与共,荣辱共担;只有有品行端正的员工,才可能有长盛不衰的企业。

孔夫子教导我们,德育是整个教育的基础,所以抓教育首先要抓德育;孔夫子还告诉我们,德育本身也有基础,要抓德育就要狠抓这个基础。所谓"君子务本,本立而道生"。"务本"就是要"抓根本",也就是抓基础。这里的"本"即做人的根本,务本就是要学会做人,学会做一个有高尚道德、高尚人格的人。

"教会做人"不仅是孔子提倡的德育目标,也是当代国际著名教育家所提倡的德育目标。如前所述,"国际21世纪教育委员会"在其所提出的"教育四大支柱"中明确把"学会共同生活"作为教育的基础。而学会共同生活

就是要学会设身处地去理解他人,要与周围人群友好相处,并从小培养为实现共同目标而团结合作的精神。这实质上就是要教会学生如何做人。

显然,这里涉及的是伦理道德教育,目的是要建立良好的人际关系。强调要把"学会共同生活"作为教育的基础,就是强调要把教会如何做人的道德教育作为整个教育的基础。所以我们应当把"学会做人"作为一个口号响亮地提出来,一切德育工作都要围绕"教会学生做人"这一目标来展开,培养人的工作才会有成效("本立而道生")。

孔子心目中有高尚道德的人是有仁爱之心的人,也就是能"泛爱众""博施于民而能济众",即对大众博爱,能为人民大众办事情、谋福利的人。

为了使这个高尚的道德目标具体化,以便通过社会教化和自我修养来逐步达到,孟子在继承和发扬孔子的"教人做人"思想的基础上进一步提出了"人格教育"问题。其基本内容是:教人做人就是要教人做一个人格完善的人,道德教育就是人格教育,按孟子的话说就是实施"人道":使人明白做人的道理,明白"人兽之别",从而逐步完善自己的人格。

他明确指出:"人之有道也,饱食暖衣,逸居而无教,则近于禽兽。"(《孟子·滕文公上》)意思是说,如果只讲究吃饱、穿暖、居住安逸而不受教育,人就会失去人格,和禽兽差不多。为此他在"性善论"的基础上论证了人格教育的基本内涵应为:"仁、义、礼、智、孝、悌、忠、信"八德,这也就是孟子道德教育的基本内容。

这样,孟子就明确地回答了要让学生做一个什么样的人的问题。但是,由于孟子的"性善论"含有唯心主义先验论色彩,其八德并未被后人完全认同。在后世儒家中还有不少学者推崇管仲的"四维"说:"国有四维,一维绝则倾,二维绝则危,三维绝则覆,四维绝则灭。倾可正也,危可安也,覆可起也,灭不可复错也。何谓四维?一曰礼,二曰义,三曰廉,四曰耻。礼不逾节,义不自进,廉不蔽恶,耻不从枉。故不逾节则上位安,不自进则民无巧诈,不蔽恶则行自全,不从枉则邪事不生。"(《管子·牧民》)

这些学者认为可用"礼、义、廉、耻"作为完善人格的标准,即作为道德教育的基本内容。如汉代的贾谊和清代的顾炎武等大学问家均对四维说十分赞赏。

在20世纪30年代,国民党所倡导的"新生活运动"也曾主张以"中华民族固有之德行礼、义、廉、耻为基准"，认为这是"古今立国之常经"。但是由于管仲的四维只讲"礼、义、廉、耻"不提"孝、悌、忠、信"，所以并不能涵盖完美人格的全部内涵，所以有较大的片面性。

新加坡前总理李光耀在全面总结儒家学说的基础上指出，儒家思想的核心是"忠、孝、仁、爱、礼、义、廉、耻"，并以此八种德行作为新加坡政府的"治国之纲"和新加坡每一位公民都必须具有的道德品质。李光耀的这一英明之举已在新加坡取得极大成功。

孔子还说："骥不称其力，称其德也。"就是指"对于千里马，不称赞它的力气，要称赞它的品质"。

尚德不尚力，重视品质超过重视才能。

这是儒家的人才思想，也是我们今天选拔干部和人才的一个原则。

我们的确可以看到这样的现象，一个人如果品质不好、能力差也就算了，危害还不会太大。恰恰是一个能力非常强、智商非常高的人，如果品质败坏、野心很大，那他所造成的危害就会非常大，有时候会达到致命的程度，断送一个单位、一家公司，甚至于一个国家、一朝江山。

反过来说，一个人品质很好，能力虽然差一点儿，但他只要虚心好学，不断提高自己，也就会逐渐有所进步，把事情做得更好一些。

所以，人才的品质比能力更重要。这是我们在考察干部、选拔人才时不能不遵循的原则。当然，也不能因此而走向另一个极端，忽略人的能力，不尊重知识，不尊重人才。

比较全面地说，应该是德才兼备最好，二者不能兼备时，德重于才。如果完全没有才，则已不在我们所讨论的范围内了。因为我们的话题本来就是在千里马的问题上展开的。

所谓"品不良则心不正"，是我们做人做事的标准。我们的产品品质、服务品质、工作品质必须优良，客户才会为我们的产品、服务买单，老板才会为我们的工作买单。

真金要靠火来炼，在关键时刻去认识一个人

【原文】 子曰："岁寒，然后知松柏之彫也。"

【大意】 孔子说："天气严寒以后，才知道松柏是最后落叶的。"

所谓"疾风知劲草，国乱识忠臣"，其实就是"岁寒，然后知松柏之彫也"。现实些讲，就是说真金还得火来炼，判断一个人是君子还是小人，是肝胆相照、同甘共苦的益友还是为利而来的损友，在平时往往是很难看出来的，只有到了艰难困苦的逆境，甚至生死存亡的绝境，才能认清他的真实面目。

在你春风得意时，往往会高朋满座，仿佛都能为你"赴汤蹈火，在所不辞"，都是你"真正"的朋友。可是一旦你失势，身处逆境，大多"朋友"都会在你眼前消失。这个时候，还能在你身边的，一般都是真正的朋友。

在利益面前各种人的灵魂也会赤裸裸地暴露出来。有的人在对自己有利或利益无损时，可以称兄道弟，显得亲密无间。可是一旦有损于他们的利益时，他们就像变了个人似的，见利忘义，唯利是图，什么友谊，什么感情统统抛到脑后。比如，在一起工作的同事，平日里大家说笑逗闹，关系融洽。可是到了晋级时，名额有限，"僧多粥少"，有的人真面目就露出来了。他们再不认什么同事、朋友，在会上当面摆自己之长，揭别人之短，背后造谣中伤，四处活动，千方百计把别人拉下去，自己挤上来。事过之后，谁还敢和这种人交心认友呢？

当然，真正的朋友还是有的，也占大多数。但是，在利益得失面前，每个人总会亮相，每个人的心灵会钻出来当众表演，想藏也藏不住。所以，此刻也是识别朋友和人心的大好时机。

进而言之，岁月也可以成为真正公正的法官。有的人在一时一事上可以称得上是朋友；日子久了，共事时间长了，就会更深刻地了解他们的为人、人品，"路遥知马力，日久见人心"，说的就是这个意思。如此长期交往，长期观察，便会达到这样的境界：知人知面也知心。

春秋末年，晋国中行文子被迫流亡在外。有一次经过一座界城时，他的随从提醒他道："主公，这里的官吏是您的老友，为什么不在这里休息一下，等候着后面的车子呢?"中行文子答道："不错，从前此人待我很好，我有段时间喜欢音乐，他就送给我一把鸣琴；后来我又喜欢佩饰，他又送给我一些玉环。这是投我所好，以求我能够接纳他，而现在我担心他要出卖我去讨好敌人了。"于是他很快地离去。果然不久，这个官吏就派人扣押了中行文子后面的两辆车子，献给了晋王。

中行文子在落难之时能够推断出"老友"的出卖，避免了被其落井下石的灾难，这可以让我们看到：当某位朋友对你，尤其是你正处高位时，刻意投其所好，那他多半是因你的地位而与你结交，而不是看中你这个人本身。这类朋友很难在你危难之时施以援手。

通过逆境来检验人心，代价高、时日长，且过于被动，然而其可靠程度却大于依推理所下的结论。因此我们说："倒霉之时测度人心不失为一种稳妥的方法。"

道不同,不相为谋

【原文】子曰:"道不同,不相为谋。"

【大意】孔子说:"志向不同,不在一起谋划共事。"

所谓"人各有志,不能强勉"。又所谓"燕雀安知鸿鹄之志"!其实都是"道不同,不相为谋"的意思。

当然,"道"在这里的外延较广,既指人生志向,也指思想观念、学术主张等。

伯夷、叔齐义不食周粟,饿死于首阳山,司马迁感叹说:"道不同,不相为谋。真是各人追随各人的志向啊!"(《史记·伯夷叔齐列传》)这是政治态度不同不相为谋的典型。司马迁又说:"世上学老子的人不屑于儒学,学儒学的人也不屑于老子。道不同,不相为谋。是不是说的这种情况呢?"(《史记·老庄申韩列传》)这是思想观念、学术主张不同不相为谋的典型。

其实,交友处世也须秉承执行"道不同,不相为谋"的原则。

在你的生活中,特别是在你为成功而奋斗之初,你可能需要寻求朋友的帮助,但是,你要注意,不要结交那些对你有害无益的朋友,不要被拖入他们的浑水之中。

我们的环境和朋友,对我们的一生有莫大的影响,可以说,交上怎样的朋友,就会有怎样的命运。

一只虱子常年住在富人的床铺上,由于它吸血的动作缓慢轻柔,富人一直没有发现它。一天,跳蚤拜访虱子。虱子对跳蚤的性情、来访目的、对己是否有利,一概不闻不问,只是一味地表示欢迎。它还主动向跳蚤介绍说:"这个富人的血是香甜的,床铺是柔软的,今晚你可以饱餐一顿!"说得跳蚤口水直流,巴不得天快黑下来。

当富人进入梦乡时,早已迫不及待的跳蚤立即跳到他身上,狠狠地叮了一口。富人在梦中被咬醒，愤怒地令仆人搜查。伶俐的跳蚤跳走了，慢腾腾的虱子却成了不速之客的替罪羊。虱子到死也不知道引起这场灾祸的根源到底是什么。

因此，在选择朋友时，你要努力与那些乐观肯定、富于进取心、品格高尚和有才能的人交往，让这些同道之人成为你的朋友，这样才能保证你拥有一个良好的生存环境，获得好的精神食粮以及朋友的真诚帮助。这正是孔子所说的"无友不如己者"的意思。

相反，如果你择友不慎，恰恰结交了那些思想消极、品格低下、行为恶劣的人，你会陷入这种恶劣的环境难以自拔，甚至受到"恶友"的连累，成为无辜受难的"虱子"。

假如我们不慎交上了坏朋友，应采取敬而远之的态度，要知道：把一只烂苹果留在筐里，会使一筐的苹果都腐烂掉。

要结交懂得自尊自爱的朋友。因为一个人如果不自尊，便无法尊敬别人。近朱者赤，近墨者黑，假使我们所结交的朋友都是懂得自尊自爱的人，相信大家都会互相尊重的。

与身心健全的人交往，不仅可以使自己得到别人的尊敬，而且也可以促进自己的身心健康，提高品德修养。

有自尊心而且身心健康的人，通常都有很强的个人主义意识，不喜欢轻易附和别人的意见。但其具有诚实的本性，不仅能忠实于自己，也能忠实于朋友。

他们为了保护自己，常常会表现出很强的自尊心，但这种自尊并不是我们一般所谓的"傲慢"，而且也丝毫不含一点"轻视"别人的意味，只是事事自己做主，不容他人插足而已。而且，这种人是无法忍受他人欺侮的，一旦有人欺侮他，就一定会遭到激烈的反抗！

另外，他们的心态一直很稳定，能与人愉快相处，以整体的观点来说，这种人是属于和蔼、意志高昂的类型。因此，很容易成功。

他们一般工作很卖力，也有经济独立的能力，过着安定、快乐的家庭生活，能尽情地享受生活乐趣及休假的闲情。一般健康情况良好，很少生病。常受到人们的尊敬及喜爱，很清楚自己的能力，能将自己的感情恰如其分地表达出来。能控制自己，因此对自己的缺点并不十分苛求。能享受过去及现在的生活，对于未来也充满希望。

　　有自尊心且身心健康的人，不仅能在工作岗位上尽忠职守，而且也能在人生的过程中享受到真正的乐趣。如果我们本身就是一个有自尊心且身心很健康的人，一定能够很轻易地分辨出别人是否和你具有同样的性格，然后有选择地结交朋友。

　　"道不同，不相为谋"，反过来就是说道相同，则可以为谋。无论是分清小人和君子还是要结交真正的朋友，都要以此为评判标准。当然，这里的前提是你不能并非小人。

小人是地雷，踩上就会爆炸

【原文】子曰："君子坦荡荡，小人常戚戚。"

【大意】孔子说："君子心胸宽广坦荡，小人经常心绪不宁。"

君子光明磊落，不忧不惧，所以心胸宽广坦荡；小人患得患失，忙于算计，又每每庸人自扰，所以经常陷于忧惧之中，心绪不宁。

然而，小人如果只管自己的"戚戚"那就不叫小人了，小人的讨厌之处在于：由于他们经常心绪不宁，所以就会整天处于攻击状态，一旦有人不小心招惹了他们，那他们就会不死不休地整治对方。

一个人如果遇上了小人，就不得不十二分小心了。小人一般居心不良，恐怕会为你成大事设下障碍。而小人又善于伪装，就像埋在土里的地雷，用眼睛不易发现，不小心踩上就会爆炸，这就需要人们花点"心机"去辨别和寻找。

防范难缠的小人古代圣贤早有理论，更有实践经验，也有可供操作的方法。这些方法体现了社会的复杂和人生的智慧。有道是"魔高一尺，道高一丈"，小人再聪明再狡猾，总有让人可辨之迹，有可防之术。

西汉御史大夫张汤为人狡黠多诈，滥施刑罚，办事专门迎合皇帝的心意；对于皇帝不喜欢的人，就妄加诬蔑，任意诽谤；对于皇帝喜欢的人，就胡乱吹捧，极力美化。他利用任御史大夫的职权，经常随意罗织罪名，弹劾大臣，残害同僚。

张汤对他的副手御史中丞李文怀有宿怨。张汤最宠信的小吏鲁谒居，为了替主子铲除政敌，邀功献媚，就悄悄地派人上书皇帝，用罗织来的罪名检举李文。于是，皇帝命令张汤来审理这个案件。张汤借机滥引法律条文，施以酷刑，终于诛杀了宿敌李文。后来皇帝偶尔问起案发原因，张汤假装自己不知情，故作吃惊地说："可能是李文的仇家干的。"

其实，张汤做贼心虚。退出之后，急忙赶往鲁谒居家密商对策。此时，正赶上鲁谒居卧病在床。当张汤看到鲁谒居的两脚红肿时，就亲自给他按摩双脚。这事正好被赵王刘彭祖看见了。刘彭祖心想，从没听说过一

个主管长官竟然如此服侍一个小吏,由此判断其中必有隐情,加上刘彭祖素来不满张汤的残暴,于是,向皇帝告发说:"张汤身为国家重臣,竟然给卑贱的小吏按摩双脚,我认为其中有不可告人的勾当。"皇帝将此事交给司法部调查。调查期间,鲁谒居正好病死,他的弟弟受到牵连,因而被囚禁了起来。一天,他恰好去监牢里提审犯人,看见了鲁谒居的弟弟。张汤本打算暗中营救,所以表面上假装不认识。这样一来,鲁谒居的弟弟误解了张汤的意思,心中既害怕又愤怒。于是,一不做,二不休,叫他的家人上书皇帝,揭发了张汤与他哥哥鲁谒居共谋陷害李文的经过。皇帝得到举报,命令立案审理。

这是见于《资治通鉴》的一幕官场上权力斗争的闹剧。引述于此意在说明赵王刘彭祖能够见微知著,透过现象看本质,从张汤为小吏"摩脚"一事,洞察其中的阴谋。这确是一种较为高深的知人防人谋略。

有"心机"的人稍微留意一下,就不难发现投机型的人善于察言观色,脸皮很厚,把自己作为商品,谋求在"人才市场"上讨个好价钱。这种人即使在工作上也好讨价还价,往往对目前雇用他们的公司施加压力,以使该公司的领导给他们晋升或加薪的机会。或者他们在工作上不安分,但却热衷于往上司那儿跑,为的是和上司套近乎,不是凭工作成绩得到上司的重用和提拔,是想通过和上司的私人关系而得到好处。

另外,投机取巧的人一般嘴甜、心细、脸皮厚,他们即使是做错了事,也往往会把责任转嫁和推卸到其他人身上去。而一旦有了功劳,他们又会极力吹嘘自己的贡献和业绩,生怕上司不知道。还有,上司在场和不在场,他们的表现就完全不一样。上司在的时候,他们肯定是最勤劳的,连脸上的汗水也不会去擦,就是想给上司一个好印象;上司一旦离开,他们保准就待在一旁休息了。

当然,光凭眼睛是很难发现这些人的伎俩的,因为他们很会伪装自己,作为领导只有多听取其他下属的反映,才能揭开真实面目。

对于这种人,无疑是不能重用的,他们在哪个单位任职,哪个单位就会被他们搞得乱糟糟。因此,你一旦发现你的下属中有投机取巧之人,要毫不客气地把他们撤换掉。哪怕他们只是普通的员工,你都要提防,免得上当受骗。

和小人保持距离

【原文】 子曰:"唯女子与小人难养也,近之则不孙,远则怨。"

【大意】 孔子说:"只有女子和小人是不好和他们相处的,亲近了就会放肆无礼,疏远了则会产生怨气。"

孔子这段话在后世有很大争议,主要的原因就在于得罪了全天下的女子。对此,我们持反对态度,如果去掉女子,单看孔子对小人的评价,那确实是非常有道理的。

仇视小人固然足以显出你的正义,但并不是保身之道,反而凸显了你的正义的不切实际,因为你的"正义"公然暴露了这些小人的无耻、不义。

所以,和小人保持距离就好了,不必嫉恶如仇地和他们划清界限,他们也是需要自尊和面子的。要知道,连孔圣人对小人都是无可奈何,"敬"而避之的呀。

现实生活中,"小人"随时随地都有,这种人常常是一个团体纷扰之所在,他们造谣生事、挑拨离间、兴风作浪,很令人讨厌,所以有些人不但敬而远之,甚至还抱着仇视的态度。

再坏的人也不愿意被人批评"很坏",总要披一件伪善的外衣,这是人性,而你特意凸显的"正义",却照出了不少的原形,这不是故意和他们过不去吗?

君子不畏谣言不畏攻讦。因为他问心无愧。小人看你暴露了他的真面目,为了自保,为了掩饰,他是会对你展开反击的。也许你不怕他们的反击,也许他们也奈何不了你,但你要知道,小人之所以为小人,是因为他们始终在暗处,用的始终是不法的手段,而且不会轻易罢手。你别说你不怕他们对你的攻击,看看历史的血迹吧,有几个忠臣抵挡得过奸臣的陷害?

《呻吟语》的作者吕坤说:"处小人,在不远不近之间。"这和孔子的想法如出一辙。过分地接近小人,对自己而言是一种负担,冷落了他,又会招致嫉恨,不知其心怀何鬼胎。所以,保持适当的距离才是上策。

书中又说:"由于喜欢蛇,而贸然出手去抚摸它,往往会被它咬噬而中毒;倘若因为不喜欢老虎,而动手击打它,同样也会被老虎吞噬。"因此,必须远离老虎和蛇,即所谓的"敬鬼神而远之"。这里的老虎和蛇就是指小人。现实中每个人身边都会有小人,对这种人一定要提防,不要笨拙地出手,以免招致不必要的伤害。

同孔子一样,中国另一位贤哲庄子也说过:"小人之交甘如饴。"意思是说人与人之间的交往倘若像甘饴一般的粘住对方,时间久了,关系就必然疏远。与朋友相交,需要保持适当的距离,否则容易造成两败俱伤,友谊无法永久持续。

世事如棋,变化无常。圣人们的告诫和历史的兴亡成败教训都告诉我们这样一个道理:不要招惹小人,保持距离就好。

第六章 中庸之道,过犹不及
——孔子的思想与现代人追求成功的心态

中庸是孔子立身行事的最高标准,也是《论语》一书的主要思想。在《雍也》篇中,孔子说道:"中庸之为德也,其至乎矣!"这更是将中庸推崇为至高无上之德。对于现代人来说,生存的竞争愈来愈激烈,成功对于每个人都变得"异常困难"。这时我们显然需要一种正确的心态来支持我们追求成功、面对成功。而孔子的中庸之道在这一方面对我们很有指导意义。

成功需要积极的自我反省

【原文】 子曰:"见贤思齐焉,见不贤而内自省也。"

【大意】 孔子说:"见到有德行的人就向他看齐,见到没有德行的人就反省自身的缺点。"

《法句经》说:"人若知自爱,则应慎护自己。有心者应于三时之一,严以自我反省。"

儒者的自我反省当然到不了佛教忏悔或基督教日课的程度,也没有佛或主的神秘色彩。它既不是为死后进天堂,也不是为赎人类与生俱来的原罪而反省,而是为现世的自我完善而进行人格解剖。因此,是一种现实的自我认识,具有鲜明的理性批判精神。

事实上,自我反省包括许多别的方面。大凡想成功者都要学会明智地反省自己的方方面面,其中就包括成功的含义和创新。

成功学家卡尔博士认为:"成功意味着许多美好积极的事物。成功意味着个人的兴隆:享有好的住宅、假期、旅行、新奇的事物、经济保障以及使你的小孩能享有最优厚的条件。成功意味着能获得赞美,拥有领导权,并且在职业与社交圈中赢得别人的尊崇。成功意味着自由:免于各种的烦恼、恐惧、挫折与失败。成功意味着自重:能追求生命中更大的快乐和满足,也能为那些赖你而存的人做更多的事情。"

的确,成功意味着很多很多东西,并且根据个人理解的不同,上面的描述还可以无限地延长下去。但是究其本质,成功是什么呢?

成功其实包含两方面的含义。一是社会承认了个人的价值,并赋予个人相应的酬谢,如金钱、地位、房屋、尊重,等等。二是自己承认自己的价值,从而充满自信、充实感和幸福感。用哲学的话说,成功就是实现了个人价值与社会价值。但是人们往往忽略了成功的后一种含义,认为只有在社会承认我们、他人尊敬我们时,我们才算度过了成功的人生,只有在鲜花和掌声环绕着我们时，才算是到了成功的时刻。然而仅仅自己认为自己成功不但没有意义，而且还有狂妄自大的嫌疑。

实际上，一个人只有在对自己有较高评价并认为自己一定会成功时，他才可能走向成功。这中间的道理也很简单，那就是人不可能给别人连他自己也没有的东西。如果一个人觉得自己的生命没有价值，那么又怎么可能给社会创造价值，并最终得到社会的承认呢？

我们从小就生活在一个教导我们要"自谦""自制"的环境中，许多人生箴言如"出头的椽子先烂""枪打出头鸟""夹着尾巴做人"，等等，更无时不在提醒我们要压抑自己、小看自己。尽管这些观念在有的时候可能是一种对外的托词，可能是一种自我保护策略，但是若任由这些观念泛滥，就会形成一种洪流在社会上流淌。人刚开始就像一个个棱角犀利的岩石，被这种抹杀个性的观念洪流冲击着，久而久之就变成了没有棱角的鹅卵石，失去了自信，甚至失去了期望，不敢再有什么美好的憧憬，碌碌无为地度过了一生。

人们常说"期望什么，得到什么"。期望平庸，就得到平庸，期望伟大，就有可能真的伟大。公交战线的标兵李素丽上中学时的愿望是当一名播音员，但是在实际工作中却当了一名公共汽车售票员。按照一般人的理解，她的希望是破灭了，她完全可以放弃原来的期望，带着失败的感受，做一个普通的售票员。但她不是这样，即使在售票员的岗位上，仍然用播音员的标准要求自己，字正腔圆地报站名，兢兢业业地为顾客服务，在平凡的岗位上创造了不平凡的业绩。记得在学习李素丽的活动中有这样一次电视采访，一群演员、歌唱家、播音员登上李素丽服务的公交车进行观摩，有人问她还想当播音员吗，李素丽自豪地说她本来就是播音员，汽车上的播音员。这种自豪感肯定不是在她当上标兵、评上劳模之后才有的，这种自豪必然是她的一贯的心态。正是她心中不灭的期望和对成功的渴望与追求，使她数年如一日地坚持严格的高标准服务，并受到众多乘客发自肺腑的感激和赞扬。正是她的这种不灭的期望和自豪感以及由此产生的坚定行动，树立了售票员的新形象。

人生就像一部行进中的汽车，期望就像汽车的变速挡，而心中的怀疑、自卑、愤恨、失败感等消极的想法就像汽车发动机里的锈斑和污垢，只有在清除这些污垢并挂上高速挡时，人生这部汽车才能快速地奔向成功；而一个对自己期望很低并且自卑的人则好像一辆只有低速挡的冒着黑烟的老爷车。正如一句

唐诗中描绘的"沉舟侧畔千帆过,病树前头万木春",现代社会更是一个人才济济、充满竞争的社会,只有自信并敢于行动的人才有成功的机会。美国哈佛大学的约翰·科特在对美国成功企业家的一项调查中,研究了数百个成功的个案,他发现成功人士的一个共同特征就是有很高的自我评价,始终不断地反省自己的成功之旅,加深自己对成功的理解,认为自己的行为代表正确的方向,同时他们都有很强的自信心和进取精神。

当然,在生活中也有另外一面,那就是任何人都会遇到不如意的事,每个人都难免产生烦恼、悲哀、内疚、失望等情绪。面临失败,有人会不断地提醒自己是个失败者,从而在战战兢兢中等待下一次失败,而失败也常常如约再次降临到这些人身上,所以失败有时也是自找的。在真正的失败到来前,他们已经在心中对自己的能力产生了怀疑,放弃了努力,坐等失败的来临。

谁都有失败的时候,但是面临失败,成功者仍会满怀自信。他们会把失败当作特例,他们会对自己说:"这不像是我干的,我会干得更好。"他们会从失败中找到积极的一面,如"留得青山在,不怕没柴烧";他们会通过积极的行动来弥补过失,转移自己的消极情绪。通过这些行动,他们不仅再次拥有了较高的自我评价,同时又为现实中的成功做好了准备。对于他们,失败正是成功之母。

"人贵有自知之明",其潜在含义常常是要人们多看看自己的缺点,不要自满,等等。其实这种专挑缺点的"自知"并没有多大积极意义,它只使人明白什么是要避免的,但不能告诉自己什么是要发展的。要知道君子"见贤思齐焉,见不贤而内自省也",现代人虽然可能达不到古代君子的内省标准,但在生活中也要不断地进行自我评价。自我评价的方向和内容对人有很大的关系,只看自己的缺点好像千百遍地听人说"你这不行,你那不行,不准干这,不准干那……"但从来不知道自己哪儿行,不知道要干什么,这种情景是令人非常绝望的。然而,如果自我评价的方向是正确的、自我肯定的,个体不仅会由此产生积极的情感体验,同时将更有可能发展出好的行为,产生良好的结果。

英国作家萨克雷曾说:"生活是一面镜子,你对它笑,它就对你笑;你对它哭,它也对你哭。"成功的到来也正如一副对联:说你行你就行,不行也行;说不行就不行,行也不行。这副对联应该有一个画龙点睛的横批,那就是"自我评价"——你认为你行,你就能行;你认为你不行,那就真的不行。

态度决定一切

【原文】 子曰:"色难。有事弟子服其劳,有酒食先生馔,曾是以为孝乎?"

【大意】 孔子说:"在父母面前保持和颜悦色的态度最难能可贵。有事情晚辈出力,有酒菜长辈吃喝,这难道就是孝了吗?"

专心和态度其实是一个问题的里外两面。《礼记·祭义篇》说:"孝子之有深爱者必有和气,有和气者必有愉色,有愉色者必有婉容。"所以,孔子回答子游和子夏的两段话实际上是同样的意思。无论你是否为老人做事,也无论你是否拿好吃的给老人吃,只要你内心不恭敬,态度不好,脸色难看,就是失去了孝道的根本。这一点,尤其值得我们今天的年轻人注意。

而更应引起我们所注意的是做事的一种态度。同样完成一件事,不同的态度结果可能不同。

在生活的各个方面,态度都是一个大问题。健康积极的态度是面对一系列问题所必不可少的,从某种意义上讲,前国足总教练米卢的"态度决定一切"是非常正确的。

一位心理学家在研究过程中,为了实地了解人们对于同一件事情在心理上所反映出来的个别差异,他来到一所正在修建中的大教堂,对现场忙碌的敲石工人进行访问。

心理学家问遇到的第一位工人:"请问你在做什么?"

工人没好气地回答:"在做什么?你没看到吗?我正在用这个重得要命的铁锤,来敲碎这些该死的石头。而这些石头又特别的硬,害得我的手酸麻不已,这真不是人干的工作。"

心理学家又继续找到第二位工人,问他:"请问你在做什么?"

第二位工人无奈地答道:"为了每天的500元工资,我才会做这种工

作。若不是为了一家人的温饱，谁愿意干这份敲石头的粗活？"

心理学家问第三位工人："请问你在做什么？"

第三位工人眼中闪烁着喜悦的神采："我正参与兴建这座雄伟华丽的大教堂。落成之后，这里可以容纳许多人来做礼拜。虽然敲石头的工作并不轻松，但当我想到，将来会有无数的人来到这儿，再次接受上帝的爱，心中便常为这份工作献上感恩。"

故事中三个工人对于自己那份工作的态度，正反映出人们对于人生的看法。而你愿意用哪一种态度来看待自己将来的前程呢？

或许在过去的岁月中，我们时常怀有类似第一位或第二位工人的消极看法，认为人生就是无尽的苦海，每天只好怀着抱怨活下去；或受困于生活的无奈，为五斗米折腰，一日复一日，过着贫困的生活。

不论你过去对人生的态度究竟如何，并不重要，毕竟那是已经过去的了，重要的是，你对未来的态度又是如何？

你可以选择如以往一般，继续消极地过下去，每天常常谩骂、批评、抱怨，四处发牢骚，那是轻易而无需学习便可办得到的。问题是，你真的愿意让自己的一生被这些垃圾来填满吗？

还是你愿像故事中的第三位工人那样，怀抱积极乐观的态度；虽然知道自己的工作并不轻松，但却能为更多人所能获得的好处，为自己的辛苦工作献上感恩。

积极向上的态度正如这位工人所传达的，它并不是无可救药的乐观主义，认为凡事都是好得不能再好。真正的积极思想者，是能够运用智慧，审慎判断当前的难处，从中找出正面的定义，给予肯定的评价，并从中看出未来的美好结果，同时为此深深地感恩。积极思想者必须具备能够看清消极面的能力，且拒绝让自己与消极意识共浮沉，愿意以积极的态度迎接更光明的人生。

让你的思想积极乐观，你已成功了一大半。

不要有过多的贪欲

【原文】子曰:"吾未见刚者。"或对曰:"申枨。"子曰:"枨也欲,焉得刚?"

【大意】孔子说:"我没有见过刚毅的人。"有人说:"申枨是这样的人。"孔子说:"申枨贪欲,怎么可能刚毅呢?"

有贪欲就不可能刚毅,所以有成语无欲则刚。

这里也有另一种说法:彻底的唯物主义者是无所畏惧的。

要是不彻底呢?那就有所畏惧了。

欲与刚的关系也是这样。

无欲则刚。

无欲不是指一点儿欲望没有,像个木头人或非出家不可,而是说没有过分的欲望——贪欲。没有贪欲,就可以做到"软硬不吃",坚持自己做人的原则,至大至刚。

而一旦有了贪欲,不是"吃人家的口软,拿人家的手短",就是"英雄难过美人关",哪里还谈得上什么刚毅呢?

在"没有金钱是万万不能的"的时代,贪污腐败成为社会的一大公害,其根源和背景固然是相当复杂,但从贪污腐败者个体的情况来看,无一不是因为欲壑难填而造成的。这正如孔圣人所说的那样:"申枨贪欲,怎么可能刚毅呢?"不管你职位再高,资历再老,一旦陷入贪得无厌的欲望之中,就会成为金钱和物质的奴隶,陷入万劫不复的深渊之中,身败名裂,还有什么刚毅可言呢?

所以,从某种意义上来说,反腐倡廉就是节制贪欲。

当然我们也不提倡禁欲主义,不能走向另一个极端。

晋代陆机《猛虎行》有云:"渴不饮盗泉水,热不息恶木荫阴。"讲的就是在诱惑面前的一种放弃,一种清醒。

以虎门销烟闻名中外的清朝封疆大吏林则徐，便深谙放弃的道理。他以"无欲则刚"为座右铭，历官40年，在权力、金钱、美色面前做到了洁身自好。他教育两个儿子"切勿仰仗乃父的势力"，实则也是本人处世的准则：他在《自定分析家产书》中说："田地家产折价三百银有零""况目下均无现银可分"，其廉洁之状可见一斑。他终其一生，从来没有沾染拥姬纳妾之俗，在高官重臣之中恐怕也是少见的。

在我们的现实生活中，也需要有一种放弃的清醒。其实，在物欲横流、灯红酒绿的今天，摆在每个人面前的诱惑实在太多，特别是对有权者来说，可谓"得来全不费工夫"。这就需要保持清醒的头脑，勇于放弃。如果抓住想要的东西不放，甚至贪得无厌，就会带来无尽的压力，痛苦不安，甚至毁灭自己已有的成功。

人生是复杂的，但有时又很简单，甚至简单到只有取得和放弃。应该取得的完全可以理直气壮，不该取得的则当毅然放弃。取得往往容易心地坦然，而放弃则需要巨大的勇气。若想驾驭好生命之舟，每个人都面临着一个永恒的课题：学会放弃！

俄国作家托尔斯泰写过一短篇故事：有个农夫，每天早出晚归地耕种一小片贫瘠的土地，但收成很少；一位天使可怜农夫的境遇，就对农夫说，只要他能不断地往前跑，他跑过的所有地方，不管多大，那些土地就全部归他。

于是，农夫兴奋地向前跑，一直跑、一直不停地跑！跑累了，想停下来休息，然而，一想到家里的妻子、儿女，都需要更大的土地来耕作、来赚钱啊！所以，他又拼命地再往前跑！真的累了，农夫上气不接下气，实在跑不动了！

可是，农夫又想到将来年纪大，可能乏人照顾，需要钱，就再打起精神，不顾气喘不已的身子，再奋力向前跑！

最后，他体力不支，"咚"地倒在地上，死了！

的确，人活在世上，必须努力奋斗。但是，当我们为了自己、为了子女、为了有更好的生活而必须不断地"往前跑"、不断地"拼命赚钱"时，也必须清楚地知道何时该"往回跑"！因为妻子、儿女正眼巴巴地倚着门等你回来呢！

人要生存，就需要满足最基本的需求，但又不可贪得无厌，因为人生所追求的不仅仅是最基本的需求。因此，人不可存太多的贪欲，否则便真会跌入万劫不复的深渊了。

信自己莫信鬼神

【原文】 子路问事鬼神。子曰:"未能事人,焉能事鬼?"

曰:"敢问死。"曰:"未知生,焉知死?"

【大意】 子路问怎样侍奉鬼神。孔子说:"人都还难以侍奉好,谈什么侍奉鬼呢?"

子路又问:"能问问死是怎么回事吗?"孔子回答道:"生还没弄清楚,怎么能搞得清死呢?"

"可怜夜半虚前席,不问苍生问鬼神。"(李商隐《贾生》)

子路所提出来的,就是这样一个"不问苍生问鬼神"的问题。

在《雍也》篇里,当孔子回答樊迟关于什么是明智的问题时,以鬼神的问题为例说:"致力于人世间该做的事情,对鬼神抱敬而远之的态度,就可以说是明智的了。"

现在,子路仍然不明智地提出这个问题,所以孔子反问他说:"人都还难以侍奉好,谈什么侍奉鬼呢?"

问题是,子路就是这样一个"不明智"的人,一问不成,又生一问:"能问问死是怎么回事吗?"其实还是一个"鬼"问题,所以孔子又一个反问把话推开:"生还没弄清楚,怎么能搞得清死呢?"

那可真是问得蹊跷,答得巧妙。

其实,孔子也不完全是顾左右而言他,把子路的问题推到一边。在孔子看来,鬼神的问题,生死的问题,都是探索宇宙奥秘、生命本质的大问题,不是一句两句话可以说得清楚的,也不是他所处的那个时代所能搞得清楚的。用我们今天的话来说,不可不信,也不可全信,还有待于进一步的研究和探索。所以,对自己搞不清楚的问题,既不要盲从迷信,也不要简单否定,最好是抱一种"阙疑"的态度,敬而远之。这种态度实际上是现实而理性的态度,也是最明智、最科学的态度。

医生认为"死"是现代医学都还难以解说清楚的概念,至今人们也只能以"心脏停止跳动"来"描述""死";佛教、道家则谓生即是死,死即是生,从"四大皆空"的理论看来,生与死并无明显的界线和区别;迷信的人则认为,

死就是灵魂出窍,任何生灵都有不可见的灵魂和可见的躯体两部分,灵魂可以升天,可以入地,生灵可以互相转化,持此说者便相信鬼神;无神论者则认为人死如灯灭,死了就了了,什么也没有了。至于死者临终的心情、感觉如何,这是科学家通过观察、实验等手段,经过长期研究和探讨,至今还"说不清楚"的问题。既然如此,孔子又怎能向他的弟子解答得清楚呢?

但是,孔子毕竟是伟大的教育家,当他遇到学生向他提出自己难以解答的问题时,他不是简单地回答"不知道",也不指责学生,而是绕开问题,用"未知生,焉知死"一句反问,引导学生的思想,既保护了学生探讨问题的学习积极性,又回避了解答不清楚的问题。

再从孔子对第一个提问的回答,我们不难看出:孔子重视"生"而忽略"死",主张要好好对待活着的人,即厚养薄葬。由此可见,孔子是一位不信鬼神的无神论者!要不,他怎么不借学生提到这类问题的机会,大谈其鬼神之事呢?相反,用了"未能事人,焉能事鬼"和"未知生,焉知死"两句反诘语,表明了他无神论者的坚定立场。

新中国成立数十年,我们反对迷信、宣传科学,犹如"宝塔镇妖"似的镇住了迷信。但近些年来,这"宝塔"的砖石像被人逐渐偷走,宝塔有了些摇晃,阴魂未散的迷信又溜了出来,开始在各地布烟撒雾。其表现为:许多地方以开发旅游资源、弘扬传统文化为名宣扬迷信。似乎无庙、无神、无荒诞不经的传说便无以吸引游客,似乎旅游不是看山赏景寻求休息娱乐,而是为了看神瞧鬼寻找精神麻痹。投巨资大修"地狱之城""鬼的世界",是为了"重现中华鬼文化""招商引资"和"文化搭台经济唱戏"。农村中的尼姑庵、奶奶庙、娘娘庙、观音殿、土地堂又一个个占据一方,供人顶礼膜拜。说是现今"人心不古"了,就该拿古代的各种神来震慑人,"多拜神少事端"便是上述行为的理论基础!一些封建迷信帮会也由此而产生。时下的许多文学、文艺作品、广告里,也夹杂着迷信的内容。

尤其令人惊异的是,除了文化水平较低的人群易"迷"之外,教授、高工、博士、硕士也大有"迷"而不"醒"者,而且他们"迷"的"科学性""证明性""影响性"比起神汉、巫婆来还要更高一筹。有些地方政府甚至组织农民集资兴建迷信设施,开展迷信活动,造成迷信的"合法"性。有的干部在面临个人职务变更和重大决策之际,也临时抱佛脚,去求神问卦……

干部们迷信的言谈举止,对迷信的泛滥起到了推波助澜的作用,对工作、对个人也为害不浅。

对于迷信的泛滥,如果只是轻视之、听之任之或"装一时糊涂"的话,那么当它形成洪水猛兽之势再回头治理,恐怕为时就晚矣!

失意在所难免，且把心放宽

【原文】 子曰："莫我知也夫！"子贡曰："何为其莫知于也?"子曰："不怨天，不尤人，下学而上达。知我者其天乎！"

【大意】 孔子说："没有人知道我啊！"子贡说："为什么没有人知道您呢？"孔子说："不怨恨上天，不责怪别人，下学人事而上达天命。知道我的，大概就只有天吧！"

所谓"天才知道"！圣人的感慨是很沉重的。

《里仁》篇里已经说过，不被人知道，不被人了解，这是圣人终身未能解开的一个"情结"。虽然他曾多次说过"人不知而不愠"（《学而》）之类的话，反复说不被人知道没有什么关系，在这里又再次明确说自己"不怨天，不尤人"，只管"下学而上达"，但他毕竟还是在感叹"没有人知道我啊"！所以，说圣人完全不在乎有没有人知道自己的确是不合于实际的。

事实上，古往今来，哪个读书人又完全摆脱得了"名"的羁绊呢？

君子不图名图利，两袖清风，一生廉洁的读书人倒是见得不少，可完全不在乎名，不计较别人是否知道、了解自己的读书人却是难以见到。

追本溯源，就是圣人也不能心如止水，全然超脱啊！

解铃还需系铃人，自己心上的疙瘩只有亲自动手方可解开，朋友的话，善良人的话都只是催化剂。自己才是起决定作用的因素。

人生偶有失意，在所难免，一时得意容易让人忘形；但为失败哀怨、对现实不满也是无用之举，一切当以心宽化解之。

俗话说："不如意事常八九。"如此人生岂不让人伤心透了？否。有句话你是知道的，叫"好事多磨"。我们应该有这个信念：失意是一种磨炼的过程，心即使在冰冻三尺之下也不会凉的。有瑞雪兆丰年之说，雪愈大，年愈丰。

"比海更宽的是天空，比天空更大的是人的心灵。"生活不论如何折磨人，如何将你压缩在一个四方的小盒子里，但思维的空间是不受限制的，心灵的视野没有藩篱，无比宽广，任你驰骋。来去自如，生命的迷人之处就在这里！

站得高，你就看得远。红橙黄绿青蓝紫，七彩人生，各色不同；酸甜苦辣咸，五种味道，各有所好；喜怒哀乐悲恐惊，七种情感，品之不尽。没有一帆风顺的人生。如果一生无挫折，未免太单调、太无趣、太乏味。没有失败的尴尬和忍辱，哪来成功的喜悦？也许你就是忍受不了人情的冷暖和失败的打击，抱头哀叹，早已说过"不如意事常八九"，你自己还会遇到，那就当它是横亘于面前的一块石头吧。摆正它，踏上去！也许视野会更开阔，心胸会更豁达呢！

人很善良，常常把宽容给了陌路人，把温柔给了爱人，却忘了给自己留一点。有一句话很有用，叫"没什么"。对别人总要说许多"没什么"，或出于礼貌，或出于善良，或出于故作潇洒，或出于无可奈何；或是真不在意，或是别有用心。不管出于什么，谁让生活有那么多不尽如人意之处？如果你要劝解自己，也要学着这么说。缺少阳光的日子很忧郁，你要学会说"没什么"，失去朋友的生活很寂寞，你要学会说"没什么"。自己已经很累了，他需要一种真诚的谅解，说句"没什么"，对你自己疲惫的脸容，对自己疲惫的心灵。这么说着，并不是让你放纵所有的过错，只是渴求自拔；也不是决意忘怀所有的遗憾，只是拒绝沉溺。自己劝慰自己才管用。

人有同情心，见别人伤心——除了敌人和仇家——自己也不会快乐，总要上前劝一劝。劝告是出于善心，言语也很有哲理，然而听的人未必都能听得进去，听进去了也未必照此行事，因为剧痛使人麻木。总之，失意在所难免，权且把心放宽。

急功近利要不得

【原文】 子夏为莒父宰,问政。子曰:"无欲速,无见小利。欲速则不达;见小利则大事不成。"

【大意】 子夏做了莒父邑的长官,问怎样治理政事。孔子说:"不要图快,不要贪小便宜。图快反而达不到目的,贪小便宜就办不成大事。"

公元前658年,晋国人以宝马美玉献给虞公,要求借道讨伐虢国。宫之中以唇亡齿寒的道理劝谏虞公不要答应晋国的要求,但虞公贪图宝马美玉而不听劝谏。结果,晋国人灭虢国后在返回的途中又顺手灭了虞国。这是贪小便宜而坏大事的典型。

所谓"风物长宜放眼量"也就是这样的意思。但面对现实,谁又没有"近视"而急功近利的时候呢?既然如此,就应把圣人的话当作座右铭,时常提醒自己。

不要企图一口吃个胖子,把什么事一次性做完的想法是不现实的。凡事都要分出个轻重缓急。先将手头较重要且又紧急的事情完成,将那些重要但不怎么紧急的事情暂放一旁。因为先做这种事情可能会一时做不完,这样既耽误了做那些亟须完成的事情又浪费了时间,使那些重要但不紧急的事受到了不必要的干扰。

任何一个追求成功的人都应当明白:紧急的事不一定重要,重要的不一定紧急。不幸的是,我们许多人过于急功近利,把自己的一生花费在较紧急的事上,而忽视了不那么紧急但比较重要的事情。当你面前摆着一堆问题时,应问问自己,哪一些真正重要,把它们作为最优先处理的问题。如果你听任自己被紧急的事情左右,你的生活中就会充满危机。

根据你的人生目标,把所要做的事情制订一个顺序,有助你实现目标的,就把它放在前面,依次为之,把所有的事情都排好序,并把它记在一张纸上,就成了事情表。养成这样一个良好习惯,会使你每做一件事,就

向你的目标靠近一步。

众所周知，人的时间和精力是有限的，不制订一个顺序表，你会对突然涌来的大量事务手足无措。

美国成功学大师卡耐基在教授成功学期间，有一位公司的经理去拜访他，看到卡耐基干净整洁的办公桌感到很惊讶。他问卡耐基："卡耐基先生，你没处理的信件放在哪儿呢？"

卡耐基说："我所有的信件都处理完了。"

"那你今天没干的事情又推给谁了呢？"经理紧追着问。

"我所有的事情都处理完了。"卡耐基微笑着回答。看到这位公司经理困惑的表情，卡耐基解释说："原因很简单，我知道我所需要处理的事情很多，但我的精力有限，一次只能处理一件事情，于是我就按照所要处理的事情的重要性，列一个顺序表，然后就一件一件地处理。结果，完了。"说到这儿，他双手一摊，耸了耸肩膀。

"噢，我明白了，谢谢你，卡耐基先生。"几周以后，这位公司的老板请卡耐基参观其宽敞的办公室，对他说："卡耐基先生，感谢你教给了我处理事务的方法。过去，在我这宽大的办公室里，我要处理的文件、信件等，堆得和小山一样，一张桌子不够，就用三张桌子。自从用了你说的法子以后，情况好多了，瞧，再也没有没处理完的事情了。"

这位公司的老板，就这样找到了处理事务的办法，几年以后，他成为美国社会成功人士中的佼佼者。所以说为了个人事业的发展，我们也一定要根据事情的轻重缓急，制订出一个事情表来。我们可以每天早上制订一个先后表，然后再加上一个进度表，就会更有利于我们向自己的目标前进了。

勇于探索，为了理想奋斗不息

【原文】子曰："朝闻道，夕死可矣！"

【大意】孔子说："早上悟得真理，就是当晚死去也没有什么遗憾了！"

哥白尼说："人的天职在勇于探索真理。"

"朝闻道，夕死可矣！"正是一种探索真理，献身真理的态度和精神。

夏明翰说："砍头不要紧，只要主义真。"真理比生命更重要，自然可以"朝闻道，夕死可矣"！

绝对的理想主义者是能够做到死而无憾的。

孔子的目标、原则经过深思熟虑形成之后，始终没有动摇过。他坚定的原则性，完全可以沿用"富贵不能淫、贫贱不能移、威武不能屈"三句话来形容。孔子曾做过大司寇，得到过季恒子的重用，如果孔子放弃原则，与季恒子同流合污，完全可以享受荣华富贵。但是他弃高位如敝屣，毅然地走上了周游列国寻找理想的路。在那颠沛流离的日子里，他受到多次威胁利诱，每次都以必胜的信念、积极乐观的精神克服了困难。一次又一次的碰壁，使孔子明白了自己的理想不能在当时实现，但他却仍"知其不可为而为之"，坚定地努力奋斗着。

颜渊是孔子最得意的门生，他最理解孔子。他说："夫子之道至大，故天下莫能容。虽然，夫子推而行之，不容何痛？不容然后见君子！"天下人见识浅陋，理解孔子的人少，能追随孔子的寥若晨星，这对于孔子的形象丝毫无损，更因此显示出孔子的高风亮节。孔子的信心和实践的勇气来自对自己事业合于仁道的信念，不能凭己之力实现，也要尽自己的一份光和热来照彻后世，启迪后人。孔子是一个终其一生的积极的实干家。他的精神熏陶了一代又一代的中华国魂。诸葛亮"鞠躬尽瘁，死而后已"；文天祥以死殉国，不做元朝宰相，写下了"人生自古谁无死，留取丹心照汗青"那样掷地有声的诗句；张居正在写给侄子的信中表达了自己以身报

国的心志；林则徐不计个人荣辱，抗击洋人，历经磨难，死而无憾……这些历代名臣都有一颗为国家为天下负责到底的心，故能如此坦然地对待荣辱生死。

与孔子的人生观不同的是接舆、长沮、桀溺等消极避世的隐士。隐士不是不关心国家和天下大事，而是太过于关心，以至在时代已无可挽救时走开了，把自己置于事外。他们以另外的方式希望国家太平，希望老百姓过好日子。做隐士的人多信奉道家，以"因应顺势"为自己立身处世的原则。对儒家的"生当作人杰，死亦为鬼雄"的气概，他们是不以为然的，以为这样无法真正对社会有所贡献；隐士以为天下滔滔，时代到了末路，你不可能兼济天下，只有来个独善其身，保存实力，以期世风改良而有为于天下。所以他们把孔子周游列国，在不可为之世推行仁道看作是不明智之举，因为这可能行仁政不成，反遭杀身之祸，既不能平天下，造福于黎民，又空耗了社会精英，少了将来的忠臣，这样只身不能挡滔天洪流，倒不如待潮退浪落，风平浪静时再扬帆远行。隐士们对孔子或惋惜或讽劝，正是出于这个理由。

孔子以为为人就须行仁，就得立于世间，为人类尽力，这是人之为人的责任，不可逃避。世事纷乱，纲常败坏，百姓涂炭，如果做隐士逃避时代，只显示出没有面对现实的勇气，无仁人之心，把自己混同于鸟兽。人是一个社会产物，不与社会接触，忘了社会秩序和形态，就已不是真正的人了。况且，做个"避世之士"干净地抛弃这个时代，是不可能的。我们只有肩负起恢复社会秩序的责任，以天下兴亡为己任，这才符合人之义。孔子乐意忍受磨难和别人的误解，为明知不可为之事、把自己贡献给国家和天下，行的是仁人之义。

孔子乐于自我牺牲，孜孜不倦地行仁道，可以为我们立身处世作一很好的借鉴。为了自己的理想，永不惰怠，永不止息，敢于面对严峻的现实，勇敢地接受挑战。

成功离不开坚持

【原文】 子曰:"回也,其心三月不违仁。其余则日月至焉矣。"

【大意】 孔子说:"颜回嘛,他的心长期不违背仁德。其余的学生就只在短时间里做到了。"

只要有恒心,铁棒磨成针。

成功难在何处,不是方法,不是目标,难就难在"恒心"二字,换句说就是"贵在坚持"。

举凡做事、学艺、锻炼身体,世上事几乎无不适应这一规律。而孔子将它当成了进德修业的关键所在——仁心的修养。

如果我们对杰出的成功人士做一个调研,就会发现,他们中大多数都有持之以恒的耐性和韧性。而他们也正是靠这个,才使自己一步步走向成功。

不要对自己太没有信心,客观条件并不能完全地将你限制。只要我们有强大的毅力和耐心,坚定一种必胜的信念,勇敢地与困难拼搏,一定也有所成就。做事要有不达目的不罢休的心态,只有这样,才能克服困难,走向成功。

法国著名的生物学家巴斯德说:"告诉你使我达到目标的奥秘吧,我唯一的力量就是我的坚持精神。"居里夫人说:"人要有毅力,否则将一事无成。"有许许多多与成功无缘的人,他们并不是缺乏追求的目标,而是经常在遇到困难的时候便放弃目标,没有持之以恒的精神。因此你一旦下定了决心要追求一个有价值的目标,就应该全力以赴,勇敢地坚持下去,到达目的地之前,决不放弃。道理虽然谁都懂,可实际做起来并不是一件容易的事情。这一点,小张感受颇深。

小张的一个同学,外号"朱八届",为何得此名,这还要从他考大学的经历说起。他姓朱,在班里学习成绩很一般,在老师和同学们的心目中,绝不是一个成绩优秀的学生,考大学对他来说,只不过是一个美丽的梦。但他一心想考上大学,因为他不甘心一辈子待在面朝黄土背朝天的农

村，他要飞出农村，干出一番事业。为此，他学习十分刻苦，但由于基础薄弱，头一年高考落榜了。他没有灰心，打算明年再考，结果第二年又名落孙山。他还不甘心，这辈子如果考不上大学决不罢休，于是第三年又接着考，仍然榜上无名。左邻右舍的乡亲、同学和朋友都劝他别再考了，他的父亲失望地对他说："不是那块料儿，别再费力气了，白搭，还是回家安心种地吧！"

小朱听了父亲的话，并没有灰心，他含着泪对父亲说："爸，你再给我一次机会吧，我相信一定能考上。"

听了儿子的乞求，父亲心软了，同意让他再考一年，不过父亲告诉儿子，如果再考不上，就别把青春都浪费到这里，赶紧回家结婚，不能耽误了他老人家抱孙子。第四年小朱又没考上，于是第五年又考，父亲气得不管了。可惜的是第五年又没考上，于是他又考，功夫不负有心人，终于在第八个年头他如愿以偿。连续考了八年，用他自己的话说："经过八年抗战，中国人民把日本鬼子都打跑了，何况是考大学呢？只要有恒心，铁棒磨成针。"

经过八年才考上大学，有人会感到不可思议，甚至会嘲笑他、挖苦他。但事实上，他的这种愚公移山坚持不懈的精神十分可嘉，抱一守终，定会有所收获。"君子有恒，他的德行就忠贞不变。"无论是工作还是学习，没有恒心则无成。古今中外的成功人士，有哪个不是在其从事的领域中练就恒心？哥伦布没有持之以恒的精神，就不会发现新大陆；瓦特没有恒心就不会发明蒸汽机，富尔顿没有恒心就不会发明轮船。

毛泽东说过："一个人做点好事并不难，难的是一辈子做好事，不做坏事。"

按孔子所讲难的不是"日月至焉"，而是"三月不违仁"。

做事也是如此，短期的坚持每个人都能做到，但要说到持之以恒，却不是每个人都能达到的。

对有志于获得成功的人来说，就得不断地使自己"添草加柴"。成功贵在坚持，滴水可以穿石！正如梁启超所言："我学习上的毛病在于爱好广泛，学识肤浅，最大的毛病就是没有恒心，有获得马上就会失去，其他的事还可以效法我，这两样不能学我了。"有人说："一心不能二用"确实言之有理。所以，人贵有恒，坚持我们所要追求的目标，永远不要放弃，这是成大事者必备的一种素质。

成功时得意可以，但万莫傲而忘形

【原文】 子曰："孟之反不伐。奔而殿，将入门，策其马，曰：'非敢后也，马不进也。'"

【大意】 孔子说："孟之反不自夸。兵败逃跑时他殿后，快入城门时，故意鞭打着他的马说：'不是我敢于殿后，而是我的马跑不快呀！'"

据《左传》哀公十一年记载，鲁国与齐国作战，鲁军大败，作为统帅之一的孟之反留在后面掩护大军撤退。当大家都安全撤回而迎接他最后到达时，他却故意鞭打着马说："不是我敢于殿后，而是我的马跑不快呀！"

孔子因而赞扬他不自夸的谦逊精神。

其实，孟之反不自夸，谦逊只是原因之一。原因之二还在于他不愿居功，以免引起其他将领和同僚的妒忌。

谦逊也好，不居功以免妒忌也好，这其实都是告诉我们得意时万不可忘形。尤其是在人际关系复杂的环境下，不锋芒毕露，不居功自傲的确是非常高深的修养。

对于一般人来说，踌躇满志、春风得意是人人都向往的境界。但得意者绝对不能忘形，对自己的言行举止、姿态形象一定要有清醒的认识，要时不时地回头看看自己的尾巴是夹在裆下，还是翘到了天上！一旦露出失态的尾巴就很有可能被别人抓住，到那时也许连落水狗的命运都不如。

一位成功的大企业家曾经说过："当你经过千辛万苦使你的产品打开市场的时候，你最多只能高兴五分钟，因为你若不努力，第六分钟就会有人赶上你，甚至超过你。"

当你被上司提升或嘉奖的时候，常常会自鸣得意吗？如果是，那你就要好好学一番涵养的功夫，把你那因升迁而引起的过度兴奋压下去才好。你所拟的一生计划，当然是非常伟大的，但在你没有达到这个伟大目标之前，中途的一些小成功，可以说只是微乎其微的小事。也许在你实行一个

计划时，一着手就大受他人夸奖，但你必须对他们的夸奖一笑置之，仍旧埋头去干，直到隐藏在心中的大目标完成。那时人家对你的惊叹，将远非起初的夸奖所能及。

美国汽车大王福特曾说："一个人如果自以为已经有了许多成就而止步不前，那么他的失败就在眼前了。许多人一开始奋斗得十分起劲，但前途稍露光明后，便自鸣得意起来，于是失败立刻接踵而来。"

石油大王洛克菲勒也说："当我的石油事业蒸蒸日上时，每晚睡觉前总是拍拍自己的额头说：别让自满的意念，搅乱了你的脑袋。我觉得我的一生受这种自我教育的益处很多，因为经过这样的自省后，我那沾沾自喜、自鸣得意的情绪，便可平静下来了。"

一个人的伟大与否，是可以从他对于自己的成就所持的态度上看出来的。堆积你的成就，作为你更上一层楼的阶梯吧。

人生处在顺境和得意时，最容易得意忘形，终致滋生败象，乐极生悲。

看过特洛伊战争"木马屠城记"故事的人，都会记得特洛伊是怎样被毁灭的。

特洛伊人与入侵的希腊联军作战，双方互有胜负，后来联军中有人献计，假装全部撤退，留下一匹大木马，并将勇士藏在马腹内，其他的主力部队亦躲在附近。特洛伊人望见远去的舰队，以为敌人真的撤退了，自己真的成功了，于是在毫无防备下，将木马拖入城内，歌舞狂欢，饮酒作乐。就在他们渐入梦乡时，木马中的敌人纷纷跳出，打开城门，里应外合，于是特洛伊灭亡了。

从这个故事中，可得到一个宝贵的教训：成功时不要高兴得太早，否则失意马上就来临。

有些人因为顺境连连而甚感欣慰，愉悦之情不时流露于脸上。然而，不能只顾着高兴，应该想想怎么才能维持好运，永葆成功。

希腊有名的雄辩家戴摩斯说："维持幸福，远比得到幸福困难。"同样的道理，成功得来不易，但更难的是在于如何保持你的成功。

成功在于勇敢争取

【原文】原思为之宰,与之粟九百,辞。子曰:"毋!以与尔邻里乡党乎!"

【大意】原思任孔子家的总管,孔子给他小米九百作俸禄,原思觉得太多,推辞不受。孔子说:"不要推辞!把多余的送给你的邻里乡亲吧!"

原思的谦让固然值得叫好,但不免失之灵活。

孔子的做法就很对,他告诉我们这样一个道理:是你的就要勇敢争取,成功有时不需要谦让。

用积极的心态去追求,去争取,不要指望谁能帮到你,拿出你的勇气,才能争到你的成功。

成功与失败的关键往往就在于是积极争取还是消极放弃。

有些时候看似毫无希望,其实只要以积极的心态去看待并积极地争取便有成功的希望。杰出人士之所以成功就在于他们拥有勇敢争取的心态。

一位女大学生刚毕业时,到一家公司应聘财务会计工作,面试时便遭到拒绝,原因是她太年轻,公司需要的是有丰富工作经验的资深会计人员。女大学生却没有气馁,一再坚持。她对主考官说:"请再给我一次机会,允许我参加完笔试。"主考官拗不过她,答应了她的请求。结果,她通过了笔试,由人事经理亲自复试的笔试。

人事经理对这位女大学生颇有好感,因她的笔试成绩最好,不过,女孩的话让经理有些失望,她说自己没工作过,唯一的经验是在学校掌管过学生会财务。找一个没有工作经验的人做财务会计不是他们的预期,经理决定到此为止:"今天就到这里,如有消息我会打电话通知你。"

女孩从座位上站起来,向经理点点头,从口袋里掏出两块钱双手递给经理:"不管是否录取,都请给我打个电话。"

经理从未遇到过这种情况,一下子呆住了。不过他很快回过神来,

问:"你怎么知道我不给没有录用的人打电话?"

"你刚才说有消息就打,那言下之意就是没录取就不打了。"

经理对这个年轻女孩产生了浓厚的兴趣,问:"如果你没被录用,我打电话,你想知道些什么呢?"

"请告诉我,在什么地方不能达到你们的要求,我在哪方面不够好,我好改进。"

"那两块钱……"

女孩微笑道:"给没有被录用的人打电话不属于公司的正常开支,所以由我付电话费,请你一定打。"

经理也微笑道:"请你把两块钱收回,我不会打电话了,我现在就通知你,你被录用了。"

就这样,女孩用两块钱敲开了机遇大门。细想起来,其实道理很清楚:一开始便被拒绝,女孩仍要求参加笔试,说明她有很强的积极思维的能力和坚毅的品格。财务是十分繁杂的工作,没有足够的耐心和毅力是不可能做好的。她能坦言自己没有工作经验,显示了一种诚信,这对搞财务工作尤为重要。即使不被录取,也希望能得到别人的评价,说明她有面对不足的勇气和敢于承担责任的上进心。员工不可能把每项工作都做得十分完美,我们可以接受失误,却不能接受员工自满不前。女孩自掏电话费,反映出她公私分明的良好品德,这更是财务工作不可或缺的。

两块钱折射出良好的素质和高尚的人品。而人品和素质有时比资历和经验更为重要。同时还反映出了一个问题,如果这个女孩在一开始遭拒绝就收兵,那么就可能得不到这份工作。但她不放弃,以勇敢的心态去主动要求、争取。她没有指望谁能帮上自己,因此凭借着自己的勇气突破了即将到来的败局,赢得了成功。

第七章 口才决定成败
——孔子关于说与不说的学问

"一言可以兴邦,一言可以丧邦",孔子的这句话的正确性我们且不去讨论,但将其用到我们每个人自身的成功上,其正确性却是不容置疑。

现在不是流行这样一句话吗?"细节决定成败",而说话就正是一个很重要的细节,有时甚至还是主体。一句话有时就可能影响你一生的成败,这一点我们不得不察!

好的口才可以避免祸端

【原文】子曰:"不有祝鲍之佞而有宋朝之美,难乎免于今之世矣!"

【大意】孔子说:"没有卫国大夫祝鲍那样的口才,却有宋国公子朝那样的美貌,是很难免祸于当今社会的啊!"

反过来说,如果既有宋国公子朝那样的美貌,又有祝鲍那样的口才,是不是就可以免祸于当时的社会了呢?

也许是吧。

据《战国策·秦策一》记载,当谋士陈轸与张仪同在秦惠王手下任职时,张仪向秦王中伤陈轸,说陈轸向楚国提供国家机密,并准备投敌叛国到楚国去。秦王于是把陈轸叫来,要他解释解释这是怎么一回事,说清楚没事,说不清楚则把脑袋留下。陈轸不慌不忙地回答说:"如果我真向楚国出卖情报,楚王会用我吗?"接下来,陈轸向秦王讲了这样一个故事:一个楚人有两个妻子,有一个男人去勾引他的妻子。当这个男人去勾引年龄稍大的妻子时,遭到了痛骂。当这个男人去勾引年轻一点儿的妻子时,却获得了成功。不久,这两个女人的丈夫死了,当有人问那个男人要娶哪个女人做妻子时,那个男人却说要娶年龄稍大一点儿的做妻子。因为他认为那个年龄稍大一点儿的做妻子才可靠,而那个年轻一点儿的,既然可以背叛她原来的丈夫,不同样也可以背叛新的丈夫吗?讲完这个故事后,陈轸对秦王说:"如果我真的向楚国出卖情报,不就像那个年轻一点儿的妻子吗?楚王怎么会信任我呢?"秦王觉得陈轸的说法很有道理,便更加信任陈轸,而不理会张仪的中伤了。

这就是口才免祸的实例。而这一类的例子,在历史记载中可以说是太多了。所以,口才的确可以免祸。

值得我们注意的是,就孔子来说,虽然也知道口才的重要性,尤其是在他所处的那个时代的重要性。但他实际上并不太赞赏口才好的人。这不仅从他多次强调"敏于事而慎于言",谴责"巧言令色,鲜矣仁"可以看出来,而且,当有人说冉雍有仁德没有口才时,孔子态度很明确地说:"何必要有口才呢?靠口才对付人,常常惹人讨厌。"(《公冶长》)

可见孔子感叹没有口才难以免祸实际上是一种不满之情,是针对不良社会现象而发出的牢骚,只不过是"怨而不怨"罢了。

一个人说错话并不可怕,有些时候,说错话只要及时纠正就行,对方一般不会抓住你不放;但在另一些时候,说错话不仅不能纠正,甚至绝不能承认,要敢于将错就错,一错到底,把错的变成对的,因为这个时候你只有用你的口才说好错话才可能避免祸端。

清代大才子纪晓岚才华横溢,深得乾隆皇帝喜爱。纪晓岚也在乾隆面前无所顾忌,经常口出"狂言"。

有一次,乾隆皇帝带着几个随从突然来到军机处。此时的纪晓岚正光着膀子和军机处的几个办事人员闲聊。其他人老远就看见皇上来了,连忙起身迎上前去接驾。这纪晓岚是高度近视,刚开始没看见走在最后面的乾隆,等他明白怎么回事的时候,乾隆就快到了。纪晓岚心中暗想:如果就这样光着膀子接驾,岂不是冒犯龙颜?干脆一不做二不休,他趁着别人不注意钻到桌子底下躲了起来。

这一切,早被乾隆看了个真真切切,他心中一阵好笑,有心想"整整"纪晓岚。

乾隆在椅子上坐定,示意其他人都不许出声。很长时间过去了,纪晓岚在桌子底下早待不住了,正好是大夏天,加上厚厚的桌布,把他给热得大汗淋漓。纪晓岚心中纳闷:怎么进来之后就没动静了?这么长时间,早该走了,该不是已经走了吧。想到这里,纪晓岚压低了嗓门,喊道:

"喂,有人吗?老头子走了吗?"

满屋子的人都听到了,大家忍不住都想乐,一听纪晓岚喊"老头子",心想这一下子可有好戏看了。

乾隆也听得真真切切,板起脸,厉声喝道:

"纪晓岚,出来吧。"

纪晓岚一听是乾隆的声音,心想:完了,完了,这回可完了,只好无可奈何地从桌子下钻出来见驾。

乾隆一看纪晓岚光着膀子，满身大汗，惊慌失措的模样，心里一阵好笑：纪晓岚人称大清第一才子，居然这般模样。乾隆故意装作生气的样子，大声喝道：

"大胆的纪晓岚，你不见驾也就罢了，居然还敢说朕是'老头子'，你什么意思？今天你要不讲清楚，朕要了你的脑袋！"

到了这种境地，纪晓岚反倒镇静了许多，一边擦汗，一边苦思对策。忽然他灵机一动，有了主意，不紧不慢地说道：

"万岁爷请息怒，刚才奴才称您为'老头子'，只是出于对您老人家的尊敬，别无他意。"

乾隆一听更来气了：

"尊敬？好，你给朕说说怎么个尊敬法。"

"先说这'老'字，天下臣民每天皆呼皇上万岁、万岁、万万岁，您说这万岁、万万岁算不算'老'啊？"

乾隆没作声，只是点点头。

"再说这'头'字，家有千口，主事一人，如今皇上便是我大清国的主事之人，是天下万民之首，'首'者'头'也。故此称您为'头'。"

乾隆边听边眯着眼睛笑，很是满意。

"至于这'子'嘛，意义更为明显。皇上您贵为天子，乃紫微星下凡。紫微星，天之子也，因此称您为'子'。这便是我称您老人家为'老头子'的原因。"

乾隆听完抚掌大笑：

"好一个'老头子'，纪晓岚你果然是个才子。"

这就是一个典型的以口才逃脱祸端的例子。

交际场合中，人们难免会由于失言而惹祸，比如说错话，事实上谁也不想说错话，但这又是很难避免的，人非圣贤，孰能无过？这时，该怎么办呢？

从纪晓岚身上你应该会有所领悟，那就是不要就事论事，顺着一条思路走到底。要调整思维，换个角度，另辟蹊径，不但可以替自己打圆场，还能为你的言行平添几分雅趣。这就要靠你的应变能力了，而这种能力又是靠平时培养出来的。因此，要学会多角度分析问题，举一反三，旁征博引，能够自己证明自己的观点，自圆其说，那时，将错就错也就不为错了。

不必强争,万事"理"为先

【原文】子曰:"焉用佞,御人以口给,屡憎于人,不知其仁,焉用佞?"

【大意】孔子说:"何必要有口才呢?靠口才对付人,常常惹人讨厌。没有仁德,光有口才有什么用呢?"

孔子早就说过"巧言令色,鲜矣仁"的话,又一再主张"敏于事而慎于言",因此,孔子是绝对不主张耍嘴皮子,靠伶牙俐齿来说服人的,他主张的是以事实、以道理来服人。

有人说:"你一辈子不讲话,没有人把你当猪卖掉。"

又有人说:"你一辈子不讲话,阎王对你也没办法。"

这些说法也许有些绝对,但却符合圣人不喜欢"佞"的精神。

为人处世,假如你在愤怒之下,对别人发作一阵,你的气也许会随之消失,心中也高兴了。但是别人呢?当你高兴时他能分享到一点儿吗?你那挑战的口气、敌意的态度,会使他容易赞同你的意见吗?

美国总统威尔逊说过:"假如你握紧两只拳头来找我,我想我可以告诉你,我会把拳头握得更紧;但假如你找我来,说道:'让我们坐下商谈一番,假如我们之间的意见有不同之处,看看原因何在,主要的症结在什么地方?'我们会觉得彼此的意见相差不是十分远。我们的意见不同之点少,相同之点多。并且只需彼此有耐性、诚意和愿望去接近,我们相处并不是十分难的。"

某工程师嫌房租太高了,想要求减低一点儿,但是他晓得房东是一个极固执的人。他说:"我写给房东一封信,说等房子合同期满我就不继续住了,但实际上我并不想搬家。假如房租能减低一点儿我就继续租下去。但恐怕很难,别的住户也曾经交涉过都没成功。许多人对我说房东是一位很难对付的人。可是我心说:'我正在学习如何待人这一课,所以我将要

在他身上试一下，看看有无效果。'

"结果，房东接到我的信后，便带着他的租赁契约来找我，我在家亲切地招待他。一开始并不说房租太贵，我先说如何喜欢他的房子，请相信我，我确是'真诚的赞美'。我表示佩服他管理这些房产的本领，并且说我真想再续住一年，可我负担不起房租。

"他像是从来不曾听见过房客这样对他说话，简直不知道该怎样处置。随后他对我讲了他的难处，以前有一位房客给他写过40封信，有些话简直等于侮辱。又有一位房客恐吓他说，假如他不能让楼上住的一个房客在夜间停止打鼾，就要把房租契约撕碎。他对我说：'有一位像你这样的房客，心里是多么舒服。'随之不等我开口，他就替我减去一点儿房租。我想能多减点儿，我说出所能负担的房租数目来，他二话不说就答应了。

"临走的时候，他又转身问我房子有没有应该装修的地方。假如我也用别的房客的方法要求他减房租，我敢说肯定也会像别人一样遭到失败。我之所以胜利，全赖这种友好、同情、赞赏的方法。"

有一段关于风和太阳的神话。风和太阳争执谁的力量大，风说道：我能证明我的力量大，看，地下正走着一位身披大衣的老者，我能比你更快地使他把大衣脱掉。

于是太阳躲进乌云里，风使出他的威力狂吹，但是风吹得越大，那老者越用手拉紧他的大衣。

最后风筋疲力尽了，停止了，太阳从云彩里走出来，开始对着那老者和气地笑。不久那老者便用手拭他前额的汗，并将大衣脱去。于是太阳对风说："仁慈和友善永远比愤怒和暴力更为有力。"

这是个有趣的寓言，但愿也能给你一些深刻的启示。

与人说话，带着愤怒只会招来更大的愤怒，用事实与道理和别人交谈，至少不会得到别人对你的愤怒。灵活面对生活，灵活地做人，万事"理"为先。

见什么人说什么话

【原文】孔子于乡党，恂恂如也，似不能言者。其在宗庙朝廷，便便言，唯谨尔。朝，与下大夫言，侃侃如也。与上大夫言，訚訚如也。君在，踧踖如也，与与如也。

【大意】孔子在父老乡亲面前非常恭敬，极像不能讲话的样子。在宗庙和朝廷之上，讲话明辨，但也很谨慎。上朝的时候，与下大夫说话，侃侃而谈；与上大夫说话，和颜悦色而正直。在君主面说话则恭恭敬敬，但却庄重自然。

俗话说："到哪个坡唱哪个歌。"在不同的场合，对待不同的人应该用适合那个场合、那种人的不同语言方式和仪态。这不是庸俗，而是待人处世恰如其分的表现。

孔子在父老乡亲面前恭敬而近乎羞涩，很少说话，而在庙堂和朝廷上却明辨且侃侃而谈，显出雄辩的样子。与作为政府高级官员的上大夫说话，与作为一般干部的下大夫说话，以及作为国家元首的君主说话，都有不同的语言方式和仪态。

其实，不仅孔子如此，我们今天的每个人也都应该是如此。否则，在儿女们面前说话像跟你的上司说话一样；或者反过来，当你向上司汇报工作时，用教训你的儿女一样的口气和态度，那会有什么样的后果？当然是不堪设想的了。

到哪个坡唱哪个歌，在什么人面前说什么话，这本是人之常情，只不过要把它与那种专门阳奉阴违，当面一套，背后一套，张三面前一套，李四面前一套的两面派行为区别开来罢了。

灵活的人，一定要具备见什么人说什么话的这种能力，不能对不同的

人,总唱"同一首歌"。

和别人沟通,首先要看对方是什么人,因为每个人的脾气禀性不同,所以他所能接受的说话方式就可能不一样。要想达到求人成功的目的,就要收集信息,因地制宜,运用恰当的技巧,千万不可意气用事,一言不合,怒发冲冠,引起被求对象的反感,这绝不是解决问题的正确方法。

所以要求人必须先控制自己的情绪,除了控制情绪之外,交涉时还要消除"自我限制"的心理,因为自我限制往往使人作茧自缚,无法放开手脚,说话也不会有创造性的成果。

此外,在求人的过程中,也要能善于利用信息。现代人拥有许多信息,却不知道如何去利用它,甚至还会使用错误,造成反效果。比方当你夜晚送女友回家时,你知道该让车内保持幽暗,以增加罗曼蒂克的气氛,但是把车子停在两盏路灯之间呢,还是在路灯的正下方?大部分人一定会以为前者较为理想,其实光线从两边车窗斜射进来,反而把车内的情形照得一清二楚;而后者因为灯光只能照到车顶,车内反倒完全看不见。信息的运用也正是如此,运用得当则有利,反之,就一无是处了。

所以,求人时必须先认清自己的行动目标,把握资料的正确使用方法,随时观察对方的反应,尤其是越到最后阶段,越不能有丝毫的疏忽,最好是顺着对方的思路去接近对方,这样才能使对方心悦诚服,与你携手合作。要是一意坚持己见,结果当然背道而驰,离目标越来越远了。

技巧有如种子,种什么因,就结什么果。如果希望顺利达到求人的目的,就必须研究出一套恰当的手段,尤其是言谈的手段,才能收到预期中的理想效果。至于什么样的手段才最恰当,并没有一定的标准可言,只要光明磊落,不搞旁门左道,能因人、因事而分别应变,知道何时该紧抓不舍,何时该放他一马,以求取最佳的结局。

请求别人办事的时候,倘若能够明白对方属于何种类型,说起话来就比较容易了。现列举十类人供参考。

1. 死板板的人

这类型的人比较木讷,就算你很客气地和他打招呼、寒暄,他也不会有你所预期的反应。他通常不会注意你在说些什么,甚至你会怀疑他听进去没有？你是否也遇到过这种人？

和这种人说话的时候，刚开始多多少少会感觉不安，但这实在也是没办法的事。

举个例子，当你遇到F先生时，直觉马上告诉你："这是一个死板板的人"。此人体格健壮，说话带有家乡口音，至于他是怎样的一个人，你却不太清楚。除了从他的表情中，可以察觉些许紧张之外，其他的，一点也看不出来。

遇到这种情况，你就要花些工夫注意他的一举一动，从他的言行中，寻找出他所真正关心的事来。你可以随便和他闲聊一些中性话题，只要能够使他回答或产生一些反应，那么事情也就好办了，接下去，你要好好利用此类话题，让他充分表达自己的意见。

譬如，当你们聊到有关保龄球时，F先生的话就开始多了起来，这表示他对这种球类很有兴趣。他很起劲地谈到打球的姿势、球场的情况和自己最近的成绩……原来死板板的表情，竟一扫而空，代之以眉飞色舞。

每一个人都有他感兴趣、关心的事，只要你稍一触及，他就会开始滔滔不绝地说，此乃人之常情，因此你必须掌握好话题内容并利用这种人性心理。

2. 傲慢无礼的人

有些人自视甚高、目中无人，时常表现出一副"唯我独尊"的样子。像这种举止无礼、态度傲慢的人，实在叫人看了生气，是最不受欢迎的典型。但是，当你不得不求他的时候，你应该如何对付他呢？

某企业的一位副科长，说话虽然客气，眼神里却有些傲慢，并且不带一丝笑意，这种人实在是非常不好对付的，让人一见到他，就感觉有一种"威胁"存在。

对付这种类型的人，说话应该简洁有力才行，最好少跟他啰唆，所谓"多说无益"正是如此。因此，你要尽量小心，以免掉进他的圈套里。

不要认为对方客气，你也礼尚往来地待他，其实，他多半是缺乏真心诚意的。你最好在不得罪对方的情况下，言词尽可能"简省"。

当然，每个人都有自己的立场和苦衷，这位副科长可能自觉"怀才不

遇"或怨恨自己运气不好，无法早点出头。又由于其在社会上打滚甚久，城府颇深，所以尽管不受上司眷顾，也会在"保卫自己"的情况下，与人客气寒暄。因此我们只要同情他，而不必理会他的傲慢，尽量简单扼要地说话就对了。

3. 沉默寡言的人

和一个不爱开口说话的人沟通实在是非常吃力的，因为对方如同哑巴一样，半天嘴里挤不出一个字来，你就没办法了解他的想法，更无法得知他对你是否有好感。

有一位新闻记者，他为人沉默寡言，根本就不像个记者。不论你和他说什么，他总是沉默以对，你真是拿他没办法。当有人给他介绍广告客户时，他也只是淡然地说声："喔！是这样啊。"然后手持对方名片，呆呆地看着。

对于这种人，你最好采取直截了当的方式，让他明白表示"是"或"不是"，"行"或"不行"，尽量避免迂回式的谈话。你不妨把所有的选择都摆在他的面前，直接对他说："对于 A 和 B 两种办法，你认为哪种较好？是不是 A 方法好些呢？"迫使他做出选择性回答。

4. 深藏不露的人

我们周围存在着许多深藏不露的人，他们不肯轻易让人了解其心思，或让人知道他们在想些什么。有时甚至说话不着边际，一谈到正题就"顾左右而言他"，自我防范心理极强。

与这样的人沟通更是难上加难，往往搞得人们无所适从。

但是，当你遇到这么一位深藏不露的人时，你只有把自己预先准备好的资料拿给他看，让他根据你所提供的资料，做出最后决断。

人们多半不愿将自己的弱点暴露出来，即使在你要求他给出答案或提出判断时，他也故意装傻，或者故意言不及义的闪烁其词，使你有一种"莫测高深"的感觉。其实这只是对方伪装自己的手段罢了。

5. 草率决断的人

这种类型的人，乍看好像反应很快，你求他时，他答应得非常快，甚至还没听明白你到底要干什么的时候，就忽然做出决断，给人"迅雷不及掩耳"的感觉。由于这种人多半是性子太急了，因此有的时候为了表现自己的"果断"，决定就会显得随便而草率。

这类人决断过于草率，其特征是：没有耐心听完别人的谈话，往往"断章取义"，自以为是地妄下决断。如此草率做下的决定，多半会留下后遗症，招致意料不到的枝节发生。

和这种人沟通，也要按部就班，倘若你遇到上述这类人，最好把谈话分成若干段，说完一段（一部分）之后，马上征求他的意见，没问题了再继续进行下去，如此才不会发生错误，也可避免因自己话题设计不周而引出的不必要麻烦。

6. 过分糊涂的人

这种人一开头就没弄懂你的意思，你即便和他长时间频繁地接触，结果也是枉然。

小朱经常光顾一个书店，其中的一位女店员，常常在小朱讲明要购买的书名时，还会糊里糊涂地弄错。像这种错误，一般人难免犯个一两次，但像她那样经常犯错，也就有点不可原谅了。因为小朱是这家书店的常客，老是遇到这种事情，心里总觉不太舒服。终于有一次，小朱把情形告诉书店经理，不多久，女店员就被辞退了。

经常犯错的人不外两种：一种是自己从来不知反省；另一种则是理解能力差，完全没听懂别人的谈话。

7. 顽固不通的人

固执的人是最难应付的。他们的原则性太强，尽管在坚持什么连他们自己也不知道。因为无论你说什么，他都听不进去，只知坚持自己的观点，死硬到底。求这种顽固分子，是最累人且又浪费时间的，结果往往徒劳无功。因此，要和这种人说话的时候，千万要记住"适可而止"，否则，谈得越多越久，心里越不痛快。

对付这种人，你不妨及时抱定"早散""早脱身"的想法，随便敷衍他几句，不必耗时费力，自讨没趣。

8. 行动迟缓的人

对于行动比较缓慢的人，交涉时最是需要耐心。

有一位年轻而稍显肥胖的王小姐,也许因为体型的关系,她做起事来,总是比别人慢半拍,感觉上,工作效率总比别人差一点儿,严格地说,倒不是她的办事能力不如其他同事,只不过她做起事来太过"慢吞吞"而已。

求人时,可能也经常会碰到这种人,此时你绝对不能着急,因为他的步调总是无法跟上你的进度,换句话说,他是很难达到你的办事标准的。所以,你最好按捺住性子,拿出耐心,言谈上永远别透出恼火的意思,并且尽可能配合他的情况去做。

此外应该注意的是:有些人言行并不一致,他可能处事明快、果断,只是行动不相符合罢了。

9. 自私自利的人

这世上自私自利的人为数不少,无论你走到哪儿,总会遇到几个。这种人心目中只有自己,凡事都将自己的利益摆在前头,要他做些于己无利的事,他是断不会考虑的。

有一位李先生,经常手不离计算器,这说明他始终在计算着自己的利益。正因为他最看重数字,所以他所坚持的,一定是自己的利益。至于其他事情,他不会在意如何做好它,只考虑怎样做才最省事。这种悭吝之徒谁都不会对他产生好感。

但是,当你不得不求他的时候,只有暂时按捺住自己的厌恶之情,说话要顺水推舟、投其所好。当他发现自己所强调的利益被肯定了,自然就会表示满意。

10. 毫无表情的人

人的心态和感情,常常会通过脸部的表情显现出来,所以在求人的时候,这些往往可作为判断情况的工具。

然而,有些人却是毫无表情可言的,也就是说,他的喜怒不形于色,这种人不是深沉就是呆板。当你需要和这种人进行交谈的时候,最好的方法就是特别注意他的眼睛和下巴。

常人说:"眼睛是会说话的",诚然,眼睛是灵魂之窗,"观其眸子"你自然可以知道对方的心思。

你可以从对方的表情中，看出他对你的印象究竟如何？有时候，自己会过分紧张得连表情都不很自在，此时，你不妨看看对方的反应：是毫不在意、无动于衷，还是已经察觉、面露质疑？留意他的眼神，你一定可以得到答案。知道了他的态度，话自然就好说了。

与这种人沟通，别被他这种表情吓住，一定要放松、从容不迫。但要注意的是，当你明白对方的反应可能是受自己的应对态度所影响，进而影响到结果时，就不得不特别注意、研究一下自己的言行举止了。

能说会道不仅要有嘴上功夫，更要有"见人下菜碟"的能力，不同的人，要用不同的方法应对。这才是一个灵活的人必备的。

不该说的千万别乱说

【原文】 子曰:"可与言而不与之言,失人。不可与言而与之言,失言。知者不失人,亦不失言。"

【大意】 孔子说:"可以和他说却不和他说,就会失去有用的人;不可以说却和他说了,就会说出不该说的话。聪明的人既不失去有用的人,也不说出不该说的话。"

"言语者君子之枢机,谈何容易!"(唐太宗语)

是啊,谈何容易。

说话是一门艺术,不少人一辈子也没搞懂。

一方面,"一言而可以兴邦""一言而丧邦"。(《子路》)三寸不烂之舌,敌过百万雄师。可以发挥语言作用的时候不去发挥,就会失去成功的机会。

另一方面,病从口入,祸从口出。"出言不当,反自伤也。"(《说苑》)因此,要看人说话,不轻易开口。一旦开口,则"言义必有"(《先进》),言则必中。既不敷衍,也不失言。

有道是:知音说与知音听,不是知音莫与谈。

说话时,语言的选择一定要恰当,有些不该说的就一定不能乱说。

阿花好不容易才找到了一份在咖啡馆做服务员的工作,却只上了一天班就被老板炒了鱿鱼。其实她的条件并不是很差,也没有做错什么事,只是不小心问了一句不该问的话。

那天,阿花刚一上班店里就进来了三位客人,她随即拿着饮品单,去让这三位客人点,第一位客人点的是冰红茶,第二位客人点的是冰咖啡,第三位客人点的也是冰咖啡,但是,他特别强调要用干净一点儿的杯子。

很快,阿花将这三位客人所点的饮料,用盘子端了出来,一边朝他们坐着的方向走来,一边还大声地向这三位客人问道:"你们谁点的冰咖啡是要用干净一点儿的杯子……"

就凭阿花的这一句话，老板当然会毫不客气地炒她的鱿鱼，因为谁也不会去搬起石头砸自己的脚。

在工作中，要讲究说话的方式，同样，在与人交往的过程中，也要把握好说话的分寸，恰到好处地说好该说的话。

有一年全国高考结束不久，一名记者去采访一位外语专业的优秀考生。原先设想好的问题中有："你父母是否具有辅导你学习英语的能力？"但是到了现场，看到考生的父母也陪伴在场，如果按照原先准备的提问方式来交谈，就显得唐突而不礼貌。于是他将原来的提问改为："你们一家是不是常常在一起讨论学习英语方面的问题？"这样一来，既能有效地获得所要的信息，又显得相当自然。

说话不仅要根据条件的不同而采取不同的表达方式，也要根据前后话语相互联系而恰当地选择语言。

几位年轻的领导干部去慰问一位退休老工人，见面以后问道："您老身子骨真够硬朗，今年高寿？"老工人回答说："79啦。""人生七十古来稀，厂里数您最长寿吧？""哪里，××活到了84呢！""那您老也称得上长寿将军啊。""不过，××去年归天了。""唷，这回可轮到您了。"谈兴正浓的老工人听到这句话，脸色陡变。毛病就出在"这回可轮到您了"这句话上。前面老人刚说完"归天"的事，他们接下去却说"轮到您"，这不就使老人产生误会吗？如果这几位年轻干部能控制好前后话语，把话说成"这回长寿冠军可轮到您了"，也就不会出现不快了。

做人要塑造良好的自我形象，就一定不能忽视说话的艺术。如果毫无顾忌，不经大脑只是一时痛快地说或问，则只能给他人与自己造成一些不必要的麻烦。

说三分话，词能达意即可

【原文】子曰："辞达而已矣。"

【大意】孔子说："言辞不过达意罢了。"

就孔子说这句话的背景而言"辞达而已矣"是针对"巧言令色，鲜矣仁"而言的。

但现在来理解，这句话更多的是强调言辞能表达意思即可，反对雕琢浮夸的花言巧语或者不留情面的肆意攻击。

事实上，"辞达而已矣"就是让我们说话时不要说得太满、太直。如果说三分话即已能让对方明白，那就没有必要把其余的七分也说了。

俗话说"逢人只说三分话"，还有七分话不必对人说出，也许你会以为大丈夫光明磊落，无事不可对人言，何必只说三分话呢？

有这方面经验的人，一定会只说三分话，或许你会认为他们非常狡猾，不诚实。其实，你这种观点是比较片面的。每个人说话，都要看对方是个什么样的人，如果对方不是一个能尽其所谈的人，你说出三分话，就不少了。

孔子曾经说过这样的一句话："不得其人而言，谓之失言。"如果对方不是你深交相知的人，而你却畅所欲言，虽然你说出了自己的所有话，而对方会有什么样的反应呢？你所说的话，都是属于你自己的事情，对方是否愿意听你讲呢？

如果你们之间关系浅薄，而你与他深谈，会显得你没有一点修养；如果你说的话是关于对方的，而你又不是他的诤友，他会觉得你不配与他深谈，虽忠言逆耳，却显出你的冒失；如果你说的话是关于社会的，可是你并不能明白对方的立场究竟如何，也不会明白对方的主张究竟如何，可你偏高谈阔论，畅其所言，那样会很容易招祸的！

所以，逢人只需说出三分话，也不是不可说，而是不需要说，不必说，不应该说，那么与事无不可对人言也就没有什么冲突了。

所谓的"事无不可对人言"，就是指你所做的每一件事，并不是必须向别人尽情地宣布，只说三分就可以了。有经验的人，是不是每件事都对人言，那只是另一问题，而他的只说三分话，那是不需要说，不必说，也是不该说的关系，绝不是不诚实、狡猾的表现。

原本说话就有三个限制：人、时、地。如果不是其人就不必说；虽然得其人而没有得其时，这时也是不必说的；即使是得其人，也得其时，但却没有得其地，那也是不必说的。没有得其人，而你说出了三分真话，其实那已是很多了；如果你得其人，但是却没有得其时，你说出了三分真话，其实那是在给他暗示，你要看看他听到这些真话之后有什么样的反应；如果你得其时，没有得其地，而你说了三分真话，其实那就可以引起他的注意力了，如果有必要的话，你可以与他长谈下去，这样的人才能称作是通情世故的人。

第七章 口才决定成败——孔子关于说与不说的学问

不能口无遮拦，胡乱说话

【原文】司马牛问仁。子曰："仁者其言也讱。"曰："其言也讱，斯谓之仁已乎？"子曰："为之难，言之，得无讱乎？"

【大意】司马牛问什么是仁。孔子说："仁者说话谨慎。"司马牛说："说话谨慎，这就可以叫作仁了吗？"孔子说："凡事做起来难，说起来能不谨慎吗？"

当颜渊、仲弓问什么是仁时，孔子作了正面回答，尽管是内修与外用有所不同，可是当司马牛问什么是仁时，孔子却并没有正面回答，而是有些顾左右而言他地说："仁者说话谨慎。"

这一微妙的区别，司马牛自己不会感觉不到，所以他又问（实际上有点软中带刺）："怎么，这就可以说是仁了吗？"言下之意是说：老师，您也把它说得太容易了吧，您整日给我们唠唠叨叨的"仁"难道就这么简单吗？想不到孔子依然一本正经地告诉他："凡事做起来难，说起来能不谨慎吗？"

据《史记·仲尼弟子列传》记载，司马牛"多言而躁"，夸夸其谈。难怪孔子要对症下药，借他问仁的机会对他进行教育了。

其实，不仅司马牛要疑惑而有些不服气，就连我们也是会有同样疑惑的。虽然孔子曾一再强调"敏于事而慎于言"，要求多做少说，但那作为儒学核心内容的"仁"，毕竟不会是把嘴一闭就可以实现这样简单罢。

因此，也许的确可以说："仁者说话谨慎。"但却不能倒过来说："说话谨慎是仁。"

那么为什么仁者要谨慎说话了？原因就在于他们知道语为心声，至少在别人听来是这样的，如果说话不够谨慎，口无遮拦，那就难免会惹祸上身。

语为心声于你来说可能有些"冤"，可能你会觉得你说的话很多时候并不是自己心里的想法，但在别人看来这往往就是你的真心话。

口无遮拦也许不是出于你本心，但这常常让别人对你产生不良印象。但要让人们的每一句话都经过细心斟酌再说出来也是不可能的，只有通过长期的实践，不断地总结和锻炼，我们才能自然而然地把话说好。

"你会说话吗？"这样问你，你一定觉得可笑，只要是正常人，说话谁不会？实际上，问题并没有那么简单。谁都会说话，但有些人说话总是欠考虑。口不择言，像机关枪扫人，一阵狂扫，只顾自己快活，不顾别人死活。

我们还是先看几个笑话：

一剃头师傅家被盗劫。第二天，剃头师傅到主顾家剃头，愁容满面。主顾问他为何发愁，师傅答道："昨夜被强盗将我一年积蓄劫去，仔细想来，只当替强盗剃了一年的头。"主人怒而逐之，另换一剃头师傅。这师傅问："先前有一师傅服侍您，为何另换小人？"主人就把前面发生的事细说了一遍。这师傅听了，点头道："像这样不会说话的剃头人，真是砸自己的饭碗。"

在寿宴上，客人同说"寿"字酒令。一人说"寿高彭祖"，一人说"寿比南山"，一人说"受福如受罪"。众客道："这话不但不吉利，且'受'字也不是'寿'字，该罚酒三杯，另说好的。"这人喝了酒，又说道："寿夭莫非命。"众人生气地说："生日寿诞，岂可说此不吉利话。"这人自悔道："该死了，该死了。"

有一人请客，四位客人有三位先到。这人等得焦急，自言自语道："咳，该来的还没来。"一客人听了，心中不快："这么说，我就是不该来的来了？"告辞走了。主人着急，说："不该走的又走了。"另一客人也不高兴了："难道我就是那该走又赖着不走的？"一生气，站起身也走了。主人苦笑着对剩下的一位客人说："他们误会了，其实我不是说他们……"最后一位客人想："不说他们就是我了。"主人的话未完，最后一位客人也走了。

由此看来，如果我们说话时不加检点，就可能伤人败兴，引起误解。因此，我们要注意说话的场合、对象、气氛，不要口不择言，想说就说。像有些人去菜市场，问卖肉的："师傅，你的肉多少钱一斤？"或饭馆服务员上一盘香肠，说："先生，这是你的肠子。"这类生活中的笑话，我们要

注意避免。

明人吕坤认为，说话是人生第一难事。像上面所说的情况，还不是太难的。只要注意语言修养，慢慢就会改善我们说话的纰漏和不足之处。说话难，最要命的就是说真话、说实话太难。

生活中见人说人话，见鬼说鬼话的实在太多了。明明是这么回事，有人偏偏说成那么回事。刚才还这样讲，一转脸又那样讲了。这样随风转舵，看人下菜，言不由衷，自欺欺人，活得多累，又多没意思。俄国作家契诃夫笔下的"变色龙"，就是这样很"累"地不断自打嘴巴说话的，我们做人可不能这样。

说话难，但也不能就此闭口不言，学会怎样说话就是很重要的事了。

技巧是要学习，但这并不意味着我们可以放弃原则，指鹿为马，曲意逢迎。如果违心地说话，那技巧就变成了恶行。崔永元说得好："也许有一天我们会讨论技巧，我们用酒精泡出了经验，我们得意地欣赏属于自己的一份娴熟时，发现我们丢了许多东西，那东西对我们很重要。"

说话不坚持原则，丢掉的就是人格。

说话这事，孩子不会觉得难，怎么想就怎么说。只有大人们觉得是道难题。在人们知道左顾右盼、思前想后，知道掂量和玩味时，孩子们的词典里还没有这许多词汇。这题很难。那么，如果我们实在想说，如鲠在喉，不吐不快，又不知道该怎么说时，怎么办？崔永元出了个主意：那就实话实说，就像来自德国的教练施拉普纳对中国足球运动员说的："当你不知道该把球往哪儿踢时，就往对方球门里踢！"

这才是把话说好的有效方法，曲意逢迎固然能闭口也不择言，但也只是一时的避开，要真正地说好话，避免伤及他人，就一定要用心，把说好话锻炼成一种习惯，自然而然地说出来，实在不能说时，宁可沉默。

口才决定成败

【原文】 定公问:"一言而可以兴邦,有诸?"孔子对曰:"言不可以若是其几也。人之言曰:'为君难,为臣不易。'如知为君之难也,不几乎一言而兴邦乎?"曰:"一言而丧邦,有诸?"孔子对曰:'言不可以若是其几也。人之言曰:'予无乐乎为君,唯其言而莫予违也。'如其善而莫之违也,不亦善乎?如不善而莫之违也,不几乎一言而丧邦乎?"

【大意】 鲁定公问:"一句话就可以使国家兴旺,有这样的话吗?"孔子回答说:"话不可以这样说啊。不过,人们说:'做国君很艰难,做臣下也不易。'如果真能知道做国君的艰难,不就近于一句话可以使国家兴旺了吗?"鲁定公又问:"一句话就可以使国家灭亡,有这样的话吗?"孔子回答说:"话不可以这样说啊。不过,人们说:'我做国君没有别的快乐,只是我说什么话都没有人敢违抗我。'如果说的话正确而没有人违抗,不也很好吗?如果说的话不正确而没有人违抗,不就近于一句话可以使国家灭亡了吗?"

一言兴邦,一言丧邦。乍一听很有些危言耸听,哪有这样厉害的一句话呢?

仔细想一想,尤其是联系到历史的经验和现实的发展来进行思考,"一言兴邦,一言丧邦"的说法其实也并非危言耸听,反倒还很有些深刻性在其中哩。

以孔子在这里举出的两句话来看,"为君难,为臣不易",用现在的话来说就是做领导人难,做中层干部也不易。没有一定的行政工作经验,是难以体会得到这句话的深度和分量的。相反,一旦能深刻体会到"为君难",也就会勤勤恳恳、兢兢业业地尽心于国事,做到了这一点,国家也就会兴旺起来。总而言之,这句话类似于唐太宗时的名言:"创业难,守成也不易。"很有些沉重而深刻的分量。另一句话是说到权力的绝对性问

题。如果当一个国家领导人只是想到自己有至高无上的权力，并且以此为乐，以权力为享受。就像安徒生著名童话《皇帝的新衣》里所讽刺的皇帝那样，放个屁都是香的，那也就离亡国不远了。

可见，虽然语言不是原子弹，不可能一下子炸毁一个国家；反过来也一样，没有哪一句话可以像"芝麻开门"那样神奇，一下子就兴旺一个国家。但是，语言支配思想，思想决定大政方针和政策，所以，有时候，关键的一句话就是可以起到兴国亡国的作用。以我们所经历的时代来看，"抓党内军内走资本主义道路的当权派"是不是搞乱了党，搞乱了军队，搞乱了国家呢？而"实践是检验真理的唯一标准""科学技术是第一生产力""白猫黑猫，抓住老鼠就是好猫""发展才是硬道理"，等等，每一句话是不是都起到了兴邦的重大作用呢？

落实到我们个人来说，"一言兴邦，一言丧邦"可以用另外一句话来代替，那就是：口才决定成败。道理同上面所讲的一样。

西方有句谚语说得好：上帝之所以给人一个嘴巴，两只耳朵，就是要人多听少说。

西方一位企业界人士说过："所以要讲究说话的技巧，是因为许多人常常不假思索就信口开河，因而导致种种不良的后果。"他还说："为了达到目的，说话时必须力求简单明了而且有说服力。但最重要的是，该说则说，不该说则不说，不了解的事就不该说，甚至突然想起的话题，也应该尽量避免向朋友提及。"

俗话说：一言可以兴邦，一言可以乱邦。所以老于世故的人，对人总是唯唯诺诺，可以不开口的，就尽可能做到三缄其口。

在现实中，正人君子有之，奸佞小人有之；既有坦途，也有暗礁。在复杂的环境中，不注意说话的内容、分寸、方式和对象，往往容易招惹是非，授人以柄，甚至祸从口出。因此，说话小心些，为人谨慎些，使自己置身于进可取、退可守的有利位置，牢牢地把握人生的主动权，无疑是有益的。一个毫无城府、喋喋不休的人，会显得浅薄俗气、缺乏涵养而不受欢迎。

随便说话的害处是非常多的。比如某君有不可告人的隐私，你说话时偏偏在无意中说到他的隐私，言者无心，听者有意，他会认为你是有意跟他过不去，从此对你恨之入骨；他做的事，别有用心，极力掩饰不使人知，如果被你知道了，必然对你非常不利。

你有得意的事，就该与得意的人谈；你有失意的事，应该和失意的人谈。说话时一定要掌握好时机和火候，不然的话，一定会碰一鼻子灰，不但目的达不到，而遭冷遇、受申斥也是意料中的事。有些奸佞小人，巧妙地利用了别人在说话时机、场合上的失误，拿他人当枪使，以达到损人利己的目的。

常言道："祸从口出"，为人处世一定要把好口风，什么话能说，什么话不能说，什么话可信，什么话不可信，都要在脑子里多绕几个弯子，心里有个小九九。害人之心不可有，防人之心不可无。一旦中了小人的圈套为其利用，后悔就来不及了！

每个人都有自己的秘密都有一些压在心里不愿为人知的事情。同事之间，哪怕感情不错，也不要随便把你的事情、你的秘密告诉对方，这是一个不容忽视的问题。

你的秘密可能是私事，也可能与公司的事有关。如果你无意之中说给了同事，很快，这些秘密就不再是秘密了。它会成为公司上下人人皆知的故事。这样，对你极为不利，至少会让同事多多少少对你产生一点"疑问"，而对你的形象造成伤害。

还有，你的秘密一旦告诉的是一个别有用心的人，他虽然不一定在公司立即进行传播，但在关键时刻，他会拿出你的秘密作为武器回击你，使你在竞争中失败。因为一般说来，个人的秘密大多是一些不甚体面、不甚光彩甚至是有很大污点的事情。这个把柄若让人抓住，你的竞争力就会大大地削弱了。

说话不要太直接，曲径方可通幽

【原文】叶公语孔子曰："吾党有直躬者，其父攘羊，而子证之。"孔子曰："吾党之直者异于是：父为子隐，子为父隐。——直在其中矣。"

【大意】叶公对孔子说："我的家乡有一个直率坦白的人，他父亲偷了羊，他便告发父亲。"孔子说："我的家乡坦诚的人与你所说的不同：父亲为儿子隐瞒，儿子为父亲隐瞒。——坦诚就在这里面了。"

按照孔子的看法，一个人不能一味地讲究坦诚。换句话说，坦诚也有一定的讲究。

说话坦诚固然很好，但也需要视情况而定，很多时候，说话要会绕，正所谓"曲径通幽"，轮船会"绕"才能避开险滩暗礁。做事时语言的把握也应如此，能走"曲径"，会让你在人际关系中如鱼得水，左右逢源，而做事成功的几率也会大大增加。

陈毅同志当外长时曾主持过一次谈国际形势的记者招待会。会上陈毅谈到了美制 U-2 型高空侦察机骚扰我领空的事情，并对此表示了极大的愤慨。有个外国记者趁机问道："外长先生，听说中国打下了这架侦察机，请问是用什么武器打下的？是导弹吗？"只见陈毅用手作了一个用力往上捅的动作，说："我们是用竹竿子捅下来了。"与会者无不捧腹大笑，那个记者也知趣地不再追问了。

竹竿子能捅下高空侦察机吗？陈毅同志回答得显然有弦外之音，但却妙不可言！试想，除此之外，还有什么更好的回答方式呢？如实相告，就会泄露我国的核心机密，当然不行；但按一般方法说"无可奉告"，会使会议气氛过于板滞、凝重，而"是用竹竿子捅的"这句错话，却听起来煞有介事，既维护了国家机密，又造成了幽默轻松的谈话气氛，真是一举两得、一箭双雕，怎能不叫人拍手叫绝！

由此可见，在特定环境与形势下，正话反说，绕个弯子表达自己的意思，反而往往会收到意想不到的好效果。

　　生活中，当有人求你帮忙时，如果实在做不到时，能直接拒绝最好，若碍于情面不好直言相拒，那就不妨婉言推掉，这样既可以不破坏双方的关系，还能让你免受无谓的烦恼。

　　有一次，林肯在某个报纸编辑大会上发言，指出自己不是一个编辑，所以他出席这次会议，是很不相称的。为了说明他最好不出席这次会议的理由，他给大家讲了一个小故事：

　　"有一次，我在森林中遇到了一个骑马的妇女，我停下来让路，可是她也停了下来，目不转睛地盯着我的面孔看。"

　　"她说：'我现在才相信你是我见到过的最丑的人！'"

　　"我说：'你大概讲对了，但是我又有什么办法呢？'"

　　"她说：'当然你已生就这副丑相是没有办法改变的，但你还是可以待在家里不要出来嘛！'"

　　大家为林肯幽默的自嘲而哑然失笑。林肯在这里巧妙地运用了自嘲来表达自己的拒绝意图。既没让人难堪，还令人在愉快的氛围中领悟到林肯的意图。

　　此外，有时一些话如果不好直接说出来。还可巧妙地寻找借口来为自己解围或是保全他人的面子。

　　舞会上别人邀你，你内心实在不想跟他跳，可以说："我累了，想休息一下。"这样既达到谢绝目的，又不伤别人的自尊心。

　　与人约定参加活动，但你却忘了去参加，想起来时不免有些忐忑。这时，你如果直接说忘了，将会影响别人对你的信任，也是对他人的不尊重。一般情况下，失约的可能原因有身体不适、家中有事、客人来访等，你可挑选较合情理的一种，作为事后的解释。

　　为了避免直言，运用各种暗示，以含蓄的方法向对方发出某种含有自己真实想法、态度的信息，以此来影响对方的心理，使对方明白自己的心意，这也不失为一个妙招。

　　一次，某乡党委为了加强机关干部管理，在工作考勤等方面作了一系列规定。决定由曾在乡属企业担任过多年负责人，不久前刚调到机关任传达工作的一位老同志负责考勤登记。这位老同志认为这项工作易得罪人，不愿意干，说自己过去就是因为做事太认真，得罪了不少人，正在吸取

"教训"。

听了他的话,乡党委书记委婉地讲了一个故事:某电影导演,为拍部片子四处寻找合适的演员。一天,这位导演发现了一个合适的人选,便通知他准备试镜头。这个人十分高兴,理了发换上新衣,对着镜子左照右看,总感到自己的两颗"犬牙"式的牙齿不好看,于是到医院把牙齿拔掉了。后来,当他兴致勃勃地去报到时,导演一见到他就很失望地说:"对不起,你身上最珍贵的东西,被你自己当缺陷给毁掉了,我们的影片已不再需要你了。"

故事讲完后,这位老同志懂得了"坚持原则,做事认真"正是自己最好的品质,于是他愉快地接受了任务。

第八章 开开心心地生活
——孔子的思想与现代人生活的态度

现代人的生活，整日忙忙碌碌，很多人都是在为别人而忙，很多人都没有自己的快乐，原因何在？就在于过的不是自己想要的生活，说到这一点有的人或许会问："说得倒容易，谁不想过自己想要的生活，但办得到吗？"办不到吗？看看人家孔夫子："『子之燕居，申申如也，夭夭如也。』"活得多么自在，人家不也照样很忙碌吗？所以说，忙不是问题，关键是不能瞎忙，不能因为忙而忘了开心地生活。

开心常伴,自在生活

【原文】子曰:"子之燕居,申申如也,夭夭如也。"

【大意】孔子说:"在家闲居的时候,仪态要舒展自如,神色要和乐喜悦。"

一肩挑尽古今愁,忧国忧民忧天下的孔子在家闲居时却仪态舒展自如,神色和乐喜悦,过着无忧无虑的个人生活,完全不是我们所想象的那样一副愁眉苦脸、严肃庄重的样子。这是因为他虽然忧国忧民忧天下,但却不忧个人生活,在个人生活上抱着以平淡为乐的旷达态度,所以始终能保持爽朗的胸襟、舒展自如的心情。说到底,就是他很会调整自己的心态和精神。而不像我们今天的人,急急如律令,东奔西窜,疲于奔命。电话有了要传呼,传呼有了要手机,生怕失去了任何一个可以利用的机会,却又逢人便感叹:"唉,活得真累。"难道这累不是你自找的吗?更何况,你累什么呢?不外乎是累财累名累地位,累一己之得失、个人的利益,其结果是连"燕居"的时间都没有了,更不用说什么"申申如也,夭夭如也"。与其如此,倒不如向圣人学习,看开个人名利之累,退而闲居,保持舒展和乐的心态,平平淡淡、轻轻松松过一生。

美国人曾经做过一个调查,得到的结果颇令人泄气,竟然有高达98%的人工作不快乐,而他们之所以继续待在原来的位置,并非完全是受制于经济因素,而是不知道自己还"想"做些什么?即使他们"想"为自己活,却找不到"着力点"。

美国心理专家歇尔女士经过观察后认为,尽管很多人生活的步调快速,但却愈来愈失落,因为这些人未找到正确的生活轨道,所以常常会感到焦躁不安。歇尔比喻:"这就好像是在高速公路上往错误的方向加速前进,但又不见回转道。"

歇尔同时发现,很多人都犯了相同错误:误以为"能力"等于"快乐"。但是，一人"能"做的事，并不一定就是他"想"做的事。譬如说：一个"能"赚两百万年薪的人，他"想"做的也许只是陪心爱的小女儿游戏。

为了别人而活，使得多数人陷入进退维谷的境地，他们过着不快乐的生活，做着不合志趣的事，心中隐隐然老是有一种想"冲破现状"的欲望，即使是他们当中不乏外表看起来功成名就的人。

你是不是也有相同的感受？纵使职位愈爬愈高，薪水节节上涨，你也不快乐。因为，这并不是你真正想过的日子，尽管人人羡慕你，但其实这些表象只不过是生活无趣的"安慰品"罢了，你心里想的很可能只是散散步、种种花、饲养动物、看几本好书、和好友把酒言欢这些再简单不过的事情而已。

朋友们都说："黄小姐是一个活得很精彩的人。"

目前，黄小姐自己经营一家小型的行销顾问公司，同时也担任业余的舞蹈教练。此外，她热爱骑马、登山、游泳等运动，即使工作再忙，每年她总会抽出八到十天的空当专程飞到纽约，想办法用最廉价的方式去观看歌剧，或者上几堂舞蹈课。

对于自己的生活方式，黄小姐乐在其中。几年前，当她还在一家外商电脑公司工作的时候，看到很多的工作伙伴依循着一种传统固定的模式——对于生活没有太多的想法，仿佛很认命地只想到继续往上爬。当时她就意识到：不希望自己变成一个只知道工作，硬邦邦的电脑人。

后来，她离开了那家公司，自行创业，却听到周围很多反对的声音："女孩子创什么业？你为什么不干脆去找一个男人嫁掉算了！"结果，黄小姐并没有去嫁人，她告诉那些人："我很想试试看！"因为，她想走自己的路。

其实，刚开始她连创业的资金都没有，仅有的财产是一张办公桌以及一台向朋友借钱分期付款买来的电脑，但是，她从来不担心会饿肚子，心里只有一个简单的念头："去做就对了！"

有一天，临时需要一笔钱周转，她把身上最后的八千元都垫上去了。结果，就在当天下午，她接到生平第一张客户寄给她的支票。她说："接到那笔酬劳时，我真的很兴奋，那种感觉跟以前拿到公司付给你的薪水很不一样！"

黄小姐说,她一直追求"既单纯又丰富"的生活,从没想过要把事业做到多成功,规模要发展到多大,她只是忠于自己的感觉,很专注地做自己想做的事。

有一阵子,她发现自己不太开心,于是就回头去想,小时候做过什么让自己快乐的事?她猛然想起了念中学的时候曾经熬夜完成的一幅图画,让她产生了莫大的喜悦。她做了一个结论:"我想,这就是专注,唯有发自内心做事的时候,才能持续激发对人生的热情。"

要找到自己真正想过的生活,其实不难,最直接的方法就是从你的心中寻找线索。你可以问自己几个问题:在过去的经验里,有哪些嗜好曾经令你振奋?如果说,维持基本的物质需求无虞,你会把剩余的时间、精力用在哪里?你是不是花了太多的力气去追逐身外之物,或者为了满足别人,而把自己内心的真爱丢弃不顾?

想为自己活,就要去做自己喜欢的事。穷毕生之力做自己不喜欢的事,谈何"为自己活"?

管好自己的生命时间

【原文】子在川上曰:"逝者如斯夫!不舍昼夜。"

【大意】孔子在河边感叹说:"一去不复返的时光就像这河水一样啊!日夜不停。"

时光如流水,一去不复返;往者不可追,来者犹可谏。

孔子一方面感叹时光易逝,往事难再,另一方面以水为喻,勉励我们进德修业,都应该像流不止息的河水一样,孜孜不已,不舍昼夜。

无独有偶的是,与孔子同时代的古希腊哲学家赫拉克利特也曾感叹道:"人的脚甚至不能两次踏进同一条河流!"

他的体会与孔子是相通的。

他们所发出的感叹,在历史的轨道中产生了共鸣回响,至今仍不绝于耳。而这种感叹所包含的意义,还可以从各个方面延伸,引发我们思考宇宙的奥秘、生命的价值、人生的意义,如此等等。那可真是纵贯古今的一大感叹啊!

法国思想家伏尔泰,曾经出了一个有趣的谜语:

"世界上哪样东西是最长的又是最短的,最快的又是最慢的,最能分割的又是最广大的,最不受重视的又是最受惋惜的;没有它,什么事情都做不成;它使一切渺小的东西归于消灭,使一切伟大的东西生命不绝。"

这是什么呢?这就是时间。高尔基的回答同样充满辩证法:

"世界上最快而又最慢,最长而又最短,最平凡而又最珍贵,最容易被忽视而又最令人后悔的就是时间。"

时间有长短、快慢、平凡与珍贵的区分吗?

有,也没有。

说有,是因为,对个人生命来说,时间是有区别的。

说没有,是因为,时间是不变的,无始无终,是没有区别的。

我们每个人都生活在自己的时间里,区别就在于使用时间的方法不

同。因而,价值和意义就不同。所以,每个人都想在自己有限的时间里,实现人生无限的梦想。

怎样才能使自己的时间不白白度过?

这就需要对自己的生命时间做出合理的安排。

青少年要安排好自己的学习时间。

中年人要安排好自己的工作时间。

老年人要安排好自己的休闲时间。

人的时间是有限度的,要创造成功的人生,就要对自己的生命时间,从青少年到老年有一个整体的安排和规划,有步骤地实现人生的构想。

一般来讲,人都是青少年时期学本领,中年创业,到老年才能坐享其成。

汉代有一首题目为《长歌行》的乐府诗,这样写道:

百川东到海,

何时复西归?

少壮不努力,

老大徒伤悲。

可见古代人对生命时间就有清醒的认识。其实,人一生下来,就应该对自己的生命时间做出安排。在他少不更事的时候,这种安排要由父母来进行,一旦他长大成人,就要对自己负责,就要安排自己的生命时间,以保证实现自己的人生目的。

安排好自己的时间,就要按照时间的安排去实践,去实现人生的价值。

时间就是在实践过程中一点一点失去的,在你的生活中,时间就像布袋子里的水,是存不住的,不知不觉就漏光了。

管好自己的时间,就是不要让时间漏掉。

不管是你的学习时间,还是创业时间、休闲时间,每一天都要有一个合理的安排。如:

(1)制订一个24小时作息时间表。

(2)按作息表生活。

(3)每天晚上,对照检查。

(4)当天没有完成的事情,及时制定补救措施。

(5)逐渐养成习惯。

富贵如浮云，美名传千世

【原文】 子曰："齐景公有马千驷，死之日，民无德而称焉。伯夷、叔齐饿于首阳之下，民到于今称之。"

【大意】 孔子说："齐景公拥有4000匹马，但他死的时候，老百姓并不认为他有什么德行可以称赞，伯夷、叔齐饿死在首阳山下，老百姓却直到现在还对他们称赞不已。"

孔子所说的意思是：富贵如浮云，美名传千世。

一个人，无论他多富有，在他生命走到尽头时，这些财产都会像浮云一样飘走，被人们忘记，只有美好的名声是会流芳百世的。

到了生命的尽头，一切的争斗，一切的算计，一切的荣耀，一切的耻辱都已成为过去，现世渐渐退隐而恍若彼岸，与自己渺然无缘。一种痛惜，一种对于生命的亲切留恋油然而生，这是否是人们常说的"良心发现"呢？如果是，那可真是发现得太晚了一点儿啊！

基督教不嫌晚，而是不失时机地抓住了这"良心发现"的一瞬，于是有临终忏悔的仪式。这种仪式，从古代一直延续到科技文明昌盛的今天，其基点是否正是建立在"人之将死，其言也善"的认识上呢？

后世常以"人之将死，其言也善"来指一个人临死时说的话往往是善良的。

历史名人和当代伟人，在他们生命最后一息留下的片言只语中，无不体现了这一"善"字：末代皇帝溥仪在临终前的"回光返照"中急切地说道："救救我！我还要给国家做事呀！"表明了这位获得新生的最后一位封建帝王对新社会的强烈责任感；周恩来临终对身边的医护人员说："我这里已经没事了，你们去忙别的吧。"体现了无产阶级革命家的伟大人格；希腊物理学家阿基米得正执著于他的研究工作时，一群罗马士兵突然闯进门来要杀死他，当此危急时刻，他大声疾呼："不要动我的圆！"法国作

家、1947年诺贝尔文学奖获得者纪德临终时说:"恐怕我的句子在语法上有毛病。"当代科学泰斗爱因斯坦临终前还在改写统一场论的科学论著,对陪伴他的亲人说了句"我在这里做我的事,你去好好睡吧",便溘然长逝。这些遗言,无不体现了孜孜以求造福于人类那样一种"春蚕到死丝方断,留赠他人御风寒"的崇高精神!

另一些临终人语则隽永含蓄,体现了人生态度:古希腊哲学家苏格拉底在被宣告死刑喝下致命的毒药之前,向好友克利顿说:"我还欠阿克勒比奥斯一只鸡,请别忘了还他。"德国作家席勒临终告诉病床边的人说:"许多事情都变得平淡而明白了,在我理解之中。"英国政治家丘吉尔临终顿悟人生烦恼,他对随侍身旁的妹夫说:"唉,烦死了!"

有些名人面对死神的降临,依旧是那么幽默和风趣:德国诗人海涅临终前,有探视者问他:"要不要请牧师祈祷?"他说:"不必了,上帝会宽恕我的。"美国喜剧作家马克·吐温临终时,向聚集在他病房的人们诀别道:"再见,我们还会相逢的!"法国讽刺作家拉伯雷临终时风趣而平静地说:"把幕放下来吧,喜剧已经结束了。"英国诗人拜伦临终前显得平静和清醒,他说:"现在我要睡了。"另一位英国诗人济慈临终前要人们把他抬起来一些,他说:"我要死得安逸一点儿。"美国幽默小说家欧·亨利临终前对在场的人提出要求:"把灯全点上吧,我不想在黑暗中回老家去……"

君子爱财，取之有道

【原文】 子曰："富与贵，是人之所欲也，不以其道得之，不处也；贫与贱，是人之所恶也，不以其道得之，不去也。君子去仁，恶乎成名？君子无终食之间违仁，造次必于是，颠沛必于是。"

【大意】 孔子说："有钱有地位，这是人人都想望的，但如果不是用仁道的方式得来，君子是不接受的；贫穷低贱，这是人人都厌恶的，但如果不是用仁道的方式摆脱，君子是不摆脱的。君子一旦离开了仁道，还怎么成就好名声呢？所以，君子任何时候——哪怕是在吃完一顿饭的短暂时间里也不离开仁道，仓促匆忙的时候是这样，颠沛流离的时候也是这样。"

我们今天说："君子爱财，取之有道。"什么"道"，合法之道。说到底，也就是仁义之道——仁道。

仁道是安身立命的基础，生活的原则。

所以，无论是富贵还是贫贱，无论是仓促之间还是颠沛流离之时，都绝不能违背这个基础和原则，用孟子的话来说，还是那句名言："富贵不能淫，贫贱不能移。"

当然，这里的前提是要有生活的原则。对于那些"跟着感觉走"，甚至"过把瘾就死"的人来说，这一切都是没有意义的。面对激烈的竞争，弱肉强食，尔虞我诈，只要能达到目的，不择手段，还有什么仁道的原则可遵循呢？如果说有，那也是"盗亦有道"的原则——目的就是一切。

这已是世界观和人生观的选择问题了。

商品竞争的激烈，使每一个做着发财梦的商人不得不绞尽脑汁，才不至于沦落到破产的境地。于是，一些心术不正的人便不惜瞒天过海，坑蒙顾客。在美国费城西区有两个挨得很近的廉价品商店，两个店的老板是死敌，一直进行着无休无止的价格战。"出售爱尔兰亚麻床单，甚至连有鹰一样眼睛的瑞伯女士都不能找出任何疵点，不信请问她；而价格却低得可

笑,只需6美元50美分。"当一个橱窗出现了这样的手写告示时,两小时后,另一家橱窗就会出现这样的告示:"瑞伯女士该配一副近视眼镜了,我的床单质量一流,只需5美元95美分。"而且,两店的老板常站在店外,尖声对骂,几乎每次都发展到拳脚相加。最后,总有一方的老板败下阵来,咒骂另一个是疯子,买他东西的顾客也是疯子。这时附近的每一个人都会拥入获胜的廉价品商店,将床单和枕套抢购一空。直到后来,两个廉价品商店各换了一位新老板,他们各自对两店前任老板的财产进行了详细的检查。有一天,他们发现两店之间有条秘密通道。并且在两店的楼上两个老板住过的套房中发现了一扇连接两套房子的门。后来才知道:这两个死对头原来是兄弟俩。所有的诅咒、谩骂、威胁以及一切相互间的人身攻击全是在演戏。一个微妙的邻里关系制造了所有的骗局,他们所卖的商品全是二流货。

兄弟俩为了赚钱,不惜天天施展苦肉计,手足相残,其手段确实"高明",但终究只是小本经营的雕虫小技。只有经营者设身处地站在消费者的立场上,以诚待客,以心换心,在人们心目中树立诚实的企业形象,以此换来顾客对产品的信任和青睐,才是企业生财的长远之计。

在我国市场经济逐步建立且又尚未成熟时期,一些人利用经济生活尚未完全有序的空隙,合法或非法地获得了与其劳动付出不成比例的财富。这种经济发展中不能反映本质的"泡沫经济"现象,再加上国有企业至今尚未完全理顺分配机制等因素,就容易出现这样的误导;劳动未必是致富的可靠手段,才能未必是获取社会报酬的必要条件。于是社会上掀起新的读书无用论。但是,我们必须看到,我国的市场经济正在不断地发育、成熟和有序,社会的劳动报酬也将不断地趋于公正和合理,"一夜暴富"的梦想将越来越难以成为现实,这必能使真正的能人能够通过合法手段富裕起来,实现"君子爱财,取之有道"。

生活优越时更须宁俭勿奢

【原文】林放问礼之本。子曰:"大哉!问礼,与其奢也,宁俭;丧,与其易也,宁戚。"

【大意】林放问礼的本质。孔子说:"这个问题很重要啊!就一般礼仪而言,与其奢侈,宁可节俭;就丧礼而言,与其铺张浪费,宁可悲哀过度。"

孔子虽然十分重视礼仪,但却反对形式主义的排场,而强调内心和感情上符合礼仪要求。

以我们今天的社会风气对照圣人的要求,恰恰是反其道而行之。一般礼仪不从简而尚奢,越奢侈越有排场就越体面越风光。丧礼更是铺张而无真正的悲哀。所谓"红白喜事",那"白喜事"本是为避讳而言,现在对很多人来说倒成了名实相符的喜事了,比如说家里老人寿终正寝,一喜少了一个负担,一个拖累;二喜可以收礼钱,借此发一笔不大不小的财;三喜有遗产;四喜可以借机聚赌,麻将直打到丧事办完。这样的丧礼,有几个人内心里是真正的悲哀呢?

假若圣人活到今天,眼见我们今天的排场,真不知道要感慨到什么程度哩。

子曰:"奢则不孙,俭则固,与其不孙也,宁固。"讲奢侈排场的人常希望胜过别人,因而常有大款斗富的故事。而过分节俭,便事事不愿与人互通有无,容易陷入固陋。两者均不可取,但比较起来,宁可简陋。

瑞士是世界首富之国,但瑞士人的节俭却是出了名的,有时显得近乎"抠门"。欧洲有一句谚语,大意是说瑞士人有两个钱袋,装钱少的钱袋是准备请客的。即使是为自己购物,他们那种认真、耐心、掏钱时的谨慎,也使人叹为观止。比如选购一张价格低廉的普通中国画,常常是戴上眼镜看,又摘了眼镜看,放远了看,又拿近了看,仔细端详,反复比较,就是

这样的工夫花过，有时也还是终于搁下不买了，这似乎也为瑞士民族平和、闲雅的气度作了一个注释。

真正靠劳动致富的人是很少挥金如土，奢侈淫逸的。李嘉诚是世人皆知的华人首富，而他至今仍住在30年前的老房子里；他担任公司总裁，可对自己的年薪的发放有严格限制。我国台湾塑胶大王王永庆，不仅自己克勤克俭，而且严格限制子女的零花钱，每项花费都要有详细的记录，花一块钱也得有所交代。因为他们"一粥一饭，常思来之不易；半丝半缕，恒念创业维艰"。1994年7月，亚历山大·卢卡申科出任白俄罗斯首届总统，直到就职前一天，他还住在农村，他的夫人还一直生活在那个偏远的村子里，他们的家是一座极普通的两层砖楼，还是集体农庄分给的。勤劳的总统夫人说："我从不追求什么荣华富贵和显赫地位。"

"奢则不孙"，一旦陷入奢侈糜烂的泥坑，就会互相攀比，就像穿上有魔力的红舞鞋，身不由己，欲罢不能。不如节俭一点儿，好比吃精美点心，每次津津有味地吃一点儿，你对点心便总怀有美好印象。如若吃得太饱，甚至吃伤了，点心的魅力便会在很长一段时间甚至是永远消失了。

好色不见得就是错

【原文】子曰:"吾未见好德如好色者也!"

【大意】孔子说:"我没见过喜爱道德像喜爱女色一样的人!"

"食色性也。"这句话流传千古,它表明:每个人活着都有自然本性,别人应当尊重这种本性;但是,人之所以为人,还应当克制这种本性,故必须爱好做人的美德。

"吾未见好德如好色者也。"意思是叹息没有看见过一个真正好德的人,言下之意就是人应该好德如好色。

孔子这话可谓石破天惊,用"好色"来比喻"好德",将历来信奉禁欲主义的理学家们一棒子打晕。

真实的孔子是个真实的人;所谓圣人就是说真话的人。前面我们已经讲了,孔子既不主张禁欲,更不主张纵欲,而是主张人应该在顺其自然的大前提下努力自寻所爱。

我们知道,先天本能,谓之元气。人的元气是直接决定生命的巨大因素,元气一散人就死,元气一少人就衰。因此,巩固先天元气乃是人长寿长乐的一大法宝,更是洞察宇宙玄机的智慧所在。

色就是性欲。孔子说"食色,性也",将之直接归于人类本性。既然是本性,就应该固守。性欲产生性冲动,性冲动产生性结合,性结合产生性快感与性高潮,作为实相实有的万色之色的人便因此得以实现生命的真与美,实现人性的爽与乐。

说白了,世界上真正让人高兴的事并不多,而两情相悦与和谐亢的性生活就是人生最美的乐章。圣人贵生,因此不可能不好色。

美女是天地的精华,是山川自然的精灵。歌德赞颂:"伟大的女性引领我们飞升。"

鲁迅说:"我可以爱。"

于是，我们看到本来灰暗一片的街头向我们迎面走来一位又一位绝代佳人，让人真正地感受到生在盛世。

美女之美，全在天然。

李白写道："清水出芙蓉，天然去雕饰。"

杨贵妃太胖，出浴之时不像荷花，倒像一节藕。

西施浣纱于香溪，玉臂轻扬，雪肤掼露，这才是清水出芙蓉。

杨贵妃虽美，不过是贵妇人。

西施之美，却是天真无邪的村姑。

世界上最美的美女是村姑，绝不是贵妇人。将村姑夺去当贵妇人是最大的亵渎。但不想当贵妇人的村姑少之又少。

美女时刻面临变质，少女时刻面临失贞，美是脆弱的。

所幸的是，人世间的女孩子一批又一批成长了起来，永远有超凡脱俗的西施出现，安慰世间所有热爱美女的人。

也许，对有些人来说，只有多一份性情，人生才有快乐。

深情美好的爱情让人感叹。古今情圣都是先知先觉者，其不朽的传奇将继续鼓舞人们为追求至臻至美的圣洁爱情去奋斗。而孔子的性情主张与快乐主义将沐浴更多的人，使我们的人性全面复苏。

李白那两句著名的诗旨在揭示最美是天然。孔子当然也深知此理，他在与弟子子夏论诗礼时说"绘事后素"，用绘画（即"绘事"）打比方，说白描（"素"）最美，由此揭示最美是天然、没有天然不可能美的真谛。

孔子说："食色性也。"这句话是说好色是人的本性，应该固持。人不近色，则人性无有；人性无有，则不能为人。孔子说过人要"戒色"，但并没有说禁色。"戒色"是无为，不是不为；同时，孔子更提倡与"色"相关的一个字"德"，即提醒做人的道德。

孔子说"好德如好色"，肯定了好色是为善。同时，好色也是好美，"美"引领世人向善。俞心焦的诗作《她的美惊醒了死者》，意思就是说美能使死者"复活"，美是一种大善。

珍惜生命，热爱生活

【原文】子曰："吾十有五而志于学，三十而立，四十而不惑，五十而知天命，六十而耳顺，七十而从心所欲不逾矩。"

【大意】孔子说："我15岁立志学习；30岁学成自立；但很多事情是至40岁时才明白；50岁时，我知道万事都有天命；60岁时，什么话都能够听得进去；到了70岁，就是随心所欲也不会超越法度和规矩了。"

孔子用简单的几句话勾勒了自己的一生。从中也大体显示了一个成功的人在人生的各个阶段所要达到的目标：少年时代发愤学习；30岁左右成家立业；40岁前后应该有坚定的信念；50岁上下就要明白世上的当然之故和必然趋势；60岁时要达到声入心通的境地，对各种意见都能正确地理解和对待；70岁时对社会的法则运用自如，精神进入自由王国。

儒家把实践仁、义、礼、智的价值观念视为顺"天命"，即看成自己必须承担而绝不能推卸的做人的责任。能知天命，就找到了"安身立命"之处，就不会产生失落感、忧愁感，不会因为一时一事的得失成败而烦恼，不会因为社会的动乱、生活的甘苦、个人的荣辱、生命的安危而扰乱自己的人生追求，孔子的一生都在向这个目标奋斗。睿智超常的孔子尚且"五十而知天命"，世间凡夫俗子大概只有徘徊于知与不知之间了。

与其说"人到七十古来稀"，不如说"人到七十万事休"。表面上看，圣人似乎说人到70岁已达到一种自由的境界，但实际上，这种"自由"，这种"从心所欲不逾矩"是以欲望的消退为代价而换来的。也就是说，人到了70岁，还有什么呢？即使随心所欲，无论如何也不会有什么非分之想，更不要说有什么超越法度和越轨的行为了。

当然，夫子自道，也许说的是圣人的境界，或至少是古典君子的境界。对于现代人来说，物欲横流，奢望无穷，到70岁的古稀之年仍穷奢极欲、贪婪不止的仍大有人在。如若不信，只看那些经济犯罪和政治犯罪的

大盗即可一目了然。

回到夫子自道的话题上来——

"昨夜西风凋碧树,

独上高楼,

望尽天涯路。"(晏殊《鹊踏枝》)

圣人回顾生命历程,饱含人生的品味和慨叹,言有尽而意无穷,令千古读者读之,莫不感慨万千。

当然,"少年读书如隙中窥月,中年读书如庭中望月,老年读书如台上玩月,皆以阅历之浅深为所得之浅深也。"(张潮《幽梦影》)

不同读者根据自身的人生历程和体验来品味圣人的微言大义,必然是酸甜苦辣皆不同,各有一番滋味在心头。

你是什么滋味呢?

生活的艺术就在于知道何时应该紧紧抓住生活,何时却又该放弃,因为生活是复杂的。生活既让我们依赖它的许多赐予,又限定了我们依赖的程度。犹太先知说过:"人紧握着拳头来到世上,却松开手离去。"

的确,我们应该抓住生活,因为生活是奇妙的,到处都充满了美好的事物。而在很多情况下,只有在回顾过去并突然意识到它再也不会出现时,我们才认识到这一真理。

有些人毫不珍惜这样美好的生活,而是太注重琐事,有时甚至拘泥于小节,以至于对美好的生活没有反应。的确,生活的赐予是珍贵的,但我们太不注意它们了。我们应该不为创造生活的奇迹或慑于生活的威胁而奔忙,应虔诚地对待即将到来的每一天,拥抱每一个小时,抓住珍贵的每一分钟。但又不能抓得太紧。所以生活哲学的另一方面是:我们必须承认我们要有所失,并且应该学会怎么放弃。

要掌握这门学问是不容易的,尤其当我们还年轻,并天真地认为这个世界是受制于我们的,但只要我们有充满活力的热情和期望,就一定能够实现。

在生命的各个阶段,我们都有过挫折,并从中得到了锻炼。只是在我们离开家并失去了它的保护时,我们才开始了独立生活。我们被关进学校接受教育,而后我们离开爸爸、妈妈和童年时代的家。我们结婚,生育子女,最后也得让他们去开创自己的事业。我们要面临着父母和配偶的死亡。我们也面临着我们自身力量缓慢地或较快地衰弱。最后，我们必须面对自然死亡，失去我们自己就像我们没有出现过一样，同时也失去我们过去得到的和梦想的一切。

但是，为什么我们要听从于生活矛盾的安排？为什么美好的风行一时的事物不能长久持续？为什么当我们所珍爱的一切最终将离我们而去时，却让我们付出了爱的代价？

为了解开这些疑团，必须通过通向未来的窗口观察我们的生活。一旦这样做了，我们将认识到，虽然生命是有限的，但我们所创造的一切都是永恒的。

生命绝不仅仅是一种存在。它是一个不断变化、发展的进程。我们的父母通过我们延续其生命，我们将通过我们的孩子延续生命。由我们所形成的制度也将通过他们来延续。我们塑造的美好形象不会因为死亡而黯然失色。虽然我们的肉体会腐烂，我们的双手也将干枯，但它们创造的真、善、美将永远流传。

不要把你的生命浪费在积累那些终究要化为灰烬的东西上面。不要像追求物质那样追求思想，因为是思想赋予了生活以意义，它具有永恒的价值，它同物质是完全不同的。

放弃那些不适合自己去充当的社会角色，放弃束缚你的世故人情，放弃伪装你的功名利禄，放弃徒有虚荣的奉承夸奖，放弃各种蒙住你的眼睛的遮羞布，你才能够腾出手来。用足够的精力和智慧来赢取你真正应该有的东西，充分地努力做好自己应该做的事，自由自在地发掘自己的潜力，主体明确地直奔自己应该追求的目标，坚定不移地走自己的路，充分实现自己的人生价值。

如果我们不及时地将损害我们的杂草和肿瘤放弃，不及时地将它们从我们的生活中扫除，从心灵里清理出去，它们就会妨碍我们本应快乐拥有的一切，绊住我们努力前进的脚，蒙住我们判断是非的眼睛。会腐蚀我们的生存，占据我们宝贵的人生空间，榨干我们生命土地里的水分和营养，打破我们的发展次序，给人生添乱添烦。

生命对我们每一个人来说只有一次，我们不能让太多的无关的人事功名，来消耗我们的光阴和智能；也不可能去成就许多种事业，做到名利双收、事事如意；更不能和那些消耗我们的人事，打持久战，让它们给我们不断地带来麻烦和损失。我们要用取舍与选择来保护自己，来成就自己，来磨炼自己。

弃权力如弃敝屣

【原文】 子曰:"泰伯,其可谓至德也已矣。三以天下让,民无得而称焉。"

【大意】 孔子说:"泰伯,那可以说是具备至高无上的品德了,三次让出天下,老百姓简直找不出恰当的语言来赞美他。"

弃权力如敝屣,能够做到这一点的,在历史上并没有几个。相反,比比皆是的倒是争权夺位,为天下大权而杀人放火、争城掠地、钩心斗角、骨肉相残。直到现代社会,莫说让出整个天下,就是让出一个单位的领导权来,也会要了很多人的老命,宁死也不情愿的。

有什么办法呢?古今中外都是如此,权力就是有这么大的吸引力。"一朝权在手,便把令来行。"在很多人眼里,有了权就有了一切,没有了权就没有了一切。所以有"权、权、权,命相连"的说法。

这些看法,这些说法,大概在孔子的时代就已经不新鲜了吧,不然的话,他怎么会把三让天下作为至高无上的品德来歌颂呢?

谁不知道,王位至高无上。古代帝王自命"天子",举国独尊。所谓"普天之下,莫非王土,率土之滨,莫非王臣。"黎民百姓山呼"万岁"!身居华屋瓯宇,后宫佳丽如云;食有珍馐美味,享不尽的人间富贵。且玉玺在握,生杀予夺,令行禁止,全凭"王者"旨意。

如今的人说:"有权就有一切。"有的人更是"一朝权在手,便把令来行"。有权的人便可"五子登科"。只要你有印把子在手,什么妻子、儿子、房子、车子、票子等等问题,就全不在话下。谁不有求于你?即便是盖个印章,也可"正大光明"地索取"手续费"什么的。

时下有"权钱交易"之说,其内涵尤深。其核心就是个"权"字!

一旦让位于人,不就等于将银子拱手送人,那就意味着放弃个人的一切权力。没有权,就管不了人;没有物,就吸引不了人;没有钱,就说动不了人呀！对于这一再简单不过的"真理"，难道说三千多年前的泰伯竟不知晓，他却硬要将一个众人求之不得的王位让给三弟季历。他宁肯牺牲个人利益，三番两次地让位，足见其心之诚，其德之高，确与杀弟弑兄、争权于朝、争利于市之辈大相径庭！

  对于泰伯的德行，别说古代的"民无得而称焉"，就是今天我们也难以找到恰当的言词来予以评说。

第八章 开开心心地生活——孔子的思想与现代人生活的态度

能知足，方能常乐

【原文】 子谓卫公子荆："善居室。始有，曰：'苟合矣。'少有，曰：'苟完矣。'富有，曰：'苟美矣。'"

【大意】 孔子评论卫国的公子荆说："他善于居家过日子。刚刚有一点儿财产，便说：'差不多够了。'稍稍增加一点儿，便说：'差不多完备了。'富有以后，便说：'差不多美满了。'"

公子荆显然是一个很容易满足的人，用我们今天一般的看法，会认为他很平庸，没有什么高标准的追求。岂不闻："万元户，贫困户，十万元户才起步，一百万元不算富。"而公子荆刚有一点儿财产，充其量算个"万元户"吧，就在那里说什么"差不多够了"。稍稍增加一点儿，肯定是不到"十万元"嘛，就声称"差不多完备了"，这不是很没追求吗？

其实，话倒不能这么说。

老子就说过："祸莫大于不知足，咎莫大于欲得。故知足之足常足矣。"

知足常足，也就是我们通常说的知足常乐。一个人知道满足，心里面就时常是快乐的、达观的，有利于身心健康。相反，贪得无厌，不知满足，就会时时感到焦虑不安。用叔本华的观点来说，就会使人生在欲望与失望之间痛苦不堪。面对现实，我们看到不少铤而走险而落得身败名裂的人正是因为欲壑难填、贪得无厌而走上犯罪道路的。看到这些人的犯罪事实，很多人都会由衷感叹说："要是他早一点收手，大概也不会走到这一步罢！"不知大家注意到没有，这些感叹所流露的，正是"知足"的思想啊！问题是，一旦受贪欲支配，又哪里会知足，哪里会收得住手呢？

所以，"知足"不是没有追求；"知足常乐"更不是平庸的表现。相反，倒是很难得修炼成的德行，尤其是在我们这个物欲诱惑滚滚而来，挡也挡不住的时代。

人是应该有更高的追求，但这与知足并不矛盾，做人要想有好的心态，就是要能将这二者有效地结合起来。实现了一个目标后，可以准备下一个目标，但不能在这个还没实现时就想得更多，那就沦为了贪婪。事实上，知足才是最好的追求动力。

生活中，曾有过这种人：在大庭广众之间双目昂视，面色凛然傲气冲天，旁若无人。也有一种人，就怕人不知道他才高八斗，无论走到哪儿，说不上三句话，便开始为自己宣传，即使做谦虚之态，亦是以退为进，并无诚意。

不可否认，这样的人或许有其过人之处，有着一定的智慧与成就。但他一定不会是最成功的人，因为他不懂得"人外有人，天外有天""三人行必有我师"的道理，这种人很难与别人相处。

此外，还有一种人，眉眼之间洋溢着和平的神气，动不动笑容满面，说起话来风趣横生，不忧不怨，是属于知足常乐的一型。

知足不同于自满，虽然从表面上看来，它们都是对自身情况感到满意的反应，但事实上，由于出发点和外在表现的不同，它们往往给人以不同的感受。而从根本上说，知足也罢，自满也罢，与外在客观条件并不一定有相互的关联，一个人自觉得生活到这个程度，于愿已足，并不代表他的生活真的一定就无懈可击，样样可打满分，主要是他能衡量自身的能力，正视客观的条件，不妄想不贪求，也不去与他人比高下，能够以宽容坦荡的心去对待生活，使自己的人生不受外界的影响和干扰，顺命随缘地和平渡过。

那些骄傲的人，真的都是那么自信，对自身的一切都心满意足，自认高人一等吗？如果你肯仔细分析，也许会吃惊地发现，事情恰恰相反。

依据心理学上的说法，那种处处要表现自己的不凡，就怕谁人不知他的出类拔萃和光荣历史，无法克制地要以骄傲的面孔示人的人，常常是心理上欠缺安全感、满足感，或自怜狂在作祟的人。因为缺少安全感、满足感，便相对地失去了自信，因此便急于要在别人的赞美或惊叹声中找回信心，证明确实如自己所希望和所幻想的那样不同凡响。骄傲、自满、目中无人，是由于反常心理在后面推动，不但给人极坏的印象，也是一种十分可悲的病态心理。

知足常乐的人很容易被人们认为是胸无大志。因为这些人往往在竞争

异常激烈的今时今日，却不去争，不去怨，不去嫉妒伤害他人，乐观地生活着，这样就导致别人以为他们没出息、没能力。这显然是一种错误的观点，知足并不代表不进取，无大志或拒绝与人竞争。它只是我们生活的一种态度而异，是一种看透世事无常后的大彻大悟罢了。

不与人比，坚持自己的成功原则，不用处心积虑地算计别人，懂得知足，那么你就会拥有真正而长久的快乐。

该放弃时不要斤斤计较

【原文】哀公问社于宰我。宰我对曰:"夏后氏以松,殷人以柏,周人以栗,曰:使民战栗。"子闻之曰:"成事不说,遂事不谏,既往不咎。"

【大意】鲁哀公问宰我用什么木头做土神的牌位好。宰我回答说:"夏代用松木做,周代用栗木做,用栗木做的意思是使老百姓望而生畏,战战兢兢。"孔子听到后说:"已经做成的事就不必再说它了,已经做了的事就不必再劝阻了,已经过去的事就不必再追究了。"

孔子不满意宰我关于"使民战栗"的解释,因为它不符合德政爱民的思想。但周代又确实用栗木做的土神牌位,所以孔子也不好正面批评宰我,而只是从思想方法上来说,既然已经过去了的事,就不要去追究它了。

不管这件事本身的是非曲直,孔子这里所表现的,倒的确是一种弃而不咎的宽大胸怀。

有些东西,虽然你可能很不愿意放弃,但是为了做事,为了有更大的空间容纳更多的东西,我们必须得丢掉它。

所谓破镜难圆,覆水难收。生米既已煮成了熟饭,说也无益,劝阻徒劳,追究也于事无补,不如当作一次心灵的清扫,该丢弃的就丢弃,不让心灵背负太重的负担。这样才能轻松赶路,快乐做事。

你一定有过年关前大扫除的经验,当你一箱又一箱地打包,你是不是很惊讶自己在过去短短几年内,竟然累积了那么多的东西?你很懊恼,埋怨自己为何没能在事前花些时间整理,淘汰一些不需要的东西?否则,今天就不会光是为了清理这些箱子,压得你连背脊都直不起来!

人生做事又何尝不是如此?在做事的过程中,每个人不都是不断地在积累经验和知识?这其中也包括你的名誉、地位、财富、亲情、人际、健康、知识,等等;另外,当然也包括了烦恼、郁闷、挫折、沮丧、压力,

等等。在这些累积的过程当中，有的早该丢弃而未丢弃，有的则是早该储存而未储存。

问自己一个问题："我是不是每天忙忙碌碌地过日子，把自己弄得疲惫不堪，以至于总是没能好好静下心来，替自己做'清扫'？"心灵扫除的意义，就好像是生意人的"盘点库存"，你总要了解仓库里还有什么。某些货物如果不能在限期内销售出去，最后很可能因为积压过多的资金而拖垮你的生意。

很多人都喜欢房子清扫过后焕然一新的感觉，当你拭掉门窗上的尘埃与地面上的污垢，把一切整理就绪之后，整个人好像突然得到一种释放。

其实，在人生诸多关口上，我们几乎随时随地都得做"清扫"，念书、出国、就业、结婚、离婚、生子、换工作、退休……每一次的转折，都迫使我们不得不丢弃该丢弃的，尽管有些东西我们仍然留恋不已，但不丢掉又会成为负担，会拖拽你向前的脚步。

多年来，朱怡始终坚持一个习惯：每个礼拜六早上，利用别人不上班的时间，把自己的办公室彻底清理干净，连一张纸都不留。平常下班回到家后，她也会在梳妆台前花一点儿时间，反省一天中发生的事，顺便计划明天该做的事。

朱怡很喜欢这种"向过去说拜拜"的清扫方式，把从前的自己做一个了结，然后，迎接一个全新的开始。

朱怡自行创业以来，每年的业绩都是维持高增长。通常，人一旦站在高峰，总是很容易得意忘形。朱怡不是，她总是告诉自己："一定要让自己随时放空，重要的不是回头看，而是往前看，接下来的路该怎么走？"她知道，有一天假使荣誉不再，过去所有的辉煌都会一笔勾销。

几年前，朱怡有过一次深刻的搬家经验。由这次搬家，她真正体验出要随时懂得"舍"。譬如，有些当初爱不释手的摆饰，等换了新房子之后，却和新环境格格不入，甚至变成最碍眼的累赘，连味道、风格通通都走样了！

这个体验让朱怡产生很大的警惕：原来，人是会变的。以前认为不能丢弃的东西，并不保证自己会珍爱一辈子，不论是过去的收藏、衣服、品味、嗜好、成就、地位、财富，最后都可能不再属于你。

朱怡常常被人问及："你事业做得那么好，如果在事业与家庭之间做一个选择，你要选择哪一样？"她总是毫不考虑地回答："除了家庭以外，我什么都可以放弃。"

　　对朱怡而言，"回家"就是最适合进行心灵大扫除的场所。她很反对一些人，下了班之后到处找乐子，找地方狂欢，好像非得把所有的精力耗尽才罢休。她很怀疑，这样的人没有足够的休息，疲累没有得到充分的舒解，将如何面对明天？

　　外人看朱怡，生活井然有序，而且总是神清气爽。她说，这得归功于自己每天勤于做"内在清扫"，所以，已经没有留下什么值得烦恼的事了！

　　不过，有时候某些因素也会阻碍我们进行扫除。譬如，太忙、太累，或者，担心扫完之后，必须面对一个未知的开始，而你又不确定那些是不是你想要的结果，万一现在丢掉的，将来又拣不回来，怎么办？

　　的确，心灵清扫原本就是一种挣扎与奋斗的过程。不过，你可以告诉自己：这一次的清扫，并不表示是最后一次的清扫。而且，没有人规定你必须一次扫干净，你可以每次扫一点儿，但至少在目前，你必须立刻丢弃那些会拖累你的东西。

第八章　开开心心地生活——孔子的思想与现代人生活的态度

什么是真正的爱

【原文】子张问崇德、辨惑。子曰:"主忠信,徙义,崇德也。爱之?欲其生,恶之欲其死。既欲其生,又欲其死,是惑也。'诚不以富,亦祗以异。'"

【大意】子张问怎样才能提高品德,辨别迷惑。孔子说:"坚持忠诚和信用,唯义是从,这就可以提高品德。爱上一个人便想要他活得很好,一旦厌恶起来便又想要他马上死去。既想要他活得很好,又想要他马上死去,这就是迷惑。正如《诗经》所说:'并非她家比我富,是你异心相辜负。'"

"爱之欲其生,恶之欲其死。既欲其生,又欲其死,是惑也。"

不仅是惑,简直就是不可思议,是人性中爱恨生死的一笔糊涂账。

所谓"打是亲骂是爱,不打不骂不自在"。爱上一个人,连他(她)的打他(她)的骂都成了"亲"成了"爱"了,感到非常舒服,缺了还不行。还有人说:"爱一个人就连他(她)的缺点都要爱,这样的爱才完整才投入。"更有"爱屋及乌"的成语,说是"爱人者,兼其屋上之乌"。爱上一个人,连他房顶上停着的乌鸦也要一并爱。所有这些都是爱的表现。但到底什么才是爱呢?这个问题连孔圣人都无从所答,只能含糊地将爱归之于迷惑。

爱是最为深奥的学问,爱也是一种最难体会的情感,所以千万不要轻易为爱下定论。

有人曾经讲过这样一个故事:晴是我的一个朋友。她恋爱时,很少有快乐的时光。每次坐在一起聊天,她就会向我抱怨自己的男友是一个不懂一点儿浪漫的木头。她经常忍不住发出质疑:他对我的爱,到底在哪里。后来她遇见了一位把口哨吹得很响亮,情话说得很动听的帅哥。他们在一次周末舞会上相识。没有男伴的女友一个人坐在角落里充当壁花,神情有些尴尬。

这时，他出现了。一双黑亮得近乎深邃的目光看着她，伸出手邀请她跳第一支舞曲。他的热情和风度容不得她有半点的抗拒。"你知道吗？他当时的样子真是潇洒极了，是我梦中白马王子的形象。"

"他会在春天的夜晚，爬过几米高的围墙为我偷来隔壁花园里的玫瑰花。周末时，请我出去吃大餐，跑了几条街，买回那件被我相中的棉布长裙。他……"

"那你的现任男朋友怎么办？"她还想说下去，我却忙不迭地用话打断。

那次谈话，我们不欢而散。我见过她的男友，是一个非常憨厚诚恳的男人。

凭一个女孩敏锐的直觉，这样的男子是值得托付终身的。我不想看到自己的女友为了几朵玫瑰而放弃整个春天。或者只因为一场动人的舞会而任意放逐手心里已经把握住的幸福。再见她，已是一年之后的春天，阳光很明媚。她是来给我送喜帖的。

没敢问她，新郎是谁，因为不想听见那个预知的结果从她口中说出来，破坏了这春日午后和谐美好的气氛。

但最后告别之前，还是忍不住问了她："他怎么办？"

"木头？"女友的眸子里盛满了笑意，仿佛是早已猜到我会这么问似的。

"嗯。"我怯怯地应答，还是掩饰不住语气里的一丝担心。

"他就是我明天要嫁的那个人。"

"什么？"因为吃惊，我的声音很大。

答案的确出乎我的意料。

"那是去年冬天的事儿了。"

晴啜了一口绿茶，晶莹的玻璃杯中绿色的茶叶被轻轻荡起，然后又慢慢沉入杯底。

她开始给我讲他们的故事：

"那段时间，我一直在考虑怎么和他提出分手。好几次，话到嘴边又咽了回去，一看到他眼中真诚关切的目光我就不忍心打击他。

"因为每天和当时的那个他出去约会，都会玩得很晚。在到达我的住

所前一定会经过他的房间。那天我回去时,已经很晚了,天正在下雪。快入冬了,天气非常寒冷。

"我裹紧大衣,走过他屋前时,发现门是虚掩着的。平日里匆忙来去都没有注意什么,只是那天真的已经很晚了,别人的房门都是紧闭着,漆黑一片的。

"只有他的房间,透过虚掩的门缝还投射出些许温暖的灯光,照亮了我脚下的路。一段本来漆黑孤独的路,因为有了一丝微弱烛光的照耀而变得格外温馨。于是,寒冷被驱散了。

"而且,我可以猜到的是,每次他都是这么等我回来的。每次直到看着我平安回来,才肯放心熄灯睡下。刚才就在我回眸的一瞬间,他才慌忙把门掩上了。而我和别人的每次约会,他都是这么无声地等我回来。

"第二天,我做的第一件事就是和那个男孩提出分手。他难以置信地看着我,不发一言。

"但我很坚定,告诉他,我已经找到了一辈子要爱的那个人。"

温暖的阳光穿过茂密的绿叶,照进来。晴的眼角闪动着幸福的泪花。

爱是很难琢磨得透的。什么是爱?什么不是爱?这需要我们用心思量,一定要慎重地选择,不要轻言放弃。

人无远虑，必有近忧

【原文】子曰："人无远虑，必有近忧。"

【大意】孔子说："一个人没有长远的考虑，一定会有近在眼前的忧患。"

未雨绸缪，防患于未然的思想在中国可以说是源远流长，妇孺皆知，其道理似乎已不言而喻。

但是，你不难发现，并非人人都能把这个道理贯彻到实际生活中去。

比如说，银行家劝人们储蓄时说："钱莫花尽啊，细水长流，储蓄起来既生息又应急，好得很哩！"可 A 先生 B 女士却回答："好什么啊，今朝有钱今朝花，超前消费还更时髦，只有傻瓜才存钱贬值让你们去发大财哩！"

保险公司的推销员多半也会遇到同样的回答。

不过，这里似乎也有一条代沟。一般说来，上了年岁的人容易成为银行或保险公司的俘虏，而年轻新潮的一代大都是 A 先生 B 女士的同志。

其实，A 先生 B 女士们也懂得"人无远虑，必有近忧"的道理，只不过是所谓"潇洒走一回"或"车到山前自有路"的人生态度占了上风罢了。

那是不是人越上了年纪越能够接受儒学的思想呢？

人在生活中首先要谋求生存，不会生活就不会有发展，也就不会实现自己的人生目标。所以，不管你的长远理想多么宏伟，如果你不会谋求眼前利益，那么一切都是空谈。

相反，如果一个人只想着眼前利益而没有长远目标，那么他也不会有多大的前途。他就像一只忙忙碌碌的蜜蜂，一年到头，东奔西走，不知道生活的快乐，也不知道成功的喜悦，这样的人最苦命。

如果你的年龄是 18 岁以下，那么你可能即将做你生命中最重要的两项决定——这两项决定将深深地改变你的一生；这两项决定对你的幸福、你的收入、你的健康，可能有深远的影响；这两项决定可能造就你，也可能

毁了你。

这两项决定就是你的眼前利益，获得了眼前利益，才能为你的长远利益奠定基础。很多人由于没有这两个眼前利益，导致了终生败局。

这两个重大决定是什么？

第一：你将如何谋生？

第二：你将选择谁来做你的孩子的父亲或母亲？

这两项决定，通常都像赌博。哈里·艾默生·弗斯迪克在他的《透视的力量》一书中说："每位男孩在选择如何度过一个假期时，都是赌徒。他必须以他的日子做赌注。"

但是这两项眼前利益却不能赌，因为谁也赌不起。所以找一个谋生的饭碗与找一个理想的伴侣，就是一个人走向社会面临的最大问题，解决好这个问题你才能进一步实现你的梦想。

首先如何找到你谋生的饭碗呢？现在找工作是最难的事情了，要找到自己喜欢干的工作那就更难了。不光中国人多岗位少，世界范围内也如此。

美国家庭产品公司的一位副总经理艾德纳·卡尔夫人说："我认为，世界上最大的悲剧就是，有那么多的年轻人从来没有发现他们想真正做些什么。我想，一个人若只从他的工作中获得薪水，而其他一无所得，那真是最可怜了。"很多大学毕业生找工作是很盲目的，他们不知道自己想干什么，能干什么，只要有工资就行。所以，难怪有那么多人刚开始的时候野心勃勃，不可一世，充满玫瑰般的美梦，但是到了40岁以后，却一事无成，痛苦沮丧，甚至神经崩溃。

所以，为了长远的目标，你在选择眼前利益的时候，一定要三思而后行。

菲尔·强森的父亲开了一家洗衣店，他把儿子叫到店中工作，希望他将来能接管这家洗衣店。但菲尔痛恨洗衣店的工作，所以懒懒散散的，提不起精神，只做些不得不做的工作，其他工作则一概不管。有时候，他干脆"缺席"了。他父亲十分伤心，认为养了一个没有野心而不求上进的儿子，觉得在他的员工面前丢尽了脸。

有一天，菲尔告诉父亲，他希望做个机械工人——到一家机械厂工作。什么？一切从头开始？这位老人十分惊讶。不过，菲尔还是坚持自己的决定。他穿上油腻的粗布工作服，去从事比洗衣店更为辛苦的工作，工作的时间更长。但他竟然快乐地在工作中吹起口哨。他选修工程学课程，研究引擎，装置机械。而当他在1944年去世时，已是波音飞机公司的总裁，并且制造出"空中飞行堡垒"轰炸机，帮助盟国军队赢得了世界大战。如果他当年留在洗衣店不走，他和洗衣店——尤其是在他父亲死后——究竟会变成什么样子呢？我想，整个洗衣店肯定就毁了——破产，一无所得。

菲尔·强森如果满足于父亲给他的现成的家业，就从这个眼前利益出发，去干洗衣店的工作，那么就不会实现他自己的长远目标，他会成为千千万万的小小洗衣店的老板，就算经营得还可以养活自己的话。菲尔·强森没有受眼前利益的驱使，他志不在此，而是志在高远，所以，选择了适合自己发展的事业，于是他成功了。

一个人最理想的就是眼前利益和长远利益结合起来，但是这样的事情很少。很多人都要经过一段痛苦的磨炼之后，才能把眼前利益与长远利益协调一致。

关键就是要把握住自己，不要为眼前利益而放弃长远目标。

是鱼，就要找到能养活自己的水，不要待在岸上干涸而死。

眼前利益必须服从长远利益，必须为长远的目标服务。

什么是人的长远目标呢？

长远目标就是你最终想成为什么样的人。具体来讲，包含三个方面：

你的事业到达什么程度？

你的家庭发展到什么境界？

你的荣誉到达什么高度？

人的一生就是为了这三个目标而奋斗。

现在你就要想好，你怎么才能把眼前利益和这三个长远目标结合起来？

你必须结合社会发展的实际情况与你自己的实际水平和主观愿望做出决定。

你的一生就从这个决定开始。

眼前利益的出发点就是你首先要能够生存，要首先保证你的衣食住行不受影响。这就是说，你先要找到一份工作，使你能够生存下来，然后才

有可能实现你的长远目标。

眼前的工作可能不适合你的发展，你就要把它当作一个过渡期，一旦发现利于你自己发展前途的事情出现，就要毫不犹豫地放弃眼前的工作，去追求你的事业。这里绝不能有丝毫的迟疑和犹豫，还要克服惰性，有些人就是这样，在一个工作岗位上干起来了，就不愿意放弃，即使觉得不适合自己，也要委屈自己，认命了。这样，你就是自己放弃了自己的长远目标，等于宣告了自己精彩人生的结束。

所以，眼前利益永远只能作为一个跳板，你是要借此跳上龙门的，而不是就此虚度一生；生存是第一需要，发展和实现自己的梦想才是人生的终极需要和最高需要。

第九章 以德服人,以礼待人
——孔子谈做官的学问

孔子一生仕途不是很如意,那么这是不是表示孔子不懂当官的学问呢?显然不是。孔子之所以仕途不畅主要是由于他的政治观点得不到认同,并不是因为他不懂得为官之道,相反,孔子懂得很,没看当时很多『跑官』的都去向孔子请教吗?

不仅如此,在《论语》中孔子对如何做官的学问也阐释颇多,这些做官的学问在现代人看来应该更有启迪意义。

能打江山,更要能坐江山

【原文】 子曰:"知及之,仁不能守之,虽得之,必失之。知及之,仁能守之,不庄以莅之,则民不敬。知及之,仁能守之,庄以莅之,动之不以礼,未善也。"

【大意】 孔子说:"靠智慧得到了它,不能靠仁德保持它,虽然得到了,也一定会失去。靠智慧得到了它,靠仁德保持了它,不能用庄严的态度去治理,那老百姓也不会服从。靠智慧得到了它,靠仁德保持了它,又能用庄严的态度去治理,但不能用礼法去约束、指挥百姓,那还是没有达到尽善的地步。"

得到的是什么?保持的又是什么?从深层次上看,应该是指权力。所谓"创业易,守业难"。靠智慧而取得是容易的,但要保持就很难了。一般性地保持也还可以做到,要进一步用庄严的态度去治理,用礼法去约束、指挥,那就更难了。因为这已不是消极被动地守成,而是积极主动地建树,是以攻为守了。

智、仁、庄、礼,是四个层次的修养和要求,四个层次都做到才能达到完善的地步。而一般人是很难都做到的。

其实,不只是从政如此,诸如我们一般性地做事业、做生意,也都有这个道理。比如说在我们今天市场经济体制的时代,不少人抓住了时机,又凭借着自己的知识和智慧优势,一"下海"就适逢其会,春风得意地发了一笔,赚了一把。但由于不能"仁以守之",贪心不足,该煞车的时候不知道煞车,结果一夜之间又成为一无所有的穷光蛋。如此等等,其实都有一个"得"与"守"的关系在内。

从这些角度来理解,孔子的话就不仅仅局限于行政的范围,而与我们每个人的生活与事业密切相关了,所以具有普遍的指导意义。

辽宁A市,有一家汽车修理部,规模挺大,可承接各式汽车的中型维修，老板叫朱伟。附近还有他同族人开的洗浴中心和火锅城。当初朱伟夫妇俩是从河南背着个小行李卷来 A 市落脚的，妻子为人做沙发套，丈夫在一家汽车修理部当小工，住在租来的一间平房里，生活是很艰难的。不久他的父亲又从河南老家送来了他们的一对儿女，使他们的生活更加艰难。好心的邻居们都经常帮助他们，对老户欺负他们子女的孩子都严格管教。为此，朱伟夫妇对他们租住的左邻右舍也都非常感激，有的邻居请他们做个沙发套什么的，他们有时也不收钱。

经过几年的奋斗，朱伟夫妇的生活有了很大改变，他们改租了邻近路边的几间较大的房子。朱伟已经可以自己为人修车了，且生意很好。接着他买下了所租的房子，自己经营上了汽车修理部。老家的两个弟弟和侄子，也过来帮忙，朱伟开始赚钱了，朋友多了，路宽了，和当地的派出所关系也很密切，于是朱伟也长脾气了，他的儿子还时不时欺负邻居的孩子。因为家里有钱，这个孩子也善交际，在当地还"立了万"，无人敢惹。朱伟经常与工商、电业、公安和社会上结交的一些朋友出入饭店、桑拿、歌城，已经不与邻居谈话了。

一次，因朱伟用车运来许多大大小小的旧汽车轮胎堆在房子的周围。过往的人很不方便，几家邻居找到朱伟让他往边上重新堆一堆。朱伟便打电话找来十几个人推搡这些邻居，最后竟将一个邻居踹倒在轮胎上，这个邻居的儿子知道此事后，找到朱伟打了他一拳，朱伟便到医院花了 600 多元看病并找来派出所干警，让邻居报销医疗费，还罚了 200 元钱。朱伟经常换妍头，也因此与妻子经常吵架。他买了轿车，经营着桑拿洗浴中心、火锅城，吵得附近的居民半夜也睡不成觉，但又不敢惹他，只好忍气吞声。

2001 年 7 月，朱伟的妻子与儿女回老家探亲。一天夜里 11 点多钟，朱伟从外面与朋友玩麻将回来，他将轿车停到门前，刚一下车，就上来三四个人猛地将他打倒，抢走了手机和身上的钱。在撕扯当中朱伟死死抓住其中的一个人不放，那个人掏出刀子狠狠地刺向他的肋部，随后几个人逃走了。抢劫的过程，有的邻居在家中听到了，但无人出来干涉。后半夜朱伟的弟弟与人从火锅城出来的时候，才发现哥哥已经死在车前。后经法医鉴定，刀子并未伤及要害，朱伟是因流血过多而死。如果有人及时救护，只要将刀口捂住送到医院就没有生命危险了，可惜无人出面，大家只是看

笑话。朱伟从河南到辽宁打工创业，辛辛苦苦十几年，最后却因趾高气扬而客死他乡。

一时得到并不代表将来也能拥有。居安不能思危，在自己的功劳簿上大吃大喝，而忘记了往昔受苦受难的日子，忘记了贫贱时患难与共的亲戚朋友。妄想"一朝入龙门，百世人上人"的想法是不可取的，也是可笑的。

微言大义，孔子的言论正好有这种效果，可惜的是，"骄傲无知的现代人，不知道珍惜"，若长此以往，岂不悲哉？

敢于纳谏，兼听则明

【原文】陈司寇问："昭公知礼乎？"子曰："知礼。"孔子退，揖巫马期。而进之，曰："吾闻君子不党，君子亦党乎？君取于吴，为同姓，谓之吴孟子。君而知礼，孰不知礼？"巫马期以告，子曰："丘也幸，苟有过，人必知之。"

【大意】陈国的司寇问："鲁昭公懂得礼吗？"孔子说："懂得。"孔子走了以后，陈国的司寇向巫马期作一作揖，请他走到自己的面前来，然后说道："我听说君子不偏袒人，难道君子也偏袒人吗？鲁君从吴国娶了一位夫人，因为是同姓，所以讳称她为吴孟子；鲁君这样做如果都算是懂得礼的话，还有谁不懂得礼呢？"巫马期把这番话告诉了孔子。孔子说："我孔丘算是有幸，一旦有了过错，人家一定会知道。"

鲁昭公违背了同姓不通婚的规矩，所以被陈国的司寇认为不懂礼。

看来，古人还懂得同姓不通婚的优生学哩。

当然，我们在这里不是讨论优生学的问题，而是讨论孔子闻过则喜，听到别人指出自己的缺点、错误就高兴的问题。

对于我们一般人来说，听到别人说自己的缺点错误，不跳起八丈高，横眉毛竖眼睛就不错了。哪里还会有什么"有幸"的感觉呢？

不过，仔细想想孔子所说的话，想想他为什么会听到别人说自己的过错便感到"有幸"，的确也有一定的道理。

因为，自己有了错误别人能指出来，总比自己有了错误没有人愿意或没有人敢给你指出来好啊。尤其是做领导的，做师尊的，如果没有人愿意或没有人敢给你指出缺点、错误，那你多半都已成了孤家寡人了罢。须知，"孤家寡人"是皇帝的自称，高高在上，脱离群众，在这个早已废除了帝制的民主时代，你能够坐得下去吗？

所以，一个人，尤其是一个有地位的人，当听到别人指出你的什么过

错时,一定不要恼羞成怒、暴跳如雷,而要学习学习圣人的涵养,闻过则喜,把它当作一件"幸事"接受下来,有则改之,无则加勉,使自己成为一个受人尊敬的人,而不是一个可怕的人,一个没有人愿意或没有人敢给你提意见的人。

谚云:"忠言逆耳利于行,良药苦口利于病。"又云:"兼听则明,偏信则暗。"善于听取别人的意见,尤其是批评的意见,善于采纳众人的建议,而不轻听轻信个别人的话,有利于全面了解情况,改进工作。这是前人总结的经验。也是经人们实践检验的真理。

但是,也有人只喜欢别人颂歌,不愿意纳忠言。古代就有"防民之口胜于防川"的君王,他们担心别人发"杂音"。即便能听几句谏议之言,也只是某些"开明君主"的装潢门面。能够对别人的中肯意见加以分析研究,用以改进缺点或存在问题的,却属凤毛麟角。多数君王是"以规为茧",把规劝的话作为塞耳的老茧。这还应算是好的。更多的封建君王则是以屠刀对付批评他们的人。所谓"文死谏,武死战",这其中就包含了无数的"冤假错案"!于是,人们只好缄口不言。

这样的情景,正如清代诗人龚自珍所云:"万马齐喑究可哀!"

宋代文学家范仲淹也曾说过:一切只会说"是",而一点儿也不说"不"的人,是昏人。历史上就把那些只愿听"是"和"好"而一点儿也不愿听"不"和"坏"的皇帝叫作"昏君"。

现实生活中亦有人标榜自己"一贯正确"。这种人也就不大爱听"逆耳之言"了。其实,一位伟人说得好:"让人讲话,天不会塌下来!"一个社会,缺乏议论风生的言论,就如同萎靡不振的弱者。李瑞环在一次讲话中指出:新闻报道经常有一点作严肃认真的批评,提倡什么,反对什么,态度鲜明,就显得有生气,有战斗性。群众的愿望、意见、要求得到了反映,心情就舒畅,积极性就高涨。群众的情绪就能够通过正当渠道得到疏解,就不至于来个"总爆发",也有助于整个社会的稳定。

"文化大革命"以后,我们汲取了历史的经验和教训,尤其是改革开放以来,我国的"言路"大开,思想言论战线出现了前所未有的活跃局面。各种不同的意见、看法和思想,都可以得到发表,报刊辟有"今日谈""热门话题""路边闲话""杂文"等栏目;电视台设有"观众信箱";电台举办"热线电话";政府机关、社会团体、商业服务部门设置"举报箱"，等等，广泛听取人民群众的意见。今日的中国民众享有最大的"言论自由"的权利。

我们的人民代表大会制度和政协会议，更是听取群众呼声的最好形式，也是根据群众意愿办事的权力机构。代表或委员们的提案，在这里都能受到高度重视。政府会依据人民的意见和建议改进工作，把事情办得更好。

在日常生活中，我们当领导的、做家长的，也应该"广开言路"，多听听群众或子女的意见，善纳"逆耳之言"，改进领导作风，改善对子女的教育方法。家庭生活中的"大男子主义"和父母独尊的"唯我是从"作风，都不利于和睦友善与亲人之间的协调相处。弄得不好的话，也会带来"后院起火"的麻烦！

第九章 以德服人，以礼待人——孔子谈做官的学问

危机之时要沉得住气

【原文】 子曰:"巧言乱德。小不忍则乱大谋。"

【大意】 孔子说:"花言巧语惑乱道德。小事情上不能忍耐,就会打乱大的计谋。"

巧言乱德也就是《学而》篇所说的"巧言令色,鲜矣仁"。

宋儒讲"名实相须,一事苟,则其余皆苟矣。"措辞说话,不是一件小事,必须严肃认真,一点儿也不能够马虎。如果一个人运用语言时不注意,言不当言,就可能坏大事。孔子特别强调言行一致,反对言过其实。

现在社会上的一些人喜欢吹牛拍胸口,讲大话空话,乱恭维人。人都有听顺耳的话的天性,做领导要特别当心这种人。否则,中了他的毒、中了他的圈套你还不知道。如果把这种人提拔到你身边,他就会投你所好,你要什么,他就献上什么,令你开心,在你面前吹大数字,吹形势大好,最终导致你决策失误。而且这种人不干实事,对干实事的人就会排挤打击,使你周围忠心干事业的人寒心,避开你或离你而去。这种人还会贪天之功,利用你的威信和权力去打自己的天下,把你的领导变成空架子,那你的事业早晚都会毁在这种人手里。

所谓"心字头上一把刀,遇事能忍祸自消",所谓"忍得一时之气,免却百日之忧"。

忍什么?

"忍小忿而就大谋。"(苏轼《留侯论》)

这是忍匹夫之勇,以免莽撞闯祸而败坏大事。

忍小利而成大业。

这是"毋见小利。见小利,则大事不成。"(《论语·子路》)

勾践忍不得会稽之耻,怎能卧薪尝胆,兴越灭吴?韩信受不得胯下之辱,哪能做得了淮阴侯?

甚至也包括忍"妇人之仁"。

"蝮蛇一螫手，壮士即解腕。所志在功名，离别何足叹？"（陆龟蒙《别离》）舍不了孩子打不了狼。没有螫手断腕的勇气，儿女情长，成不了大事业。

好一个忍字功夫了得！

可惜一般人多停留在"忍小忿"的初级层次上，未能深入理解"忍"字的多层次内涵。

不过，就连楚霸王项羽尚且过不了"妇人之仁"一天，又有几人能真正参透呢？

逞匹夫之勇，人人做得到；百忍成金，却只有杰出人物才行。

中国人向来提倡"以忍为上""吃亏是福"，这是一种玄妙的处世哲学。常言道：识时务者为俊杰。所谓俊杰，并非专指那些纵横驰骋如入无人之境、冲锋陷阵无坚不摧的英雄，还应当包括那些看准时局、能屈能伸的处世者。

可是有不少人一遇侵犯，会为了所谓的"面子"和"尊严"，甚至为了所谓的"正义"与"公理"，而与对方搏斗，有些人因此而一败涂地，有些人虽然获得"惨胜"，却元气大伤！

汉朝开国名将韩信是忍者的最佳典型，乡里恶少要他从他们的胯下爬过，不爬就要揍他，韩信二话不说，爬了。如果不爬呢？恐怕一顿拳脚，韩信不死也只剩半条命，哪来日后的统领雄兵，叱咤风云？他吃眼前亏，为的就是留得青山在，不怕没柴烧啊！

所以，当你在人性的丛林中碰到对你不利的环境时，千万别逞血气之勇，也千万别认为"可杀不可辱"，宁可心字头上一把刀——忍了。

与韩信同时代的张良也是一位能忍的处世高手。张良原本是一个落魄贵族，后来作为汉高祖刘邦的重要谋士，运筹帷幄之中，辅佐高祖平定天下，因功被封为留侯，与萧何、韩信一起共为汉初"三杰"。

张良年少时因谋刺秦始皇未遂，被迫流落到下邳。一日，他到沂水桥上散步，遇一穿着短袍的老翁，近前故意把鞋摔到桥下，然后傲慢地差使张良说："小子，下去给我捡鞋！"张良愕然，不禁拔拳想要打他。但碍于长者之故，不忍下手，只好违心地下去取鞋。老人又命其给穿上。饱经沧桑、心怀大志的张良，对此带有侮辱性的举动，居然强忍不满，膝跪于

前，小心翼翼地帮老人穿好鞋。老人非但不谢，反而仰面长笑而去。张良呆视良久，老人又折返回来，赞叹说："孺子可教也！"遂约其5天后凌晨在此再次相会。张良迷惑不解，但反应仍然相当迅捷，跪地应诺。

5天后，鸡鸣之时，张良便急匆匆赶到桥上。不料老人已先到，并斥责他："为什么迟到，再过5天早点来。"第三次，张良半夜就去桥上等候。他的真诚和隐忍博得了老人的赞赏，这才送给他一本书，说："读此书则可为王者师，10年后天下大乱，你用此书兴邦立国；13年后再来见我。我是济北榖城山下的黄石公。"说罢扬长而去。

张良惊喜异常，天亮看书，乃《太公兵法》。从此，张良日夜诵读，刻苦钻研兵法，俯仰天下大事，终于成为一个深明韬略、文武兼备、足智多谋的"智囊"。

现实生活是残酷的，很多人都会碰到不尽人意的事情。残酷的现实需要你对人俯首听命，这样的时候，你必须面对现实。要知道，敢于碰硬，不失为一种壮举。可是，胳膊拧不过大腿。硬要拿着鸡蛋去与石头斗狠，只能算作是无谓的牺牲。这样的时候，就需要用另一种方法来迎接生活。

不妨拿出一块心地，单搁不平之事，闭起双眼，权当不觉。

还是那句话：忍！

大丈夫要能屈能伸，人在矮檐下，一定要低头。

坚韧的忍耐精神是一个人个性意志坚定的表现，更是一个为人处世谋略的运用。尤其在官场上难得事事如意，学会忍耐，婉转退却，可以获得无穷的益处。在人际交往中，如果我们能舍弃某些蝇头微利，也将有助于塑造良好的自我形象，获得他人的好感，为自己赢得友谊和影响力。凡事有所失必有所得，若欲取之，必先予之。有识之士不妨谨记之，善用之，必能给自己带来意想不到的收获。

以德服人，天下归顺

【原文】 子曰："道之以政，齐之以刑，民免而无耻。道之以德，齐之以礼，有耻且格。"

【大意】 孔子说："用政令来训导，用刑法来整治，老百姓知道避免犯罪，但并没有自觉的廉耻之心。用道德来引导，用礼教来整治，老百姓就会有自觉的廉耻之心，并且心悦诚服。"

孔子与卫文子有一段对话，对这里的论述作了发挥。

孔子说："用礼教来统治老百姓，就好比用缰绳来驾驭马，驾马者只需要握住缰绳，马就知道按驾马者的意思行走奔跑。用刑法来统治老百姓，就好比不用缰绳而用鞭子来驱赶马，那是很容易失去控制，甚至把驾马者摔下来的。"

卫文子问道："既然如此，不如左手握住缰绳，右手用鞭子来驱赶，马不是跑得更快吗，不然的话，只用缰绳，那马怎么会怕你呢？"

孔子还是坚持说，只要善于使用缰绳，驾驭的技术到家，就没有必要用鞭子来驱赶。

这里的对话是非常有意思的。实际上说的是儒家政治与法家政治的区别：儒家政治主张德治，以道德和礼教约束民众；法家政治主张法治，以政令、刑法驱遣民众。德治侧重于心，法治侧重于身。而卫文子的看法，则是德治、法治兼用，儒、法并行。如果我们从实际出发，考察历史和现实，显然还是卫文子的主张比较行得通一些。

只是孔子针对当时法家的"法治"路线，提出了"为政以德""道之以德，齐之以礼"的"礼治"路线，强调道德教化的作用。

孔子认为"道之以政，齐之以刑，民免而无耻"，行政命令、刑法这些强制性的手段只能起一时的震慑作用，老百姓不会心服。如果用"德

治""礼治"的办法,老百姓就会"有耻且格",服从统治了。孔子特别指出"《诗》三百,一言以蔽之,曰:'思无邪'"。因为《诗经》语言温柔敦厚,哀而不伤,乐而不淫,所以孔子十分重视"诗教"。出于政治的需要,《诗经》往往被断章取义,比附上许多道德观念。"思无邪"就是要"思想不邪恶",不违背周礼。

统治者要"为政以德",首先要自己具备良好的品德素质,礼贤下士,谦恭有礼,与下属同甘共苦,自然会得到老百姓的尊重和爱戴,同时也树立了良好的榜样。

古时有这样一个故事,齐宣王召见颜斶时说:"斶,走到我面前来!"斶也说:"大王,走到我面前来!"宣王不高兴,左右的人更是哗然:"大王是一国的君主,你怎么可以这样说呢?"斶答道:"我走向前去是贪慕权势,大王走到我面前来是礼贤下士。与其让我做一个贪慕权势的人,不如让大王做一个礼贤下士的人。"

正如艾森豪威尔所说:"士兵们都想见见指挥作战的人,他们对轻视或不关心他们的指挥官表示反感。士兵们总是相互传播指挥官走访他们的情形,即使是短暂的走访,也看作是对他们的关心。"领导者应该放下架子,走到群众中去。

企业领导者良好的道德素质也能树立良好的企业形象。

1993年11月16日,广西北海金城实业有限公司总裁德籍华人哈里驾车与公司三名职员经过八宝村时,有人拦车,说有个孩子被歹徒绑架,要求帮助。一名职员提醒哈里,这种事最好不要管。哈里说,这种事不能不管。于是,他调转车头,追上去扭住了两个歹徒,救了孩子,并将歹徒扭送公安部门。事情传开,记者竞相采访。哈里说:"一个人如果没有人情味儿,即使钱赚得再多,活着也没意思。"他计划拿出20万元作为社会治安基金,专门用来奖励见义勇为者。哈里的事迹在新闻媒介的宣传下广泛传播开来,一个关心社会问题、见义勇为的企业家的美好形象,很快在社会公众中建立起来,其企业也随之增光添彩,大大提高了知名度。

哈里解救遭绑架的孩子,是当代企业家做人的本分与天职,却为其企业产生了公关效应,这与那种精心策划着塑造形象的募捐、义演,其境界不知要高出多少。

"撕掉"一纸文凭,让有能力者居上

【原文】子曰:"临之以庄,则敬;孝慈,则忠;举善而教不能,则劝。"

【大意】孔子说:"执政者在老百姓面前庄重,老百姓就会恭敬;执政者孝顺父母,慈爱幼小,老百姓就会忠诚;执政者提拔好人,教育能力弱的人,老百姓就会勤勉。"

在这句话中,孔子重点强调了一个执政者要以身作则,只有这样,老百姓才会按当官的意思办事。如果当官的能做到不拘一格提拔好人,让能者居上,就是令老百姓非常敬仰的好官了。

"十年寒窗无人问,一举成名天下闻。"读书人学有所成,考取功名,通过做官以实现自己的政治抱负和社会理想,这的确是中国古代知识分子成功的人生道路的写照,也是儒家提倡的人生之路,它所体现的是积极入世的人生态度。

如果换个角度来看的话,"举善而教不能,则劝。"同样也是有一番道理的。做官的人在做官时善于发现人才,让能者的才气得到发挥,或是把能力弱的人送去学习,就像我们今天的干部到党校去培训或到干部专修班,提高提高文化知识水平,增长增长理论修养,这有什么不好呢?

归结起来,"临之以庄,则敬;孝慈,则忠;举善而敬不能,则劝"的思想,其合理的内核,至今也仍然值得我们借鉴。

在儒家思想成为封建正统以后,封建统治者"罢黜百家,独尊儒术",而且规定大小知识分子只能读四书五经,从中寻找治国之道。甚至到明代出现了八股取士这种不正常的人才选用制度,而且这种制度还深深地影响到了当今时代,多次呼唤还不能挥去。

千百年来,学人致力于"六经注我""我注六经",从不敢标新立异、独树一帜,在实践的土地上耕耘;而是长于借古喻今,"拉大旗作虎皮"

"旧瓶子里面装新醋",从理论到理论地探索。由于儒家思想被扶为正统,统治者所引申的孔子思想被历代朝廷采用,做官的人大多都是知识分子,这些人吃得饱、穿得暖,长于借古论今,引经据典,以做御用文人而自豪,缺乏反叛精神。陶渊明敢于不为五斗米折腰,是因为他家有百顷良田,吃不愁穿不愁,不当官,照样可以回家搂着小蜜"采菊东篱下,悠然见南山"。由于学了知识没人发现,只能回家做个读诗耕作、自得其乐的自由人。知识分子千百年来,因为上司不提拔而空有满腹才学,而他们要想有所升迁,必须献媚于朝廷,献媚于上一级官员。这样做的结果是除了少数几个异类,如屈原、李白、杜甫、苏轼、王安石等青史留名外,大多数文人的文字里都有一股酸味,媚态百生,缺乏阳刚之气。

再看今日,从国家到地方,用人论资排辈,以学历文凭论人才。各地高校招聘,非硕士、博士、教授不招。闻听前一阵子又推出什么"部级大学",更以硕士博士拥有量来评估一个大学的办学水平。呜呼!我们又闻到了一股酸味。在这些政策和体制下,一些国人被迫放弃自己对主体性的欲望和追求,只为一纸文凭而奉献,为几个证书而奔波。君不见社会上假文凭广告屡禁不止,君不见大学校园内教师抄书,将外文论著翻译为中文而冠以己名,学生上网抄论文,学术腐败,倾耳可闻。这是我们中华民族应当承继的精神吗?龚自珍"我劝天公重抖擞,不拘一格降人才",蔡元培当年重造北大,不都是以能力论英雄,以实践来检验真理吗?为什么到了21世纪的今天,我们又要捡起以学历文凭论人才这面陈腐的大旗呢?

纵观数千年来,中国在佛道儒三教影响下形成的独特文化屹立在东方。然而,其厚重有余而变通不足,有着超稳定的道德精神结构。如果不是外国的枪炮打开大门,可以说,再过万年,中国文化变化不大。

正因为外国的枪炮打开了大门,十月革命又送来了马克思主义这一西方先进文化的结晶,才使国人以一个新的角度看世界。如"具体问题具体分析是马克思主义活的灵魂""实践是检验真理的唯一标准""不管白猫黑猫抓住老鼠是好猫""一国两制""三个代表""两个务必",都是从实际出发,实事求是地看问题。

然而,中国文化的原始积累实在是太厚重了。当今从国家到地方流行的以学历文凭论人才,哪一点符合马克思主义的理论、符合实事求是的精神?本来孔老先生的理念"举善而教不能,则劝",他说的意思是执政者要教育能力弱的人,而不是以文凭学历来提拔人。不过现在看来,这个文凭学历又多是形式和关系的产物,是人们苦心钻营的敲门砖。这样做的结果,逼迫人们离开实践的土地,抽象地、精神地去证明自己存在的价值。呜呼哀哉!孔子不能言!吾何以言?!

第九章 以德服人,以礼待人——孔子谈做官的学问

不要错失机遇,敢于表现自我

【原文】子曰:"当仁,不让于师。"

【大意】孔子说:"只要是行仁义的事,就是在老师面前也不必谦让。"

在《里仁》篇里,孔子曾说:"君子对于天下的事,无可无不可,只要是符合正义的就行。"

所以,孔子的学生说他是"毋必,毋固"(《子罕》)。不死板,不固执。

孟子更是赞美说:"该快就快,该慢就慢,该做官就做官,该辞职就辞职,这就是孔子啊。""孔子是圣人中最识时务的,是集大成者!"(《孟子·万幸上》)

识时务者为俊杰。

回到"当仁,不让于师"来看。凡事让于师是遵从师道尊严,当然不错。但是,只要是行仁义的事,也就不能拘泥了。这里又包含两个方面的意思:一个方面的意思是说,当自己的意见和老师的意见发生分歧时,老师错了,自己是对的,这时就不必谦让,而应该坚持自己正确的看法。这也搬古希腊哲学家亚里士多德那句名言:"吾爱吾师,吾更爱真理。""当仁,不让于师"的另一个方面的意思是说,只要是行仁义的事,就要自告奋勇,积极主动上前,而不要谦让于其他的人。比如说大家选举你当人民代表、职工大会代表什么的,为大家服务,为民众疾呼,有什么可谦让的呢?

既然连老师都可以不必谦让,其他自然都不在话下。所以我们今天大都说"当仁不让"而省去"于师"两个字。那意思是说,只要是行仁义的事,合于仁义,那就什么人都不必让了。

下级人员要想博得上司的赏识,首先是自己必须具备一定的实际才能,世有千里马而后有伯乐。不管如何殷勤表现,若非千里马,也不会被伯乐看中。但在具备了一定能力后，你就不能把希望寄托在你上级是个"伯乐"上，"表现你自己"就是下级人员最重要的事。你不能整天空守着自己的一腔抱负等待某位领导的"垂青"。要想怀才而遇，就必须适时、适当地表现自己。正所谓能干不如会表现，"只问耕耘，不问收获"在今天有些行不通了。越是"只问耕耘"的人，就越是没有出头之日，因为隐没在人群中，领导者们根本无暇看到他们。于是，做个沉默者，往往便只有吃亏的份儿了。不少人的确才华出众，踏实肯干，但领导却并不认为他们怎么样，原因就在于这些人不善于表现自己。

领导喜欢勤快、干净利索又"会来事"的下属，作为年轻人，资历浅，要想有所发展，必须从身边的小事勤勤恳恳地做起，不能大事做不了，小事不愿做。有时候小事更容易体现勤快，体现扎实，更易于表现自己。任何上级都希望下级能够主动工作，积极地找事来做。在有些时候，作为上级领导，对某件任务下级是否有能力完成，心中并不肯定，欲叫你做，又怕你不能承当；又有些时候上级手上有一项极为困难的任务，又不知道让谁去完成更好；还有时候，要完成某项工作，需要冲破规则，但上级碍于他的地位，又不能明说，故此项工作也不好交下去。在这些时候，有能力的下级，要想有所作为，就应抓住这些能表现自己才能的机会，大胆进取，主动请缨，同时明确你的权限，配合上级把工作做好。

1982年，英国与阿根廷为争夺马尔维纳斯群岛爆发了一场战争，英国派特混舰队司令沃德伍德出战。在临行前，英国首相撒切尔夫人问他需要什么时，他答道："权力"，"希望战时内阁不要干涉我们的军事行动"。撒切尔夫人回答："我授予你除进攻阿根廷本土以外的全权。"结果在整个战争中，由于首相及内阁没有干涉沃德伍德的行动，所有的战略计划、作战方案、进攻地点和时间都由沃德伍德一手制订，保证了突击的绝对机密性和机动性。

同样在战场上，登陆指挥官穆尔临行前也向沃德伍德要求"权力"，"希望你给予我调整行动的最大机动权。"得到同意后，英军登陆发现阿军已成惊弓之鸟，穆尔立即放弃了沃德伍德稳扎稳打的战术，采用蛙跳战术，直扑阿军主力聚集地，使阿军措手不及，只好投降。

战后，沃德伍德和穆尔的这种做法得到了广泛的赞赏，他们的声誉也因之

大增。试想,如果英军指挥官没有勇气要求"放权",要求独立承担责任,那么,事事请示汇报,行动犹豫不决,耽误了战机,最后导致失败,则不仅撒切尔夫人会面临一片舆论压力和指责,沃德伍德和穆尔的前程也会由此断送。

所以,有机会你应主动请缨,不要怕向领导"要权",只要是为工作着想,从单位整体利益出发,领导是乐于"放权"给你的,让你有自由发挥的余地,这时表现你的舞台已经搭好,你就可尽情地施展你的才华。

和谐是一种境界

【原文】 子曰:"恭而无礼则劳,慎而无礼则葸,勇而无礼则乱,直而无礼则绞。"

【大意】 孔子说:"恭敬而不符合礼就会劳倦,谨慎而不符合礼就会畏缩,勇敢而不符合礼就会作乱,直率而不符合礼就会尖刻伤人。"

礼本来指的是区别尊卑贵贱的等级制度及与之相应的礼节仪式。但礼的根本目的又在于起中和作用,也就是要达到和谐的境界。这样就造成了礼与和之间既相矛盾又相统一的辩证关系。按照儒家的礼治观点,就是要人们在遵守礼法的前提下和睦相处。所以,一方面是"礼之用,和为贵","和"是目的;另一方面,一味地为和而和,不以礼来进行约束,不讲原则,也是不行的。这就是和与礼的辩证法。

礼作为一种广义的交往形式和规范,其原则首先表现为"和",所谓"和",从消极的方面看,主要是化解主体间的紧张与冲突;就积极的方面而言,"和"则指通过彼此的理解与沟通,达到同心同德、协力合作的目的。孔子所崇尚的人生意境是一种和谐的意境,因而也是一种美的意境。用于处理人际关系,也就是既要团结,家和万事兴,和气生财,又要坚持原则,不能搞庸俗的一团和气,吹吹拍拍。说到底,还是毛泽东给我们开出的公式:团结——批评——团结。

人生万象总是在矛盾中谋求调和与融通,而不是对立与分割。有的人满口歌颂自然人生的美,努力忘记一切缺陷与丑恶;有的人却用显微镜来观察人生的斑点,仿佛世上只有虚伪、残酷、麻木,忘记了鸟歌虫吟。现代生活需要的不是对立,我们更应该扩大自己的胸襟和容人之量,不要以狭隘的眼光去概括事物,或者只一味地唱高调,歌功颂德,或者一味地唱反调,挖疮疤。应该真正地跑到生活里面,把一切事都用宽大通达的眼光来细细打量一番,感受生命的和谐与美。

在企业的经营原则中，很重要的一条就是"和"。企业家仿佛管弦乐队的指挥，他把所有演奏者集中在一起，根据他们的专长，发挥各种乐器的特点，指挥他们奏出优美动听、和谐的旋律来。企业的成功需要的是每个员工的通力合作，企业要充分调动和发挥每一个职工的专长，只有团结一心，才能有洋溢着活力的、富有韧性和刚性的集体。日本丰田公司的经营者十分注重采用各种方式调动职工的积极性，他们提出要"发扬温情友爱精神，形成家庭式的和谐风尚"。丰田公司给年满20岁、购买本公司汽车的职工以八折优惠；实在有困难的，公司提供无息购车专用贷款。丰田公司还为职工提供租费低廉的公司宿舍，解决职工的住房问题。丰田的经营者们还经常参加公司的各项活动，制造一种"劳资和睦"的气氛。这些措施使职工对企业产生忠诚心和归属意识，自觉地把自己的命运和企业的命运联结在一起。

适度宽容你的下属

【原文】 子曰:"居上不宽,为礼不敬,临丧不哀,吾何以观之哉?"

【大意】 孔子说:"做领导不宽容,行礼仪不严肃认真,遭遇丧事的时候不悲哀,我用什么来观察这种人呢?"

作为一个领导,没有什么值得观察,当然也就是被否定的对象了。这里最值得我们重视的是"居上不宽"的问题。在另外的地方,孔子曾反复从正面说:"宽则得众。"(《阳货》《尧曰》)宽容就能得到群众拥护,并把"宽"作为"仁"的五个方面内容之一。

荷裔美国作家亨德里克·房龙曾写过一本有世界影响的名著《宽容》,把宽容作为人类文明进步的重要标志。

如果说,宽容对于一般人来说都非常重要的话,那么,对于居于上位的人来说,就更应该是一种必须具备的素质了。所谓"水至清则无鱼,人至察则无徒"。水太清澈了,清澈到像游泳池里的水一样,就没有鱼儿能够在里面生存的;人太明察,太苛刻了,苛刻到像眼睛里容不得一粒沙子一样,那是没有人愿意跟随你的。俗话说:"金无足赤,人无完人。"其实也是说的这个道理。在中国历史上,有许多"宽则得众"的著名典故和故事,诸如楚庄王绝缨尽欢,孟尝君不杀与自己夫人通奸的门客,汉高祖重用陈平,曹操下《求贤令》选拔那些虽然有这样那样缺点但确有才干的人,唐太宗不追究得罪自己的郭子仪的儿子,宋太祖宽容受贿的宰相赵普,宋太宗宽容酒醉的功臣孔守正和王荣,如此等等,不一而足。而与此相反,因"居上不宽"而自食其果的例子也同样是不胜枚举。

因此可以说"居上不宽"是领导者的致命伤,而宽容的肚量则是作为一个领导者的起码要求。越是进入民主的时代,这一点就越发突出。这是所有领导者或想做领导者的人必须牢牢记在心上的信条。

如果你的下属犯了错,请不要轻易指责他,一定要保持适度的宽容。

　　你是否是一个成功的领导者，这与你在多大程度上可以忍受员工的不足有关。你是否可以对他们的微小错误视而不见？当员工违背了你一直保持的做事标准时，你是否应当给予惩罚？你是否应当提醒员工注意他们的错误？面对这些问题，虽然你很想装着视而不见，但又担心员工趁机利用这一点，并使之继续蔓延。然而，如果你时时给予关注和处理，又担心他们视你为多事之人，把你当作一个不顾及员工的感觉而处处刁难的完美主义者。这时你应当站在员工的一边，对他人的缺点和不足表示容忍和理解，这是一个管理者的重要品质。绝不要动辄实施惩罚，或者造出一种令人惊恐的气氛。如果员工出现某一错误时，他们不用担心自己即将遭受处罚，那他们势必会更好地工作。员工在对管理者做出评判时，宽容型的管理者似乎更令他们接受。在许多公司里，当员工出现某一问题时，事后的调查与追究是较普遍的一种做法。实际上，对于员工的错误，最好是从中总结更多的教训而不是过于追究。如果偶尔发生下面的事情，你应该宽容处之：

①员工某一天迟到；
②当你认为员工应当告诉你某一事情时，他们却没有；
③某位员工丢失了一份重要的文件；
④某一员工向顾客提供了一个错误信息；
⑤员工没有积极主动地解决某一问题；
⑥员工忘记了某一事情或违反了某一规则；
⑦员工不顾制度而自行其是；
⑧员工做错了某一事情；
⑨员工无意得罪了你。

　　当然，宽容也得有个限度。如果某位员工已经把"偶然"变"经常"地未能满足你的标准和要求，并且最终导致很大的损失时，你作为管理者，应当完全介入，并且采取相应的措施。

　　作为管理者，你的作用就是要保证事先制定的标准得以实现，并且以一种令人接受的方式去解决那些偏离标准的行为。如果你将自己视为一个评判他人行为的法官，让自己不断评价他人，那你将会与员工逐渐疏远。你应该充当员工的一名顾问，让他们对自己的行为和结果做出令人接受的判断。

当我们与员工一起工作时，关键是要找到大家各自价值的最大共同点。当今时代，你不可能迫使员工去改变那些令你无法角逐的东西，你只能制定一种制度和程序，让员工根据你对他们的工作需要而自我检查其价值和行为。保持适度的宽容和容忍，也使得你在工作中能与员工融洽相处，在下指令完成任务时，员工也能欣然接受，并尽最大努力来完成。

第九章　以德服人，以礼待人——孔子谈做官的学问

与属下患难与共,同甘共苦

【原文】 子路问政。子曰:"先之劳之。"请益。曰:"无倦。"

【大意】 子路问怎样治理政事。孔子说:"以身作则,吃苦耐劳。"子路请求再多讲一点儿。孔子说:"不要倦怠。"

孔子的言论体现的是勤政爱民的思想。

"先之"是爱民。如范仲淹的名句所说:"先天下之忧而忧,后天下之乐而乐!"凡事都以身作则,身先士卒。做到了这一点,就能做到不令而行,使自己成为老百姓的表率。

"劳之"是勤政。兢兢业业,吃苦耐劳,鞠躬尽瘁,死而后已。这些都是"劳之"的形象。

治理国家大事是这样,做一个单位乃至一个部门或者一个企业的领导也是这样。做到了"先之劳之",也就是一个好领导、好干部了。

事实上,真正能够让下属拥戴的领导绝不是高高在上、"只闻其声不见其人"的领导,而是那些能同员工同甘共苦、共同奋斗的领导。

纵观商业史上众多企业巨头的发家史,我们不难发现其中很多人在创业初期都是靠两三个部下、一间小屋、几个人同心协力,同甘共苦,最终才成就一番大的事业。

他们的成功靠的就是与部下同甘共苦,患难与共。这种情况下,上下的心往一块贴,力往一处使,还有什么困难克服不了呢?又有什么原因使他们不成功呢?

其实,与人共患难并不是一件困难事,因为危难情况下,共渡难关、同舟共济往往是唯一选择。但困难的是危难之后,苦尽甘来,仍能与部下共享安乐的却并不多见。春秋时,晋文公重耳即位之前深得介子推的帮助。他即位之后就论功行赏,功大的封邑,功小的晋爵,各得其所。介子推不愿受封,重耳仍把绵上封为介子推的祭田。众臣此后更加竭力相报,终于帮助他打败楚国。

以史为鉴可以知兴衰，作为一名领导者，身处逆境时与部下共渡难关，时来运转时千万不可独自居功，尽享成果，唯有如此才能赢得威望，得到部下的拥戴，共创公司之大业。

那么，作为领导者的领导或上司又怎样才能算是同部下患难与共、同甘共苦呢？答案有两个方面：

（1）逆境中，与部下同心协力。

哪个公司都有经营困难之时，哪个领导也都有身处逆境之日。这时，一个出色的领导应做一个好的舵手，看准方向，动员所有部下共同努力，充满自信地面对困难，千万别端着架子，指使别人。危船上你也要尽一份力，否则旗倒船翻，你自己也要掉进海里。

（2）功成名就，莫忘难兄难弟。

当时来运转、功成名就之时，千万不能翻脸不认人，即所谓过河拆桥、忘恩负义。这样的领导最为人所不齿，谁愿意自己拼命保全的竟是一个忘恩负义的小人呢？一旦领导的魅力丧失殆尽，并且背上不义的骂名，难兄难弟就不会再为你效力，新来的人也会望风而逃。

而这时最好的做法是不妨谋求双赢，让下属分享你的成果，使其自身的满足感和成就感得以实现。切不可排斥有功部下，落得骂名。

公司的发展壮大离不开领导与部下的共同努力，携手合作。而患难与共之中形成的上下关系才是最牢固的关系。身为领导，一定要做到与部下同甘共苦，安不忘危，才能使事业蒸蒸日上，也才能让下属更加拥戴你。

尊五美，摒四恶

【原文】 子张问于孔子曰："何如斯可以从政矣？"子曰："尊五美，屏四恶，斯可以从政矣。"子张曰："何谓五美？"子曰："君子惠而不费，劳而不怨，欲而不贪，泰而不骄，威而不猛。"子张曰："何谓惠而不费？"子曰："因民之所利而利之，斯不亦惠而不费乎？择可劳而劳之，又谁怨？欲仁而得仁，又焉贪？君子无众寡，无小大，无敢慢，斯不亦泰而不骄乎？君子正其衣冠，尊其瞻视，俨然人望而畏之，斯不刃；威而不猛乎？"子张曰："何谓四恶？"子曰："不教而杀谓之虐；不戒视成谓之暴；慢令致期谓之贼；犹之与人也，出纳之吝谓之有司。"

【大意】 子张向孔子问道："怎样做就可以从政了呢？"孔子说："尊崇五美，摒除四恶，就可以从政了。"子张问："什么叫五美？"孔子说："君子给人以恩惠自己却不需什么耗费；役使老百姓，老百姓却没有怨恨；有欲望却不贪心；泰然自若却不骄傲；威严却不凶猛。"子张又问："什么叫给人以恩惠自己却不需什么耗费？"孔子说："借人民能够得利的事情而使他们得利，这不就是给人以恩惠自己却不需什么耗费吗？选择可以役使老百姓的时候去役使，谁会怨恨呢？想得仁便得到了仁，又有什么贪心呢？君子无论人多人少，事大事小，从不敢怠慢，这不就是泰然自若却不骄傲吗？君子衣冠整齐，目不斜视，庄重得让人望而生畏，这不就是威严却不凶猛吗？"子张又问："什么叫四恶？"孔子说："不加以教育而加以杀戮叫作虐；不加告诫而督查成绩叫作暴；政令松懈而限期紧迫叫作贼；用给人东西作比，出手吝啬叫作小气。"

尊五美，除四恶。

不仅对于从政，就是对于平常做人也是有好处的。

所谓"身在公门好修行。"这其实就蕴涵了"惠而不费"的意思在内。政府的一项好政策出台，取之于民，用之于民，而不需要耗费政府的财力和物力，这样的事情的确是有的。比如说"为市民办实事"的问题，很多实事，其实就在于当政者能不能想到，而不在于需要什么耗费的问题。这种"惠而不费"，在个人生活中也是有的，所谓"助人为乐"，其实，严格意义上的助人为乐就是一个"惠而不费"的问题。帮帮朋友的忙，替人带带东西、捎捎信，或者替外地人指指路，等等，都是于人有利而于己无害的事情，这不是"惠而不费"又是什么呢？真要惠而"有"费，把自己的贵重东西送给人家，别人还不见得会接受呢。所以，应该大力提倡的是"惠而不费"的风尚。无论在不在"公门"，这种风尚都是可以身体力行的。

"劳而不怨"其实就是我们平常说的任劳任怨。任劳容易任怨难，这是大家都有的经验。所以，做一个领导者能让人任劳任怨是很不简单的。尤其是做一个基层领导，能使手下人都高高兴兴地工作，任劳任怨，那可真得要有两下子。当然，做高级领导人而能够让全国人民都任劳任怨，那就更是难上加难了。

如果说"惠而不费""劳而不怨"都还侧重于领导水平的方面，那么，"欲而不贪""泰而不骄""威而不猛"却涉及领导者的个人修养和素质了。

"欲而不贪"是说有欲望但不贪婪。以我们这个时代而论，"君子爱财，取之有道。"该拿的钱还是要拿的，但不能贪污受贿，利用职权谋私利。"泰而不骄"是说既要保持不忧不惧的心态，心平气和，遇事泰然自若，又不要装模作样，色厉内荏，给人以盛气凌人的感觉。至于"威而不猛"，则是说一个人既要有威严，要让人畏服，但又不能给人以凶猛可怕的印象。有了这种印象，人家一看见你就躲得远远的，你还怎么去领导他呢？

五美有了，领导者的形象也就树立起来了。相应的，还要去掉一些坏毛病，这就是"四恶"的问题了。

一恶"不教而杀"。所谓"杀"，照我们的理解，倒不一定真要动刀子，判死刑，而是说处罚惩戒。对于部下也好，对于民众也好，不加以教育引导而只知一味惩处，那这领导是绝对做不长的了。莫说做领导，就是做家长，"不教而杀"，或者说不教而惩罚，那也是要父子反目成为仇人的。所以，这是一个领导者绝对应摒除的毛病。

二恶"不戒视成"。事先不告诫，不指导，而只管要部下做出成绩

来,这是一个粗暴的领导者形象。人家不给你完成,你又能把他怎么样呢?

三恶"慢令致期"。领导者自己要求不严格,却又要求人家如期完成任务,这不是害人家吗,这也不是一个好干部应有的作风。

四恶"出纳之吝"。做领导的一定要大人大量,有魄力,有决断,切忌像个小管家小管账一样,小气吝啬,成不了大事。

五美有了,四恶除了,从政做官也就游刃有余、进退自如了。

儒学的政治学的确是实用的政治学,仅从本章我们也可见一斑了。

第十章 读书要掌握方法
——孔子的教育思想与学习的法门

学海无涯苦作舟。难道学习就只有与苦做伴,才能学有所成?

对于这一点,大教育家、最能也是最善于学习的孔子显然是不大认同的。否则,他就不会在《论语》中苦口婆心地大量阐述学习的方法了,直接说个「苦学」不就完了吗?

孔子的教育思想是提倡「乐之者」的,他建议人们把学习当成爱好,深入其中,并为此提出了许多方法,通过学习这些方法,我们或许就能摆脱人为的「苦海」。

温故而知新,可以为师矣

【原文】子曰:"温故而知新,可以为师矣。"

【大意】孔子说:"温习旧知识而能够获得新知识,就可以做别人的老师了。"

"学而时习之,不亦说乎?"

说的是什么?

就是"温故而知新"。

学习最重要的是获取心得,逐步达到无师自通的程度。换句话说,无师自通,就可以做别人的老师了。

所以,高明的老师总是致力于学生自学能力的培养。

"温故而知新"是一种反复研读、多方琢磨的过程。"读书百遍,其义自现",好的书都经得起咀嚼,每咀嚼一回,就又悟出些真味儿,自己见解愈深,学问愈进。愈读得出味道来。因而有位评论家说:"少年时读塞万提斯的《堂吉诃德》会发笑,中年时读了会思想,老年时读了却想哭。"

好的书是需要反复读的,英国桂冠诗人丹尼生每天研究《圣经》;大文豪托尔斯泰把《新约福音》读了又读,最后可以长篇背诵下来;马克·吐温旅行时必带一本厚厚的《韦氏大辞典》;白朗宁每天翻阅辞典,从辞典里面获得乐趣和启示……

"温故而知新"也是从过去看将来,以过去的时间领域所积累的经验为参照系,来因地制宜、因人制宜地制订实现未来目标的工作计划,但是过去的经验不应该成为消极的"定势",成为限制创新的包袱和累赘,囿于经验的成见,变得胆小、世故、迟钝起来,空失很多人生机遇,这种情形在现实生活中并不少见。所以,"温故而知新"贵在创新。第二次世界大战期间的英国首相丘吉尔曾经说:"战争中的第一次战斗都是独特的,需要对实际情况作深刻的分析。最容易通向惨败之路的莫过于模仿以往英雄们的计划，把它用于新的情况中。"在战争史上，由于照搬前人经验而丧师败绩的事例不胜枚举。唐朝房官效法古制，用车战制敌，被安史叛军杀得一败涂地。20世纪30年代，法军统帅部完全搬用第一次世界大战的经验，在法西斯德国的闪击下，一触即溃。相反，那些被人称道的成功战例，如韩信的背水为阵、刘伯承的重叠设伏等，无不具有惊人的创新之举。

历史没有完全的翻版，经验更不能百试百灵。"温故"不是一味重复，而是要"知新"，这样就"可以为师矣"。

第十章 读书要掌握方法——孔子的教育思想与学习的法门

勤于思考,学而不思则罔

【原文】 子曰:"学而不思则罔,思而不学则殆。"

【大意】 孔子说:"只读书不思考就会迷惘,只空想不读书那就危险了。"

"学而不思则罔,思而不学则殆。"这两句话阐明了学习和思考的关系,只学不思或只思不学都容易陷入迷惑而无所获。

只读书不思考是读死书的书呆子,只空想不读书是陷入玄虚的空想家。书呆子迂腐而无所作为,空想家浮躁不安而胡作非为,甚至有精神分裂的危险。

所以,儒者主张既要读书又要思考。

明代人陈鎏说:"读书须知出入法:始当求所以入,终当术所以出。见得亲切,此是入书法;用得透脱,此是出书法。"

学是入书,思是出书。出入有道,学业可成。

爱因斯坦在总结自己的成功经验时说,学习知识要善于思考、思考、再思考。他创立狭义相对论,据说就经过了10年的沉思。只是学习,没有思考,没有消化、整理、提高,只能是杂乱无章的知识的堆积,不可能形成实际的效力。

有这样一个故事:一个老翁和一个孩子用一头驴子驮着货物去卖,货卖出去了,孩子骑驴回来,老翁跟着走,但路人责备小孩子不懂事,让老年人徒步,于是他们便换了一个位置;而旁人又说老人心硬,于是老人忙将孩子抱到鞍上;后来看见的人说他们没人性,于是两人又都下来。走了不久,又有人笑他们是呆子,空着现成的驴子不骑;于是老人对孩子叹息道,我们只剩了一个办法,就是我们两人抬着驴子走。这个笑话告诉我们这样一个道理:无论读书,还是做事,只是一味地"旁征博引",不假思索,"脑子里给别人跑马",结果往往会弄到抬驴子走的。常听人说,现在报刊上一会儿说要注意晨跑，一会儿又说早晨锻炼不好；一会儿说喝茶有益健康，一会儿又说要少喝茶；一会儿将某部影片捧得上天，一会儿又将其贬得一钱不值……这便是"学而不思"者的烦恼，人云亦云，当然只有陷入迷惘的境地。

书是前人经验的总结，读书是汲取前人经验的过程，但不能自己囫囵吞枣、生吞活剥。书籍和经验也是前人智慧的结晶，亦不能置之不理，一味蛮干。会读书也要会思考，也就是我们前面提到的既要进得去，也要出得来。

第十章 读书要掌握方法——孔子的教育思想与学习的法门

不知为不知，敢于说不知道

【原文】子曰："由！汝知之乎？知之为知之，不知为不知，是知也。"

【大意】孔子说："子由啊！你知道了吗？懂得了就是懂得了，没有懂就是没有懂，这才是真懂。"

求知最忌自欺欺人，不懂装懂。

人们时常讽刺那种只会说"YES"的"假洋鬼子"，把他们当作不懂装懂的典型形象。而实际上，生活中这样的"假洋鬼子"到处都是，充斥于各行各业。

如果只是读书求知，这种"假洋鬼子"只不过是害己而已，没有什么大碍。但如果让这种人从政治国，那可就不是害己的问题了，小则害己害人，大则亡党亡国。

所以，我们绝不要低估了不懂装懂的危害。因为它完全可能由一种个人品质而发展成为一种社会公害，贻患无穷。

世界著名物理学家、获诺贝尔物理学奖的美籍华人丁肇中在接受中央电视台《东方之子》采访时，曾对很多问题都表示"不知道"。据说他在为南航师生作学术报告时，面对同学提问又是"三问三不知"："您觉得人类在太空能找到暗物质和反物质吗？""不知道。""您觉得您从事的科学实验有什么经济价值吗？""不知道。""您能不能谈谈物理学未来20年的发展方向？""不知道。"三问三不知！这让在场的所有同学意外，但不久就赢得全场热烈的掌声。也许，一些人在说"不知道"时往往被看作是孤陋寡闻和无知的表现，但丁先生的"不知道"却体现着一种做人的谦逊和科学家治学的严谨态度，不禁令人肃然起敬。

"知之为知之，不知为不知，是知也。"学问愈深，未知愈重；越是学识渊博，越要虚怀若谷。作为专家、学者，对不知道的东西，我们不仅应当老实地承认"不知道"，而且要敢于说"不知道"。美国现代物理学家费曼认为，科学家总是与疑难和不确定性打交道的。当一个科学家不知道一个问题的答案时，他就是不知道；当他有了大概的猜测时，他的答案也是具有不确定性的；即使他对自己的答案胸有成竹时，他也会对质疑留有余地。对科学家来说，承认自己的无知，使自己的结论留有被质疑的余地，是科学发展所必需的。学人只有秉持这样的科学态度，才能不断地"格物致知"，获得新认识，达到新境界。常言所谓"一事不知，学者之耻"，其本意正是在于策励学者们不断求索，不断进取。孔子曾云："吾有知乎哉？无知也。有鄙夫问于我，空空如也。我叩其两端而竭焉。"即使是在专业领域内，那种自诩或表现为无所不知的"专家"，不仅其学识而且其人品也都是值得怀疑的。

其实，丁肇中教授大可不必说"不知道"。比如可以用一些专业性很强的术语糊弄过去，可以说一些不沾边际的话搪塞过去，甚至还可以委婉地对学生说："这些问题对于你们来说太深奥，一两句话解释不清楚。"但是，这位诺贝尔奖得主却选择了最老实、最坦诚的回答方式，而且表情自然、诚恳，没有明知不说的矫揉造作，没有故弄玄虚，也绝没有"卖关子"。丁教授坦言不知道，不但无损于他的科学家形象，更凸现了他严谨的科学态度，令人肃然起敬。

与丁肇中"三问三不知"相似的还有著名男高音歌唱家帕瓦罗蒂在一个大型演唱会上的表现，他演唱时刚到高潮之际，却突然停顿。举座哗然，连乐队都停了下来。帕瓦罗蒂坦诚地说自己忘记歌词了，请求大家原谅，希望大家再给他一次表演机会。在一阵沉寂后，全场爆发出热烈的掌声。事后，有人告诉帕瓦罗蒂："你完全可以做做口型，而不必承认自己忘了词。相信观众肯定会认为是麦克风坏了而丝毫不会怀疑到你身上。"帕瓦罗蒂微微一笑："如果还有下次，我同样会认错。因为事实早晚会被人知道，那对我的声誉影响会更大。"

与丁先生相反的是，一些人尤其是个别官员，在很多问题面前往往表现了"万事通""博学家"的"风采"，下基层、搞调研，在情况不明、事情未弄清的时候就发指示、提要求、做决定，流露出一种"傲视万众""唯我正确"的态度。殊不知，一些指示、要求、决定有时与基层的实际不相符合，有的甚至离题万里，基层照此做下去，其结果自然可想而知了。

　　有一般常识的人都知道，人非圣贤，不可能生而知之，治学之要，行政之本，就在于实事求是，严肃认真，孜孜以求，来不得半点虚假。对不知道的东西，就不要充当"先知先觉"，更不要自认为能"升而知之"，认为自己一旦当了领导就对什么问题都有发言权。这是做学问做官乃至做人的一个最起码的要求。时下有些"专家""学者"，总喜欢对一些自己不甚了解的事情发言，不负责任地乱说一通。结果是"专家意见"并不"专业"，让人一头雾水，不知所云，因此有些"专家"在人们心目中的影响力在减弱。与此相对照，让人更觉得作为学术大师的丁肇中"三问三不知"，对于学人来说十分可贵，令人警醒。知道就是知道，不知道就是不知道。这种坦然与诚实，不仅是科学家、艺术家和领导干部应该具有的，对于我们普通人来说，也是不可或缺的。

　　人的知识都是通过直接经验和间接经验得来的，与官位的大小没有直接关系。个别官员之所以"升而知之""官升知识长""官大本领强"，其实是官僚主义在作怪，并错误地认为只有如此才能显示其"水平""能力"和"高明之处"，才不至于混同于一般老百姓，而且自己确实"高"。这些官员"升而知之"的做法令老百姓倒胃口。反感"事小"，给人民、国家带来损失"事大"！谨防"升而知之"，才能使个别官员能够正确地认识自我；才能树立"知之为知之，不知为不知"的求实态度；才能注意学习、加强学习，由不知到知，由知之甚少到知之较多；才能不断改进工作作风，更好地为人民、国家做贡献。否则，总认为"升而知之"，就会堵塞其提高、前进的道路，最终贻害无穷。

好学者，恒心最重要

【原文】 哀公问："弟子孰为好学?"孔子对曰："有颜回者好学，不迁怒，不贰过。不幸短命死矣！今也则亡，未闻好学者也。"

【大意】 鲁哀公问："你的学生中哪个好学?"孔子回答说："有个叫颜回的好学，不迁怒于人，不两次犯同样的错误。可惜短命死了！现在再也没有听说过比他还好学的人了。"

孔子曾经这样自诩道，说他与常人不同的地方就在于好学（《公冶长》）。现在又听他赞扬颜回好学，而且，只有颜回好学。这一方面说明在圣人看来，只有颜回才是真正得了他的真传，继承了他的衣钵；另一方面也使我们进一步知道了"好学"的品质不是随便什么等闲之辈都可以有的，从而使我们再也不敢自诩为"好学"的人了。

值得我们注意的是，在孔子说到颜回好学时，并没有说他文学如何如何了得，历史如何如何了得，语言如何如何了得，而是说他"不迁怒，不贰过"，既不迁怒于人，又不两次犯同样的错误。这在我们看来，完全是品德问题，而不是什么好不好学的问题。这又一次说明，在圣人门下，学习绝不仅仅是指书本知识、文化知识，而是包括"德育"的内容在内的，所谓"进德修业"，在儒学里，都是属于"学"的范畴。

说到"不迁怒，不贰过"，这六个字可真是我们一辈子都难以企及的修养。所谓不迁怒，就是自己有什么不顺心的事，有什么烦恼和愤怒不发泄到别人身上去，说得通俗一点，就是不拿别人做自己的出气筒。比如说，自己在外面受了气，不拿太太做出气筒；受了太太的气，不拿孩子做出气筒。或者，受了上司的气，不拿下级做出气筒，如此等等，那可真是难以修成的涵养。至于说"不贰过"，就是知错而改，不两次犯同样的错

误,这更是难上加难的修养。能够做到这一点,不说是非圣人不可,起码也是像颜回那样的贤人了。

如果说"好学"的准则就是这些,我们谁还敢自认为是"好学"的人呢?要修炼成仁者本色,就得不断添草加柴,贵在坚持,恒心永在。

你可能刚走出或即将走出校门,此时此刻,你首先是要找到合意的工作。不喜欢的工作,你不要它;喜欢的工作,它不要你。你不断地寄履历表、推荐函、参加面试,就这样来来回回折腾了半个月,好不容易,有一天,你终于在信箱里看到录取通知,搞定了!

谁知,这正是苦难的开始。正式上班后,你经常被上司交付做一些无关痛痒的事,让你感觉自己可有可无,不被重视。虽然你在校成绩表现优异,办公室里的那些"老鸟"可不在乎你学业得了几分。连续几个月下来,你觉得非常不舒服,所有的事情你都不满意,觉得自尊受到很大的伤害,你甚至怀疑:"我是不是还要继续干下去?"

心理研究人员指出,这是多数社会新鲜人普遍共有的现象——适应不良,尤其是从一个被保护的环境跳入另一个竞争性的环境,最容易发作。因而,在这个阶段,社会新鲜人所受到的心理冲击也最大。

美国著名的心理咨询师歇尔女士做了一个比喻:这就好像过去所有针对你需求的体贴都结束了,你将进入一个完全不是为了容纳你而设计的竞技场,在工作世界中,尽管你仍如稚龄幼儿般,但椅子已是成人尺寸,而你被期望要尽早适应,"孩子"或"学生"的身份已不复存在。

在这个阶段,很多社会新鲜人脱离不了惶恐,不知道自己到底是不是选对了工作,进错了公司,还是自己能力不足,无法承担大任?而这才只是第一关,你就感觉自己快要败下阵来!

其实,若是把整个生涯拉开来看,你未来的路还长得很,一口气吃不成大胖子,何必在刚起步的时候自己吓自己呢?除非是极少数的人,否则,现在已很少有人会在一个工作里待一辈子,多数人在一生中总会换过好几个工作,那么,现阶段这些不愉快的经验只不过是你整个生涯里的一小段插曲罢了。

小吴是某大学的学生,对一个大学生来说,小吴的生活的确够忙了。

早上 8 点，小吴固定到学校上课，一直到傍晚 6 点离开学校，转往一家补习班担任夜间导师，晚上 10 点下班回家，则开始研究当天的股市行情，并把相关资料输入电脑，一直要忙到深夜一两点才上床睡觉。周末假日，小吴也没闲着，几乎都是到建筑工地充当临时油漆工。小吴一个月所赚的钱，加起来在 4 万元上下，算是很不错的收入了。

而其他的同学大都以打麻将、玩乐为重，小吴显得很拼命，也比较"社会化"。事实上，他的家境不错，足以供养他。不过，小吴坚持要自己赚学费、生活费。他说："年轻要不要努力，完全看自己，至少，我不喜欢浑浑噩噩过日子。"

虽然，一般人都说，学生的职责就是专心把书念好，可小吴不这么想："我认为应该利用学生生涯提早规划自己未来的蓝图，否则，等到毕业或当完兵之后再来决定，都太慢了。"

根据小吴观察，平均有百分之六七十的大学生，对未来几乎都没什么想法，一到毕业的关口就变得很彷徨，到底是念研究生、就业还是出国？即使就业也不知道该走哪一行？总而言之，简直不知该何去何从。"所以，我很早就打定主意，要利用四年大学生涯多方体验人生，帮助自己找出兴趣和所长。"

严格说来，小吴还算是一个用功的学生，他并没有为了赚钱而荒废功课，成绩一直维持在中上程度。另外，他同时拥有珠算和心算初段的资格。不过，他强调自己绝非是为了分数而念书，而是完全依照自己的兴趣做选择。在学校里，他最喜欢听一些创业成功的企业人士演讲，认为"听一堂这种课，比听其他三堂课还管用"。

学企管的小吴认为，在学校里念了一大堆理论，但是，课本上的东西都是死的，必须靠自己去活用。他举自己投资股票为例："譬如，投资学上讲了很多种投资组合，如果我不实际去操作，怎么能够明白其中的奥妙呢？"

经过这些体验，小吴说他已经很确定自己以后要做什么，他有信心，将来在起跑线上能交出一张漂亮的成绩单。

即使工作不如预期顺利，也别绝望，你只要顺着心中所想，迟早有一天会找到你的最爱。或许，有些人会在你的耳边不断叮咛："你该这样！你该那样！"也有一些人会警告你："你不可以这样！不可以那样！"别管

他们，任何值得你去做的，尽管去做，你只要确定一件事：你为什么会待在这里？你是为了学习，而不是为了讨好别人。

万一是不合适的工作，也不妨试试看，只有在尝试错误中，你才能认清自己到底喜欢什么，不喜欢什么。不论是对的或错的工作，目的只有一个——让你更了解自己。渐渐地你会发现，每次学到的东西，都是在累积你的筹码。

兴趣和快乐是最好的老师

【原文】子曰:"知之者不如好之者,好之者不如乐之者。"

【大意】孔子说:"知道它的人不如喜好它的人,喜好它的人不如以它为乐的人。"

无论是学习还是进德修业等,都具有三种不同的境界:知道——喜好——乐在其中。

"知道"偏重于理性,对象外在于己,你是你,我是我,往往失之交臂,不能把握自如。所以,当需要我们身体力行进行实践的时候,往往难以做到。比如说我们都"知道"锻炼身体很有好处,很有必要,但要天天早上起来坚持锻炼身体,那就很少有人能做到了。

"喜好"触及情感,发生兴趣。就像一位熟识的友人,又如他乡遇故知,油然而生亲切之感,但依然是外在于我,相交虽融融,物我两相知。比如说我们很多人都会说自己"喜好"看书,这是确实的,但"喜好"的程度有所不同,大多数人是"好读书,不求甚解",这本浏览浏览,那本翻阅翻阅,觉得有些累了,扔在一边,明天再读,这就是"好之者",甚于"知之者",但还没有进入"乐之者"的境界。

"乐在其中"才是"乐之者"的境界。这种境界有一个最恰如其分的词语来形容,就是"陶醉"。陶醉于其中,以它为赏心乐事,就像亲密爱人一样,达到物我两忘、合二而一的境界。比如颜回,住在"贫民窟"里,用竹篮子打饭,用瓜瓢舀水喝,人们都忍受不了那种贫困,而颜回自己却乐在其中。(《雍也》)又比如孔子,发愤起来就忘记了吃饭,高兴起来就忘掉了忧愁,甚至连自己将要老了也不知道。(《述而》)用当今时髦的话来说,这就叫作"太投入了"。

很可惜,现在"投入"学习,"投入"修养自己的人都太少了,而多

半"太投入了"的，是在麻将桌上，坐在那里快乐得很，那可真是达到了"乐之者"的境界啊！

乐之者，不亦乐乎？

所谓知之者，就是迷信知识的人。这种人看似相信知识，其实没什么知识。人类最大的知识就是不迷信知识。

所以，企图"知道得越多越好"的人注定失败。他们企图从知识上了解世界，这是不可能的。我们要从本质上而不是从量上认知世界。一颗星星加一颗星星再加一颗星星，这样加下去不会等于头上的星空，因为在你加的过程中很多星星都已经不存在了，或转化了。

因此，从知识与经验上认知世界是不可靠的，必须依靠人类固有的心力与眼力。

我们认知自身也是这样的。哲人说："认识你自己。"难道是要我们做一个综合的自我检测题吗？不，不是的。认识自己的意思是认识自己的本质与灵魂。因此，迷信知识的人是无知的，其欲望是不自然而不必要的。

所谓好之者，就是对某类事物有兴趣的人，如商人对钱，男人对女人，等等。这种兴趣是出自天性或环境的影响，其发生是自然而必然的。但是它注定不会得到完全的满足，因为对象太大了。虽然可以轻易击中，但得不到全部。

一支箭射进树林中只能射到一棵树，但不能射中所有的树。树林以被射中一棵树的方式吞掉了箭。欲望以被满足有限的方式吞掉了追求无限的人。因此，对无限欲望保持强烈兴趣的人也注定失败，其欲望虽属自然但又是不必要的。

只有乐之者的欲望才能得到满足，因为它是自然而必要的。快乐使人与世界合二为一，这种欲望符合自然之道，使人与事与物达成和谐，所以能顺心如意。当然这指的是真正的乐于为之者，而不是貌合神离者。

人们之所以有时做不好事情，原因很简单，就是没有真正地成为"乐之者"。你要是真正地乐于做某件事，你就会成为你要做的事，事情本身就会成就你，成全你。所谓"智者乐水，仁者乐山"即包含这层意思，智者乐于做水就会成为水，仁者乐于做山就会成为山。只有真心喜欢一件事情，我们才会成功。原因很简单，真正的喜欢投入就多，能量一充足，就可以发电，把事情干成。

孔子所说的"知之者不如好之者，好之者不如乐之者"，显然是把

"乐之者"作为了做人的最高境界。

只有乐于做人的人才会成功。

从前有个闲适的有钱人问古希腊智者西塞罗:"你是否愿意坐下来同我探讨真理?"

西塞罗回答道:"与其与一个普通人一起认识真理,不如同柏拉图一起犯错误。"

西塞罗的意思是:知识上的探讨我已不感兴趣,现在我只关心精神上的愉悦。

精神上的愉悦者就是孔子在此说的"好之者",一个从心里喜欢的人。

冬天的时候,河里都快结上冰了。有人看见希腊智者米松光着身子在河水里捉鱼。人们惊异地问:"米松先生,你不穿衣服难道不怕冷吗?"

米松举着手里的鱼笑道:"它们也没穿衣服啊。"

愚蠢的人会指出米松的这个行为根本不明智,不能叫智者;而见此能会心微笑的人明白米松为什么会这样做:他快乐呀,他得自然之道,这就是智者。

中国魏晋时期著名的竹林七贤之一的阮籍喜欢喝醉了倒地就睡,经常睡在酒店老板娘的身旁。酒店老板开始以为二人有染,日久细看根本没这事,阮籍只不过是喜欢这样罢了。

如今,像阮籍这样的"好之者"已经不多了,而像孔子这样主张人生为快乐的智者也越来越少。

喜欢读书的人与喜欢喝酒的人,这两种人是最有品味的,他们明白如何才能让自己爽起来。生活中,我们不仅要满足自己的感官感受,还要把心灵开放出去,接收进来,用心聆听先哲的启迪,这样就不用数也知道天上的星星有多少颗了——

一种说法是天上只有一颗星星,还有种说法是天上一颗星星也没有,唯一的一颗跑到地面仰着头数星星去了。

既然你已经仰着头那就望呀望,数呀数,数累了你就不数了。

快乐来源于对本来的认知,有真知才能真乐。因此,乐之者也必是好之者与知之者,这样他的快乐才有所依附。

"知之者不如好之者"。孔子这话等于说"兴趣是最好的老师"。知道一件事不如喜欢一件事。喜欢是一种大知识。佛经上把喜欢佛学的人称为

"善知识",也是这个意思。

"好之者不如乐之者"。孔子这句话是说:做一件事光凭爱好还不行,还必须不断收获快乐才能成功。这时人是忘我的、天真的、自然的、活泼的,就像希腊智者米松冬天裸体下河捉鱼一样,看似疯癫,其实是自然。

米松多么天真,说鱼"它也没有穿衣服呀",对真理的痴迷可见一斑。孔子也是放浪形骸的,无论是在齐闻韶时,还是周游列国、藐视天下君王时,都体现了一种"乐之者"的超凡风度。孔子风度一路传下来,形成了后世著名的魏晋之风,代表了中国人(特别是中国男人)最有品味的一种生活。

三人行，必有我师

【原文】子曰："三人行，必有吾师焉。择其善者而从之，其不善者而改之。"

【大意】孔子说："三人同行，其中一定有可做我老师的。选择他们的优点加以学习，看到他们的缺点，自己就可以改正。"

三人行必有我师。那么，天涯何处无老师？真正好学的人是不拘于专门固定的老师的，随处都可以不耻下问。

从另一方面说，"择其善者而从之，其不善者而改之。"也就是《里仁》篇里所说的"见贤思齐焉，见不贤而内自省也"。老师的优点固然值得我们学习，老师的缺点也可以成为我们的借鉴，关键是不要盲目崇拜。

当然，说是这么说。事实上，老师在我们的眼中多少有些理想化的色彩，有的还萦绕着神圣的光环，使我们恰恰难以分辨哪是他们的优点，哪是他们的缺点。

所以也就只好近朱者赤，近墨者黑了罢。

在我们人生的不同阶段有不同的老师，第一老师是养育我们的父母，父母的一言一行对我们的影响最深。从幼儿园到大学，这些老师都是有形的，实际上生活中有很多对我们有影响与有帮助的人。有的人一面之缘，有的人相伴一程，有的人从未相识却受益良多。

不仅所有帮我们的人是我们的老师，那些伤害我们的人也是我们的老师。有一次听牧师讲这样一个故事：有一个人脾气暴躁，于是就求主说："请把我变成一个温柔的人。"于是主就派了一个凶恶的人来。面对这个凶恶的人，脾气暴躁的人总是小心地说话，再也不敢发脾气了。因为那个人太凶了。但是他百思不得其解，就去问主说："我求您把我变成一个温柔的人，您为什么派一个凶恶的人来。"主说："只有凶恶的人才会教会你温柔，你身边的人对你太温柔了，你如此的暴躁他们都能原谅你。"脾气暴

躁的人恍然大悟。

孔子曰:"三人行,必有吾师焉。"这不仅仅是说每一个人的身上都有值得我们学习的优点,我们要有一颗谦虚的心向身边的每一个人学习,同时还要有一颗感恩的心,感谢每一个用各种形式帮助我们的人,甚至给我们带来苦难的人,逆境使人沉沦亦使人奋进。

感谢身边的每一个人,感谢生活,感谢每一个爱你和不喜欢你的人。爱我们的人带给我们温情,不喜欢我们的人令我们不断完善自己。

有一段写在德兰修女孤儿院墙上的警句,每一次读到这段话的时候心都不由得抽紧。脑海里仿佛看见那个纤瘦、柔弱的老人用自己的一生去帮助那些需要帮助的人。通过下面的一段话我们可以想象她经历的一切是怎样的坎坷,才能总结出这样的警句来告诫世人。把这段话抄下来与大家共勉——无论是在未来的人生路上,还是在生活、事业当中,让我们多一些付出,少想一些自己的益处,这世界将会更加美好。

德兰修女孤儿院墙上的警句警示那些不讲道理、思想谬误、以自我为中心的人,不管怎样,这个世界总是爱他们的。

如果你做善事,人们说你自私自利、别有用心,不管怎样,总是要做善事;如果你成功以后,身边尽是假的朋友和真的敌人,不管怎样,总是要成功;你所做的善事明天就被遗忘,不管怎样,总是要做善事。

诚实与坦率使你易受攻击,不管怎样,总是要诚实与坦率;你耗费数年所建设的可能毁于一旦,不管怎样,总是要建设;人们确实需要帮助,然而如果你帮助他们,却可能遭到攻击,不管怎样,总是要帮助。

将你所拥有的最好的东西献给世界,你可能会被踢掉牙齿,不管怎样,总是要将你所拥有的最好的东西献给世界。

学习宜早不宜迟

【原文】 子曰:"先进于礼乐,野人也;后进于礼乐,君子也。如用之,吾从先进。"

【大意】 孔子说:"先修养好礼乐后做官的,是一般的士人;先有了官位后修养礼乐的,是贵族士大夫的子弟。如果选用人才,那我主张选用先修养好礼乐的人。"

子夏说:"仕而优则学,学而优则仕。"(《子张》)这实际上就是"先进"与"后进"的区别。

孔子的主张是"学而优则仕",先学习,提高修养然后再去做官,而不大赞成"仕而优则学",先得了官位然后再去进修学习。

以我们今天的情形作不尽恰当的比拟,孔子的主张是先读书,从小学、中学、大学直做到研究生,拿了文凭后才参加工作,才分配到政府中去做公务员,然后慢慢升迁而坐上官位,担任领导人,而不大赞成先工作,提拔成干部然后才去夜大或干部培训班进修学习拿大专文凭。

当然,这里的比拟的确是不尽恰当的,因为孔子注重的是修养礼乐的实际内容,要求修身宜早不宜迟,倒不是文凭的问题。只不过,文凭是你拥有修身经历的证明,外在的形式与内在的实际也是有所挂钩的。所以,我们今天的干部制度把文凭作为提升的一道硬杠子,是不是也与圣人的思想渊源有关系呢?

"礼乐"是孔子时代一个人的"必修课",也是一个人文化知识水平高低的象征。

先学习礼而后做官的人,犹如今天在某种专门学校学习结业以后,具有某一级学业学历的"文凭",或"资格证书",再担任某种领导职务;先做官而后学习礼乐的人,则如现代社会曾经有过的那样,让没有读书学习过的人,担负一定的领导工作。这两者的结局,显然是大相径庭的。

连两千多年前的孔子都主张选用先学习礼乐的人来当官掌权，在从事经济建设的当今时代，尤其是在实施"科教兴国"战略方针的时下，我们很难设想一个没有学习过，不具备相当科学、文化知识水平的人，可以领导好一支科学技术队伍，去赶超世界先进水平。正如有位伟人所言："文盲是没法建设社会主义的。"即便是一个肯在担任领导工作之后再学习的人，也不如先有一定文化程度的人能做好工作，这是显而易见的。因此，我们今天选用领导干部，除了看一个人良好的心理素质、政治思想和品德作风外，还要有知识，有文化，懂管理，会经营，具有经济头脑。试问，不读书学习的人，能达到这样的标准，能做好领导工作吗？

时代在前进，科学技术在发展，对领导干部的要求自然也就"水涨船高"了。举个简单的例子，过去的二等兵可以当营长，今天未经军事学院培训的人，就连个排长也当不上。一个不具备现代军事科学知识的指挥官，能带领用先进军事武器武装起来的现代化部队，并在未来的反侵略战争中取得胜利吗？

不是有"军官训练团"之类的机构来提高在职领导干部的思想业务水平吗？是的，任何人都需要在工作中不断学习，不断提高，不断进步，但那是更新、补充知识，而不同于"后进于礼乐"。

人生就是不断学习、不断奉献、不断进取的过程，是不容停滞和倒退的！

科学技术正以日新月异的速度飞快向前发展，不允许我们停顿或迟疑。任何领域的知识和水平都在以几年一更新的规律发生着变化。所以，这要求我们每一个人，尤其是领导者，要不断更新知识，提高业务能力。为此，国家举办了"成人教育"，以方便在职职工和领导干部在不脱离生产和工作的情况下，通过广播电视大学、职工技术学校、函授大学、夜大学和自学考试等途径，提高业务水平，跟上时代的步伐。

学以致用,将知识运用于实践

【原文】子曰:"诵(诗)三百,授之以政,不达;使于四方,不能专对;虽多,亦奚以为?"

【大意】孔子说:"熟读《诗经》三百篇,交给他政事,却不能处理得好;叫他出使外国,又不能独立应对;虽然读得多,又有什么用处呢?"

春秋时代诗与政治、外交活动密切相关,无论是处理政事还是在外事活动中,往往都会引证"诗曰",随口吟出,而能够切合适用。这是非常有意思的时代风气,有点儿像"文化大革命"中随口引用毛主席语录一样。它并不是要求政治家都成为诗人,更不是要求诗人来做政治家,而是因为诗里面包含了许多丰富的知识,且有表达情感、打动人心和审美、教育等多方面的功能,确实可以在政治、外交等场合起到超乎寻常的作用。尤其是经孔子删订的《诗经》三百篇,更是如孔子所说:"可以激发感情,可以观察社会,可以交往朋友,可以怨刺不平。近可以侍奉父母,远可以侍奉君王,还可以知道不少鸟兽树木的名称。"(《阳货》)所以,孔子号召"小子何莫夫学(诗)"?(《阳货》)要求学生都要学习《诗经》。

不过,孔子从来都是要求学习为应用而反对读死书的,正如他在《学而》篇里强调的那样:"行有余力,则以学文。""学"的目的是为了"行"。如果不能"行",你书读得再多也是没有用的。相反,只要你能够言谈举止得体,行为方式得当,那就如他的学生子夏所说:"虽曰未学,吾必谓之学矣。"(《学而》)

说到底,还是求实务本,学以致用。

孔子所说的"道"有两个方面含意:一是道德、道理,即一个人的行为规范;二是方式、方法,亦即事物的道理。

孔子把学习、掌握、实行"道"的程度区分为四种:一是共同学习的人群中,有的人并未懂得某些道理;二是部分人能够理解所学内容的道

理,并掌握其方法;三是部分人能使用所学的方法,并坚持某种道义;四是部分人能随机应变,适应形势发展的需要。正所谓同样受教,得"道"各异。

学而不懂,等于不学,白白浪费了宝贵时间。这种人或因智力低下,或不肯用功,或基础知识太差,或思想不专一。经过分析,找准存在的问题,即阻碍学习的原因,而后有针对性地加以改进,或改变学习方法,或发扬"笨鸟先飞"的精神,或扫除学习的思想障碍,或发挥集体的力量帮助解决、克服影响学习的困难问题,终会学有所知,学有所获,学有所成。

能够学好理论并掌握其方法的人,关键在于应用。不能运用所学知识解决实际问题,那也等于白学。此种人需积极参加社会实践,向一切有实践经验的人学习,虚心地拜他们为老师,尽快地把自己的理论转化为实际运用中的能力,方能成为理论与实践相结合的"行家里手"。

能够使用学得的知识,又能够坚持既定的道德标准,规范自己行为的人,可以成为某项事业的核心力量。这种人具有娴熟的技能,又朝着自己认定的目标,执著于事业上的追求,其前途必然光明。

这一种人,如果在取得一定成就的时候便保守起来,在获得一官半职或某种荣誉之后,便躺在"功劳簿"上睡起大觉来,或者身居要位,改变初衷,干起违法乱纪的勾当,那就走上了一条危险的道路。反之,他们始终遵循选定的方向,既孜孜以求地在事业上做出成绩,又根据时代的发展、社会的进步、科学技术日新月异的变化而不断更新观念,革新技术,学习和掌握现代化的科学理论、管理方法、操作技能和经营手段等,紧紧把握时代的脉搏,坚持正确的原则,与广大群众同甘苦,共担风险,就是社会的中坚、国家的栋梁、事业的中流砥柱。

今天,我们在形势逼人、形势喜人的内外情势下,不仅需要熟读"圣贤书"、能吟诗作赋的文人墨客,更需要能经邦治国、救济万民的经济人才和政治人才。但愿能有更多这方面的人才脱颖而出。

第十一章 管好你的家庭
——孔子的智慧与现代家庭的和谐

家庭不只是舒适的住处，还是我们精神生活的场所。一个美好的家庭乃是一切幸福和力量的根源。

在孔子的学说中，占据很重要地位的一个就是「孝」，这直接决定了中国传统社会的伦理观。而「孝」又是家庭中最重要的一个方面，人若无孝心，与禽兽何异？以孝道为根本，管好你的家庭，你的人生才可能有真正的幸福。看看孔子是如何教导我们的吧。

现代人更应谨守孝道

【原文】子曰:"生,事之以礼;死,葬之以礼,祭之以礼。"

【大意】孔子说:"父母活着的时候,要依照礼节侍奉他们;父母去世,要依照礼节祭拜他们。"

慎终追远是孝道的体现,按照孔子的说法,也就是实行仁道的根本——孝悌也者,其为仁之本与!所以过去给皇帝的奏议常有"圣朝以孝治天下"一类的话。普通人家的祖宗牌位上面也总是有"慎终追远"这四个字,表示这是一个讲孝道的家庭。

直到今天,一般中国家庭也没有废弃"慎终追远"。虽然祖宗牌位已没有了,但父母去世的丧事还是要慎重地办一办的。清明时节,很多家庭也还是没有忘了上一上祖坟,烧几炷高香。当然,那种借父母去世而大办丧事,大肆张扬以捞取钱财的做法,已经违背了"慎终"的精神,不仅不能使民风归于淳朴厚道,反而使人虚情假意,陷于商业化的人情算计之中去了。

在《论语》中,孔子还多次论述了"孝"这一主题,如:"父母之年不可不知也,一则以喜,一则以忧""父母唯其疾之忧""有事,弟子服其劳;有酒食先生馔",等等。这些论述的一个共同思想就是,不仅要从形式上按周礼侍奉父母,而且要从内心孝敬父母。如果只有生活上的关心,而无人格上的尊重,那就意味着将人降低为物(犬马)。孔子要求通过"孝"把对人的关系与对物的关系区别开来。

唐宋以后认为"求忠臣必于孝子之门",一个人真能爱父母、爱家庭,也一定是爱国的忠臣。

孔子说"父母唯其疾之忧",是说父母只是为孝子的疾病担忧,因为子女其他方面都干得很好,不用父母为他担心了。做父母的都望子成龙,尤其现在的独生子女更成了父母的掌上明珠,一切"唯孩子是从",大包大揽,做起孩子的保姆。这些在优越环境下成长的孩子们,往往产生误解,他们脱离真正的社会现实生活,以为社会与家可以画上等号,经不起一点点挫折。尹莎多拉·邓肯曾有一段语重心长的话:"我们给子女最好的遗产就是放手让他们自奔前程,完全靠自己的两条腿走自己的路。"

日本小说家大江健三郎以其"将现实与神话融为一体的诗"一举夺得1994年诺贝尔文学奖,而他的长子却是一位患先天性脑畸形症的痴呆儿。他后来忆及当时的心境时说:"面对这一残酷的事实,我真正意识到以往所拥有的知识、能力和友谊,甚至我的作品都不能成为精神支柱。"不过,大江健三郎并未被彻底击垮,他用无私的父爱和耐心把儿子培养成一位具有非凡音乐创作才能的艺术家;同时,又连续出版了《个人体验》和《燃烧的绿树》等多部以他本人如何培养痴呆儿子成为天才音乐家的事迹为蓝本的长篇小说。大江健三郎不仅是一位成功的作家,更是一位成功的父亲。

现在的父母们不惜一切地致力于把自己的子女培养为艺术家、文学家,而往往忽视了对孩子思想品德、社交能力等身心素质的培养,而且在教育方式上不是一味地溺爱孩子,就是对孩子粗暴严厉,这样培养出来的孩子,身心都不是健全的。英国查尔斯王子的父亲爱德华公爵作风强硬,他深信,要在这愈来愈复杂的世界当国王并不容易,因此要自幼严加训练。他往往在大庭广众之中抓住查尔斯的小错处加以斥责纠正,甚至加以嘲讽。再加上宫中生活的寂寞孤独,查尔斯自小就是柔弱被动的。因为皇储的特殊身份,性格内向的查尔斯在寄宿学校也没有一个要好的朋友,在打橄榄球赛冲撞之际,查尔斯的同学会故意顺势加上一拳或一脚,然后向同辈炫耀:"我们刚揍了未来的国王一顿。"查尔斯在日记中写道:"在绝大部分时间,这里简直是个地狱。"孩童时的忧郁一直影响到他成人后的

第十一章 管好你的家庭——孔子的智慧与现代家庭的和谐

生活。

现在,一些在糖罐中成长的孩子却忘了自己的糖罐是从何而来,更忘了父母也会有年迈需要照顾的一天,似乎自己的一切都天经地义,一切都会有父母来照料。殊不知看到一天天成长起来的孩子,父母也会在内心寻找一种依托和港湾。传统的"孝"在经过一些所谓的名人名家的批判之后,渐渐地没有了存在的空间,这实在有些悲哀,至于一些人利用"孝"来捞取非法之财,更是到了人神共愤的地步。

父母在世时"游"要有方

【原文】"子曰:父母在,不远游。游必有方。"

【大意】 孔子说:"父母在世时,不要离家远行。如果非要出外游历的话,也要有一定的方向。"

在当今天涯若比邻,以旅游业可富国兴邦的世界大串联时代,"父母在,不远游"似乎已成了荒唐可笑的言论。

然而,古人交通不便,音讯难通,不像今天从南疆到北国飞机可当天打来回,"大哥大"手机漫游全国,随时可以打一通回家。那时远游在外,少说也是一年半载,万一父母急病或紧迫有事,难以召回,往往误了大事,甚至有错过了给父母送终的遗憾。所以,"父母在,不远游"并不是无稽之谈,而是要求做子女的时时不忘孝敬父母的义务,在安排自己的活动时要想一想二老在家的实际情况,加以合理的调整。

何况,即使在当今时代,离家远游的人不也音讯常通,几天一封信,一日一通电话吗?之所以如此,不外乎是为了使家里人放心而已。可见,人之常情,古今并没有什么不同。

所以,至少"游必有方"在今天还是适宜的吧。

孔子说:"父母之年不可不知也,一则以喜,一则以忧。"又说:"父母在,不远游,游必有方。"这些话都是至理名言。

人别在失去时才知道拥有。

孔子生下来父亲就死了,十几岁时母亲又死了,对母亲的无限追恋,对父亲的无限渴望,使他深刻了解父母对人类成长的重要性,这是本源与本原,绝不可舍本逐末,绝不可本末倒置。

很多人离开家乡去外面打天下,有的成功了,有的没成功,都无一例外地蹉跎了岁月。他们或因成功而忙碌,"没有时间看父母";或因一事无成而羞于见爹娘。这样就出现了一个奇怪而又残酷无比的普遍现象:

他们一去无回，等终于哪一天回到家中一看，父母老了，病了，甚至死了。

这是多么惨痛的教训，这时才知道什么叫："一失足成千古恨，再回头是百年身。"

为了避免这种情况发生，我们做子女的就应该多爱父母，多想父母，多看父母，"父母之年不可不知也"！

一个"孝"字，将一个人的人品高下昭然揭示。

一个人如果坏透了，无恶不作，但知道孝敬父母，我们仍将他当人看。

一个人如果名声好得不得了，对谁都好，偏偏对父母不好；事业有成，偏偏忘了根本，那么这样的人不值得交往，应该把他（她）驱逐出"人"的概念，让他（她）在痛失所爱时知道什么是悔恨。

孔子是幸福的，他享受到了足够的母爱，同时也享受到了他没见过面的父亲给他的无尽父爱。"亲人在天国凝视着你"。

孔子强调"孝"的重要性，这是对父母的尊重，也是对我们人生起源的严肃思考，更是对自我的肯定。爱父母才能爱自己。在哲学家与科学家看来，每个人与他（她）的父母其实比想象的更接近。父母揭示我们的命运，因此对父母好不仅是回报，更是为了做好自己。

选择一个好的住宅

【原文】 子曰:"里仁为美。择不处仁,焉得知?"

【大意】 孔子说:"居住在有仁厚风气的地方才好。选择住处而不选在有仁厚风气的地方,怎么能说是明智呢?"

昔孟母,择邻处。子不学,断机杼。(《三字经》)"孟母三迁"的故事已经是妇孺皆知的了。其实,它正好以生动形象的方式表达了孔子"里仁为美"的思想。

荀子说:"品质高尚的人居住一定要选择地方,交游一定要选择朋友,这是为了远离歪风邪气而接近仁义道德。"(《劝学》)

讲的依然是"里仁为美"的意思。

用现代教育学的观点来看,"里仁为美"就是强调环境对人的重要影响,其道理已不需要多说了。

任何一个家庭都不是孤零零存在的,总有左邻右舍。邻里相处,建立在共同住地的基础上,在日常生活领域发生多方面的互助关系,邻里交往是很密切的。每个家庭都愿意搞好邻里关系,于人家方便,对自己也有利。但客观上邻里关系不好的却为数不少,有的"鸡犬之声相闻,老死不相往来",有的斗气吵架怒目相视,矛盾又不好直说的就更多了。要减少和避免邻里不和,搞好邻里关系,就不能忽视邻里交往中的公德问题。

有的人只关心自家的事,对邻居的情况不闻不问,或自以为清高,或标榜不多管闲事。一旦自家有事情,便后悔不已。有位大妈边跑边喊:"捉住前面的小偷!"邻居小两口迎面过来却侧身让小偷跑了过去。大妈上气不接下气地告诉他们:"偷的就是你们家的东西。"待这两位明白过来,再去追赶时,小偷早已不见踪影了。"只扫自家门前雪,不管他人瓦上霜"的结果,只能是自家门前雪成堆,自家瓦上霜也重。

俗话说"远亲不如近邻"。这句话是说与邻居的亲切胜过远亲,与邻

居的交往频繁,相互帮助更多。

中国古代人们就认识到了这个道理。《南史·吕僧珍传》里有一个"百万买宅,千万买邻"的故事:宋季雅任上卸职回到京城,在辅国将军吕僧珍家旁边买了一栋住宅。吕僧珍问他买房子花了多少钱,宋季雅说花了1100两银子。吕僧珍认为太贵了,宋季雅却说不贵,这是用100万买房子,用1000万买到了你这个好邻居。

在日常生活中,需要邻居间互相帮助的事情很多。比如有的邻居工作和学习很忙,时间比较紧,或家中人手少,有孩子拖累,你要是上街买菜,不妨主动问一下邻居需要买什么菜,方便的话就顺便帮邻居买回来。有的邻居有客人来访,而碰巧家中无人,在弄清对方身份的前提下,或请客人留张纸条,或将客人让到自己家中稍候。如果客人给邻居带有礼品,可代为收下,等到邻居回来时,再将纸条和礼品一并交给邻居。如果邻居家有人患病,要表示慰问,并主动帮助请医生或护送住院。在必要的情况下,还要主动协助护理,帮助照顾家里的老人孩子,使邻居能安心治病。假如邻居因公出差,可以适当地应邀帮助照顾他家,诸如买粮、买煤等。邻居若是全家老小出远门,也可帮助照看家,还要义务为邻居防火防盗。邻居如果发生了突发性困难,在钱粮和物品方面应主动帮助,以济邻居一时之难。邻居家里吵架生气,或遇到烦恼、伤心的事求助于你时,不应袖手旁观,应主动去劝解和开导。这样当你遇到困难时,大家定会帮助你。邻里间的关系就会变得更亲密了。

邻里相处,不能只图自家方便,只想自己占便宜。城市居民,左邻右舍,楼上楼下仅一墙或一层楼板之隔,任何声响都会影响邻居。因此日常生活中,要多加注意。比如家庭聚会,不要高声喧哗,举办家庭舞会也要尽量避免影响邻居。听广播、看电视应把音量尽可能放小,尤其在午间或夜里的休息时间更应注意。有的邻居上夜班,白天要睡觉,所以白天也不宜音量过大。现在卡拉OK进入家庭,给生活带来了新的色彩,但如果不注意也会成为公害。现在的居民住房隔音很差,你尽情歌唱,别人受得了吗?家中装修要事先同左邻右舍打招呼,搬动桌椅也要注意轻拿轻放。有小孩的家庭,不要任他在屋里乱喊乱跳、玩具使劲往地上扔,以免影响邻居。一些楼房质量很差,地板渗水,拖地时不要淋水,也不要在地上洒水,以防渗到楼下的天花板上。住在楼上,不要随意往楼下扔果皮之类的脏物，不要往窗外吐痰，更不要往下泼脏水。在阳台上晾晒衣物或给花盆浇水时，要注意不要把水渗滴到楼下。在阳台放置东西一定要牢固，以防掉下去砸坏楼下的人或物。占用公共面积要与邻居协商好再使用，临时停放自行车或其他物品于公共地方，不要妨碍别人行走。公共卫生要共同保持，不可只是顾自己方便乱扔乱倒垃圾。有的人家屋里收拾得非常干净、漂亮，甚至还很豪华，但在楼道随便堆放杂物，妨碍楼里人们上下楼。不要随意把硬壳物往垃圾道里扔，造成堵塞，整楼的人受害。尤其是夏天，垃圾道一堵，蚊蝇满天飞，臭气难闻。要经常主动清扫楼道楼梯，不能只依赖别人去做卫生。城市居民不能养家禽家畜，以免影响邻居卫生。

邻居住在一起，难免闹些矛盾误会。一旦发生矛盾，邻居间应互相谦让，及时处理，使矛盾不致扩大。对邻居不可蛮不讲理，恃势逞强。俗话说，让人一步自己宽。住在楼下容易受到影响，楼上有时往下扔东西、泼水，可能弄脏了你晾的衣服；楼上拖地洒水可能弄湿了你的天花板，切忌乱敲暖气管或怒气冲冲指责，你可以礼貌地提醒他们。你的宽容精神与和颜悦色的态度，他怎会不注意，又怎会无礼呢？两家孩子如发生争执，首先要批评自己的孩子："你比小东大，怎么不让着点儿，快向小东说对不起。"如果损坏了邻家孩子的玩具，要主动赔偿；碰痛了邻家的孩子，应主动登门向其家长道歉，并慰问孩子。即使自己的孩子吃了亏，被对方打了，他又占理，也不要对打人的孩子吼叫，这样显得大人太没有涵养了。你可以找到打人孩子的父母说明情况，因为他们不知道孩子打人的事，对孩子管教也是不利的。再如自己的妻子（丈夫）与邻居发生争执时，无论是妻子（丈夫）有理与否，做丈夫（妻子）的都不应感情用事，公然出面与邻居对着干，或在暗中推波助澜；而应劝阻自己的家人并向对方表示歉意。千万不要出言不逊，扩大矛盾，即使对方不认错也不要恶语相加，甚至动手。假如对方认识到自己错误，向你表示歉意，你还应劝慰对方不必介意。

邻里之间成天低头不见抬头见。谁家的喜怒哀乐、送往迎来、吃喝穿戴，邻居都能看得见，听得到。有些人就爱捕风捉影，添油加醋地议论张家长李家短。今天把孙家的矛盾告诉王家，明天又把赵家的家丑告诉李家，后天再把江家的新鲜事告诉何家，甚至制造流言蜚语，弄得平地起风浪，四邻不安。可见，拨弄是非是搞好邻里关系的大敌。大文豪乔史说

过:"拨弄是非的舌头是魔鬼,所以上帝要用嘴唇和牙齿两道栅栏把它关在里面。"要防止"魔鬼"出来兴风作浪,大家应自觉抵制,而不是津津乐道、推波助澜,不要给拨弄是非者以市场。说闲话、嚼舌头,不管是有意还是无心,其结果都是不好的。邻居们在一起聊天的时候,不要说伤和气的话,不做损害人的事儿,不去打听邻居的私事,也不偏听偏信。听到对自己的是非之言,要冷静分析,不去过多计较,如有人恶意中伤,毁人名誉,应严肃纠正,必要时还可诉诸法律。

实际上,邻里间往往因为一些鸡毛蒜皮的小事而闹得不可开交。双方遇事毫不相让,针尖对麦芒,以眼还眼,以牙还牙,结果小事闹大,矛盾加深,结成疙瘩,久久不能得以解决。在邻里相处中,应该严于律己,宽以待人。若每个家庭都能经常注意自己的涵养,邻里间的矛盾就会减少很多。

"里仁为美"强调的是选择居住环境的重要性。这种选择虽然有些遥远,但选择一个相处得来的邻居却是在许多人的能力之内的事,只是这种选择往往是双向的,你若要想得到邻里之间的友好相处,自己须掏出一片真心对人。

教子有方，万不可拔苗助长

【原文】 子曰："中人以上，可以语上也；中人以下，不可以语上也。"

【大意】 孔子说："中等智力以上的人，可以和他谈论高深的学问；中等智力以下的人，不可以和他谈论高深的学问。"

在圣人看来，人的智力是分为上、中、下三等。

如果你是教师，就应该据此分析学生的不同资质，采取不同的教学方法，这就叫因材施教。

如果你是学者，就应该据此选择学术探讨的对手，掌握谈话的难易深浅，以免对牛弹琴，使对方不知所云。

如果你是家长，就应该据此分析孩子的潜质，并善加引导，尽量将其引上一条适合其自身的道路，而不是一味强调大学、知识，虽然这些也很重要。

世纪之交的社会转型必然带动升学、就业和生存方式的转变，跨世纪的一代面临的是复杂的人际关系、剧烈的生存竞争、频繁的职业变动、下岗失业的威胁等现实问题，适者生存的自然选择规律，要求现代家庭首先要将孩子培养成一个能独立生存的人，再努力将他培养成一个对社会有用的人。

学会放弃是理智之举。并不是所有的孩子都能成为艺术大师、专家学者、政坛新秀或全能冠军，因材施教才能更符合人的成长规律，因此放弃在许多时候是一种理智之举。

也就是说，教育子女必须重视情商的培养。情商（EQ）又称情绪商数，它表达的是一个人控制自己的情绪、承受外来压力、合理把握自己心理平衡的能力，情商比智商在更大程度上决定着一个人的工作、爱情、事业、婚姻、人际关系及整个人生的起落浮沉。

学会放弃，就是教育孩子在利益面前要正确取舍，在应该放弃的地方

果断放弃,在不应该放弃的时候,勇往直前地挺住。

家长的最大愿望莫过于让孩子未来拥有一个健康、成功、自在的幸福人生,而一个人成功与否主要取决于能力(智力和非智力因素)与机遇,而中国目前的家庭教育往往重视智力因素的开发和培养,却忽视了非智力因素对孩子命运的影响。这种缺乏全面发展的家庭教育引发了越来越多的情绪化问题,如离家出走、自杀、焦虑、厌学厌食、孤僻、恐惧,一些从北大、清华名牌学府出来的高材生,由于缺乏智力以外的心理素质,缺乏在生活中承受社会挫折的应变能力,走上社会后同样有不少人连工作和职业都不能胜任。因此在开发少儿智力的同时,如何培养孩子自信、自重、百折不挠的品性,已成为现代家庭教育的焦点问题。

生存环境的变化、价值取向的调整必然引发教育模式的革命,这场育儿革命呼唤现代家庭走上智力开发和情商启蒙教育并重的现代家教之路。

父母最怕孩子出事,最怕被老师叫到学校听"批评",最怕看到孩子不如人,但这都是育儿过程中不可避免的。

即使你饱览群书、未雨绸缪,很多事情也并不会像你预期的那样顺理成章。也许你会认为孩子应该自觉主动地学习,孩子应该对父母诚实,孩子应该懂事了……而最后的结果往往都是"不应该"式的埋怨:孩子不应该不会,孩子行动不应该这么慢,孩子不应该这么做……

为什么呢?因为"应该"的事多是我们的理想、我们的期望,是完美的假定。

面对孩子的"过错",许多成人善用的方式是"动武"与"软禁"。在苦口婆心的劝说变得"苍白无力"后,往往就会条件反射地想起"不打不成才"的古训。孩子被"打"后几日难得的"乖巧"更增添了"动武"的意义。但很多时候,"动武"只让孩子记住了"痛",而忘记了"痛的根本原因"。父母只强调"以后还做不做",却忘了教给孩子"以后怎样做才好"。如果日后又犯了错,孩子还可能因为"痛"而"说谎",这样一来非但未解决前面的问题,还多了个让父母"深恶痛绝"的毛病。

因此,面对"过错"请慎"动武",愤怒时的打骂,可能最大的好处只在出了口气。

"软禁"则是父母将孩子"监控"起来:孩子做作业,父母旁边陪;孩子要出去,父母左右伴;孩子去学校,父母变"密探"。总之,为了避免孩子"犯错",尽可能不让他单独行动。结果是"孩子没有主动性""孩子连基本的时间观念都没有""孩子的自理能力很差"……没有父母在,什么都一塌糊涂。那么到底该怎样对待孩子的"过错"呢?

其实,"过错"在孩子的成长中有着很大的意义。孩子"犯错误",是因为他们"无知"。"过错"只是孩子为了满足自己的需要而采取的不恰当的方式。比如:孩子因为考试失败而对父母说谎,只是因为他不想挨批评甚至挨打,而且也想不到更好的方法;孩子不能按时完成功课,只是没有学会时间的合理安排;孩子爱看电视,只是没有找到更有趣的事做……所以孩子有了"过错",实际上是在提醒父母,要在哪一方面去引导他,教给孩子合理的做事方式,比一时气急痛打一顿或者干脆取消孩子的"独立性"有效得多。

在孩子的成长过程中,请允许"过错"发生,请包容"过错",先不要发怒、失望与伤心;请放弃完美的构想,而应拿出实实在在的建议。如果您不能接受孩子的"过错",孩子也不会接受您"应该"式的教诲。

第十一章 管好你的家庭——孔子的智慧与现代家庭的和谐

形成良好的家风

【原文】陈亢问于伯鱼曰:"子亦有异闻乎?"对曰:"未也。尝独立,鲤趋而过庭。曰:'学《诗》乎?'对曰:'未也。''不学《诗》,无以言。'鲤退而学《诗》。他日又独立,鲤趋而过庭。曰:'学礼乎?'对曰:'未也。''不学礼,无以立。'鲤退而学礼,闻?斯二者。"

陈亢退而喜曰:"问一得三,闻《诗》,闻礼,又闻君子之远其子也。"

【大意】陈亢问孔鲤说:"您从老师那里受到过与众不同的教育吧?"孔鲤回答:"没有。他曾经一个人站在庭中,我恭敬地走过,他问我:'学《诗》了吗?'我说:'没有。'他便说:'不学《诗》,就不会说话。'我退下后便学起《诗》来。又有一天,他还是一个人站在庭中,我恭敬地走过。他又叫住我问:'学礼了吗?'我说:'没有。'他便说:'不学礼,就无法立身。'我退下后便学起礼来。要说有什么特别的教育,就这两次吧。"

陈亢下来后很高兴地说:"我问一件事得知了三件:得知《诗》,得知礼,还得知君子不偏爱自己的儿子。"

过去很多文化人家的厅堂里都挂着"诗礼传家"的匾额,这来源大概也就是起于孔子对自己儿子的教育。

现代社会,我们当然不能要求每一个家庭都像古代人那样以诗礼传家,但是孔子的教导我们也不能等闲视之。一个家庭如果没有了礼,现在来说就是如果没有了良好的家风,那么家庭是很难取得和谐的。

现实生活中不少家庭,婆媳关系、姑嫂关系、夫妻关系之间出现"冷冷热热"的现象,时有发生。做婆婆的常叹息:媳妇毕竟不是自己养的;媳妇呢,也常常恨得"理直气壮":婆婆毕竟不是亲娘。基于这种认识,家庭矛盾又怎能不愈演愈烈呢?

家庭不讲礼仪，没有规矩，孩子就像野马一样，横冲直撞。现在有些学生，在日常生活中，见面不知道打招呼，不知道称呼人，给老师起绰号、骂人、打人，一身的霸气、匪气，这都与家风不正有很大的关系。

所谓家风，是一种由父母（或祖辈）所提倡并能身体力行和言传身教、用以约束和规范家庭成员的一种风尚。家风是一个家庭长期培育和形成的一种文化和道德氛围，有一种强大的感染力量，是家庭伦理和家庭美德的集中体现。"家风"一经形成，就能不断地继承发展并有着日积月累、潜移默化、前后继承、陶冶家庭成员性情的作用。正如社会风气是社会道德水平的一个重要体现一样，家风是一个家庭成员的道德水平的体现。家风作为一种精神力量，它既能在思想道德上约束其成员，又能促使家庭成员在一种文明、和谐、健康、向上的氛围中不断发展。

家风同社会风气有着相互渗透、相互制约的关系。家风一方面要受社会风气的影响，同时，它又能反过来对社会风气的形成、变化发挥强有力的作用。良好的社会风气有助于良好家风的形成。在社会风气不好的情况下，如果能重视家风的建设，那么，良好的家风也能够对社会上的污浊空气起到很好的净化作用，有利于整个社会风气的改善。

从我国优良的传统道德和古代家训和家风中，特别是从许许多多的革命家风中，结合我们现代社会生活和家庭美德的要求，我们可以认识到，一个文明、和谐、健康、向上的家风，一般说要包括以下几个方面的内容：

（1）尊老爱幼的风尚；

（2）孝敬父母的风尚；

（3）勤俭持家的风尚；

（4）诚实守信的风尚；

（5）勤奋好学的风尚。

你的家庭要形成良好的家风，就要从现在做起，从自己做起。

请你立刻这样做：

（1）从你建立的家庭开始；

（2）召开一个全体家庭成员会议，讨论这个问题；

（3）制定一个全体同意的家规；

（4）你带头执行；

（5）让你的子女继承这个家规。

一个良好的家风需要几代人的努力，一旦形成，就会创造幸福家庭，世代受益不尽。

要正确处理家庭矛盾

【原文】 子曰:"事父母几谏。见志不从,又敬不违,劳而不怨。"

【大意】 孔子说:"侍奉父母,对他们的过错应委婉地劝阻。如果见他们不愿意听从,仍然应该恭敬地侍奉他们,不得冒犯。虽然心里忧愁,但也不能怨恨。"

子女同父母的矛盾是家庭矛盾中较为常见的,那么,子女该如何正确处理这种矛盾呢?见父母有过错而不加以劝阻,是陷父母于不义之中,自己也是不义。劝阻而不恭敬委婉,是不孝。劝阻不听而大吼大叫冒犯父母,甚至心生怨恨,那就是大逆不道的行为了。

因此,处理这种矛盾对子女来说极为棘手。不仅要情理兼顾,还要做得恰到好处,恰好就是这一点最为困难,尤其是对我们今天号称"小皇帝"的独生子女来说,要做到就更是难乎其难了。

事实上,子女与父母的矛盾还不是最主要的家庭矛盾,夫妻之间的矛盾才是最让现代人头痛的。

首先,从找对象到结婚,是一个从爱情到婚姻,从浪漫到现实的过程,在这个过程之中,难免会产生不同的矛盾,如果不能正确对待,那就很可能让你的婚姻成为埋葬爱情的坟墓。

有人曾形象地把婚姻比作一条船。婚姻这条船除了乘载男女之外,就是人们念叨追求了多少年的爱情和幸福。其实古人的"舍筏登岸"就很明智,一个单体的婚姻承载不了多少东西,摆一回渡就要"载"点什么,贪多即沉,恶重即漂,大约在恰当这一砝码上才能检验出婚姻的质量。一个单体的婚姻在渡完历程的时候,最有意义的就是毫无遗憾地"舍"船登岸了。

冈察洛夫曾经说过:"爱情就等于生活,而生活是一种责任、义务,因此,爱情是一种责任。"

这就是说，夫妻双方共同划的这条船要求双方共同承担一定的责任。家庭靠爱情来维系，还要靠责任来维护，一涉及责任义务，矛盾就不可避免。同父母的矛盾、同子女的矛盾、夫妻之间的矛盾纠缠在一起，就使得家庭这条船随时都有颠覆的可能。在这些矛盾中，最主要的还是夫妻矛盾。只要化解了夫妻矛盾，其他矛盾就迎刃而解了。

要解决夫妻矛盾，只有了解了夫妻矛盾产生的原因，才能够有针对性地化解家庭矛盾。

有人总结出家庭矛盾起因的六个方面：

第一个起因是婚前婚后的变化。热恋中的情人自以为对对方十分了解，其实这种了解是有限的，热恋中的男女总是自觉或不自觉地把对方理想化、偶像化；况且恋爱时，人们常会展现给对方光明、向阳的一面，而婚后朝夕相处，就必然产生本性的还原和暴露。这种对于不了解的矛盾，势必波及夫妻的情感生活。

某报上曾载这么一个故事：在上海有一个青年为了追求一位好姑娘，刹住了自己原来的不轨行为，在两年之内无论是工作还是生活，都有了惊人的进步，尤其是对待那位姑娘特别好；而姑娘不甚了解他的过去，尽管也有人说东道西，但在现实表现面前，她倒以为人家是故意离间，姑娘全然不理，以致使那位青年如愿以偿。可是结婚以后，那青年目的达到了，就原形毕露，女的开始感到痛苦异常，深感爱的希望泯灭了，人生的幸福牺牲了，一切都是假的。但是，没有办法只好强忍下去。可是，男方得寸进尺。事实告诫女方，忍耐绝非长久之计，她慢慢感觉到，应该想办法改造对方。先是细致地做工作，好言好语规劝，可恼的是男方毫无反应，妻子无可奈何。后来女方开始不理睬他，回娘家住了一个多月，并写好了离婚协议，威胁要离婚。男方开始有些害怕，退让了几步，答应痛改前非。女的趁机发动进攻，一方面细心周到地照料，一方面慷慨陈词，使丈夫觉醒，并协助领导和男方父母为他化解了不少委屈。同时她主动承担责任，又勤俭持家，结果经过努力，男方终于被感化了，改过自新，重新做人，两人开始了幸福的家庭生活。

这个家庭的夫妻矛盾具有一定的代表性。由于妻子采取了正确的态度和方法，化解了矛盾，保住了家庭。

家庭矛盾的第二个起因是家务劳动。在双职工家庭中，两人都要上班，家务、孩子或老人要照管，谁来干这些事，这是工作与生活的矛盾。如果双方因此相互指责和埋怨，那就会发生口角，引起夫妻不和，伤害双方情感。有的人在工作单位本来就很劳累，一回家还要继续奔忙，家庭不是给他（她）以休养生息，反而带来了麻烦和负担。据调查：夫妻矛盾70%以上都起因于家务劳动问题。做不完的家务，势必会影响夫妻感情，两人出现矛盾，打打闹闹就会影响家庭秩序，进而影响工作情绪和效率。即使不闹矛盾，葬身于无限的家务劳动之中，休息娱乐不好，又有什么心思和精力工作呢？还有什么业余时间学习、创造发明呢？所以，这是个亟待解决的普遍的家庭问题。

家庭矛盾的第三个起因是经济开支。这类矛盾在农村、城市均有发生。尤其是在对老人的赡养上经常引起矛盾。在城市里，一般老人都有退休工资，基本生活费可能自己够用。但在农村却不一样，老人全靠晚辈供养，有的晚辈根本不愿意拿出钱来照顾长辈，这样就引起很多家庭矛盾。首先，是长辈与晚辈之间的矛盾，一方要生活，另一方则不给基本生活费或物质。其次，是夫妻之间的矛盾，有的一方愿意供养老人，而另一方面反对。这些问题对于无私的人来说是很好解决的，但自私者却执意不干。父母和子女之间本来是不分彼此的，子女小时由父母照顾，父母老时自然应是子女供养，根本用不着争执。中华民族有着几千年抚幼养老的优良传统。可是，目前有的晚辈不讲道德，养育之恩抛于脑后，只图夫妻快乐，不顾长辈死活。对于这类不肖子孙应受到道德舆论的谴责和法律的制裁。

第四个起因是一方只顾工作，不顾家庭生活和夫妻感情。据有关方面调查和分析，在当今这个抢速度争时间的改革年代，随着一批中年人走上领导岗位和成为骨干力量，中青年家庭生活特别是夫妻情感交往的时间和机会减少了，因此，夫妻发生不和的现象在上升，有的还因此离了婚。时代变化，家庭总是打上时代的烙印，时代步伐加快了，家庭生活的节奏也在改变，如果我们还以过去的家庭观念来对待现实，那就会落后于时代。在现代家庭中，必须既要讲求效率，又要珍惜家庭生活，尽管在可能的时间内享受天伦之乐，不能从一极端走到另一极端。家庭是社会的一个细胞，你干了工作，冷落了家庭，同样没有尽到社会义务，反而造成了新的社会问题。同时，社

会想办法采取措施帮助这样的家庭排忧解难也是十分必要的。

第五个起因就是"第三者"插足。据有关部门统计,与"第三者"插足有关的离婚案,在全部离婚案中所占的比例,由20世纪80年代中期的10%左右,上升到了现在的20%左右,个别地方达到30%以上。而尚未诉诸法院和暂时还未导致离婚的"第三者"插足行为,则无从统计。

有人说结婚后第一年新鲜,第二年不新鲜,第三年外出找新鲜。正是这种心理造成了"第三者"插足的现象。实际上,"第三者"现象在生活中是复杂的,随时都会影响到已经建立起来的家庭,如果不引起重视,夫妻不及时调整家庭生活,不断地更新爱情,家庭就会被第三者颠覆。

第六个起因是夫妻个人需要的丧失。夫妻双方都有不同的需要,男人接受的教育是独立,女人接受的教育是依赖;男人在生理上需要女人,女人在心理上需要男人,当婚姻将这两个截然不同的个性合成一体时,男人和女人必然会发生不愉快的冲撞,由此产生了理解的艰难。

通常,女人喜欢雄心勃勃的男人,为此她们得忍受形单影只的痛苦;男人喜欢标准的贤妻良母,为此他们得忍受百般纠缠的无奈。由于男女分别处在两种不同的世界——男人的世界是事业,女人的世界是婚姻;男人的世界在外面,女人的世界在家里,于是出现了两种不同的爱情观和两种不同的真理。男人总想以事业的成功证明自己对妻子的爱,但是,妻子总觉得丈夫不懂得生活;妻子总想以拿手的烹饪来取悦丈夫,但是,丈夫总觉得妻子有欠高雅;男人的真理是进取,是竞争,是不断创造,是不能落在别人后面;女人的真理是丈夫按时回家,孩子切勿生病,洗好的衣服及时晾干,拥挤的住房保持干净。人们总把婚姻悲剧归结为爱的失落——因为没有爱,所以彼此不能理解,其实多半是误解造成的种种障碍吞噬了那份爱。

明确了家庭矛盾的起因,我们就能找到解决矛盾的办法。

下面是一些处理家庭矛盾的方法:

(1)调整各自的生活习惯,互相接受。要现实地对待家庭生活。家庭生活不像谈恋爱时那么浪漫、那么潇洒,各自都把自己最优秀的方面显露出来,而一走进家庭,人的优缺点不自觉地全都暴露无遗。应该有这样的意识,接受一个人就是接受了他的全部,你不可能说我只要这一部分,而不要那一部分,要学会宽容,互相尊敬和忍让。

著名科学家爱因斯坦的两次不同的婚姻为我们提供了很好的参照。爱因斯坦的前妻米列娃因不能容忍丈夫极少的关心与体贴，而只是一味地与原子、分子、空间、时间为伴，便时常与其发生摩擦，而两人的个性都很强，终于分手了。而第二任妻子艾丽莎却是一个体贴入微，懂得尊敬与忍让的人，她深知爱因斯坦的脾气，从不干涉丈夫的工作，尽力帮助爱因斯坦争取每一分钟，让他安心地投身事业。爱因斯坦自己也开始被感动，在百忙之中抽出时间来陪妻子度过美好时光，甚至他在记者招待会上曾说过："艾丽莎不懂得相对论，但相对论却有她的一份心血。"

（2）积极分担家务，互相体谅。夫妻成家以后，特别是有了孩子，家务活就多起来了，双方都应该承担。

虽然丈夫不可能像妻子那样对家务产生兴趣，但是只要有时间，就要尽可能地帮妻子干点家务，如下班后回到家看见妻子做饭，千万不要拿张报纸坐在沙发上等着享受。即使你很累、很烦，也应该择择菜、擦擦饭桌、拿拿碗筷呀，这些小小的家务不会累着你，反而会调节家庭的气氛和情绪，这顿饭大家吃起来一定很愉快。

（3）经常交流思想，沟通感情。在结婚之后，夫妻开始了正常的婚姻生活，不再有那种富有诗情画意的追求和被追求，不再有那种苦乐掺半的爱与被爱，也不再有那种令人担忧的抛弃与被抛弃，一切都趋于平静自然。此时，双方的注意力有了很大转移，有的转向了工作、学习，有的恢复了婚前的兴趣爱好，有了孩子后，便全部转向了孩子。

有的夫妻认为，恋爱时，因为双方的空间距离导致了思想感情上的距离，沟通则能缩短这种距离；而结婚以后，双方吃在一起，住在一起，从两个独立的个体变成一个整体，空间距离接近了，我要干什么你都知道，你干什么我也知道，因而也就用不着刻意进行沟通。所以，多数夫妻就都形成了你想你的，我想我的，你干你的，我干我的，谁也不管谁的状况。

女的吃苦耐劳精神是很强的，在普通家庭中，她们完全可以在工作之余承担全部家务劳动。然而，女人的情感又是异常脆弱的，她们需要丈夫的爱抚，需要丈夫的甜言蜜语。而且女人的情感又是非常容易满足的，当她们做了大量家务之后，有时只需要丈夫的一句赞扬、一个吻，甚或是一个深情的微笑，她们就会心满意足，心甘情愿。

所以，夫妻之间除了一起做家务之外，还可利用交谈给劳动"配音"，用语言沟通双方的思想感情，可消除生活中的单调无聊、枯燥乏味，又能使夫妻协调融洽、心心相印。

（4）不断更新自己，创造家庭情趣。有些男女，婚后衣着、容颜等不再讲究，也不大修边幅。特别是男同志，这方面的问题更为严重。其实，无论夫妻哪一方，都不希望对方在别人的心目中有不好的形象。因此，注意自身形象，不但可以取悦对方，而且，也是在公众场合为对方挣面子的需要。

好的生活需要新鲜感，为保持新鲜需要适当地保持距离。为此相爱的夫妻最好能有意识地制造一些分离"游戏"，比如出差和单独度假，或和亲朋好友单独聚会。现在美国青年夫妻时兴"GIRL'S DAY 和"BOY'S DAY"（"女孩日"和"男孩日"），实行办法是婚前两人都接受彼此适度的自由条件；妻子需要适当地和女友聚会，丈夫需要适当地和男友聚会。

（5）创造意外惊喜，增添家庭情趣。出乎意料地使对方惊喜，常会起到感情"兴奋剂"的作用。因此，创造一点儿意外惊喜，对于增进夫妻双方的感情很有好处。如瞒着对方，将他（她）在远方的亲人接来会晤，为对方买一样很想得到的物品，为夫妻俩创造一个对方没有准备的活动，等等，都可以使意外惊喜油然而生，从而迸发强烈的感情火花，掀起欢腾的爱情热浪。

（6）留足欢爱时间，满足夫妻个人需要。在快节奏的现代社会竞争中，每个人的工作都是十分繁忙的，有不少人忙于公务而顾不上夫妻俩的情感生活，以致夫妻经常不能一起进餐、共眠，影响了两人情感的巩固和发展。所以，工作再忙，也要巧于安排，挤出时间，留给两人共同生活，共浴爱河。

不少夫妇婚后性生活老一套，缺乏创新，并导致感情老化。所以，要善于创造新鲜的性生活方式，通过改变性生活的时间、地点、体位等办法，使夫妻的情感之花永葆青春。

现在有关夫妻关系的学问中，有一个很时髦的词叫作"磨合"，即两个不同的人到了一个共同的家庭中生活，总有许多区别、摩擦、矛盾，需要经过一段麻烦的甚至是痛苦的认可和互相调整适应、修理的过程，方能阴阳和谐，大致统一。但是这样说是比较消极的，强调了彼此适应，忽视了彼此吸引。

如果夫妻间丧失了彼此之间魅力的互相吸引，那么磨合就会成为折磨。

谁能保持和增进个人的情感魅力，谁就握住了家庭幸福的缰绳。

因此，不断更新自己，产生吸引力，是家庭幸福的绝招。

（7）互敬互重，彬彬有礼，是维护夫妻感情的良方。邓路之夫人说："我把殷勤有礼列在婚姻之后。但愿年轻的太太们，对于她们的丈夫就像对待陌生人一样有礼！如果泼辣，任何男人都会跑掉。"

不讲理是吞噬爱情的癌细胞。虽然我们都知道这一点，但糟糕的是，我们对待自己的家人，居然赶不上对待陌生人那样有礼。

尽管你采取了很多方法来维护家庭的感情，但是，矛盾还是不可避免的。这时你应该像孔子所教导的那样做，把处理与父母矛盾的方法照搬过来，一方面情理兼顾，一方面恰到好处。

建立一温馨和谐的家庭

【原文】 子曰:"礼之用,和为贵。先王之道,斯为美,小大由之。有所不行,知和而和,不以礼节之,亦不可行也。"

【大意】 孔子说:"礼的施行,以和谐为贵。以前圣王的治理之道,好就好在这里,不管小事大事都遵循这一原则。尚有行不通的地方,只知一味地为求和谐而求和谐,不用礼仪来加以节制,那也是不行的。"

礼本来指的是区别尊卑贵贱的等级制度及与之相应的礼节仪式。但礼的根本目的又在于起中和作用,也就是要达到和谐的境界。这样就造成了礼与和之间既相矛盾又相统一的辩证关系。按照儒家的礼治观点,就是要人们在遵守礼法的前提下和睦相处。所以,一方面是"礼之用,和为贵","和"是目的;另一方面,一味地为和而和,不以礼来进行约束,不讲原则,也是不行的。这就是和与礼的辩证法。

将这个道理用于家庭关系的处理中就是既要讲团结,讲和睦,家和万事兴,又不能无视家庭矛盾的存在,一味地为和谐而和谐,要敢于正视家庭问题的存在,并妥善地将其处理掉。只有这样才能真正建立一个温馨和谐的家庭。

有人将家庭比作避风的港湾,有人将家庭比作温暖的火炉,也有人将家庭比作温馨的摇篮。这些都说明了一个道理:人人都关注家庭,人人都渴望拥有一个和谐幸福的家庭。

古也罢,今也罢,大凡一个人生活的乐苦、心情的好坏,乃至事业的成败,都与家庭是否理想紧密相关。家庭,对于每个人来说,都是得之不易的。

托尔斯泰说:"幸福家庭皆相仿,不幸家庭各不同。"

幸福家庭的共同特点是:

(1)夫妻恩爱;

（2）子女成材；

（3）敬老爱幼；

（4）丰衣足食；

（5）成员之间坦诚和谐；

（6）业余生活高雅；

（7）声望良好；

（8）睦邻友好。

假如你忙于工作，无暇顾己，每次总是妻子娇嗔地拿着洗净熨平的衣服催你脱旧换新；假如你在外面受了闲言中伤，回家后，丈夫倾心地劝慰你"别理它"；假如你去学校参加家长会，一进校门就看见光荣榜上你的孩子名列前茅……

这时候你就会充分享受到幸福家庭的快乐，你会感受到成功人生的快乐。

你愿意为这样一个幸福家庭做一些事情吗？

（1）经常举办家庭聚会。

（2）和家人经常谈论彼此的希望、志向、生活的恐惧和烦恼，成功的喜悦和庆幸。

（3）随时公开家务状况，让每个成员帮你分忧排难。

（4）设计一个全家合作参加的计划，让每个人都能分享成功和快乐。

（5）组织一些家庭娱乐活动，如卡拉OK大赛、游戏比赛，等等。

（6）经常陪家里人散散步、打打球，一起锻炼身体。

创建一个幸福的家庭，你就创造了自己的成功人生。因为，不管你在其他方面成就有多大，有多么成功，如果你不能使家庭生活幸福，那么，你的成功就会黯然失色。

一定要保护好你生命的根！